JN066096

実施する順に解説！

PRACTICAL MARKETING

「マーケティング」実践講座

日本工業大学大学院 教授
弓削 徹 Yuge Toru

日本実業出版社

「もっとヘルシーなメニューが欲しい！」

そんなファンの熱烈な声に応えて誕生した
サラダマックは注文されず、大失敗に終わりました…。

なぜ？

もう、MBA的な教科書通りのマーケティングでは
役に立たないのです。

実務で使えるマーケティングを
手に入れたいあなたのために、

実践する順番、必要になる順番で書かれた
本当に使えるマーケティング本、

それが本書です。

マーケティングを実践ツールに変える

ちょっと次のクイズに答えてみてください。

> 国内のガム売上高は、2005年からの10年ほどで半分以下に落ち込みました。なぜ、これほど急速に市場規模が縮小してしまったのでしょうか？

この傾向は、米国もあまり変わりませんでした。ライバル商品のグミは微増していますが、その影響は大きくありません。感染症が流行する前には半減してしまいましたから、マスクのせいでもありません。

正解は、「スマホの普及でヒマつぶしの必要がなくなり、ガムが買われなくなった」ことが主原因なのです。

そのほかにも包み紙のゴミが出ること、ニオイケアをする喫煙者が減ったことなど複合的な要因はあります。しかし、ライバルが食品ではないことは意外ではないでしょうか。

このように、マーケティングは知識の積み上げでは解答が見つからなかったり、思いもよらない競合が現れる分野です。経験や幸運が必要だともいわれます。

しかし、体系的な理論という土台も大切です。継続的な戦略なくしては実効性も生まれませんし、周囲の説得もできません。

企業内で進むビジネスプロセスは流れる大河のように止まることなく、そして多岐に渡ります。

先人の知恵である学術的な礎石のゲタを履かせてもらい、そのうえに経験や事例、データを乗せることで実践的なノウハウとし、目の前の課題にあたっていくべきなのです。

あなたの会社にはこんな問題はないでしょうか。

商品が売れていない／販路開拓ができていない／商品のウリがあやふや／キャッチコピーが定まらない。

あるいは――、商品開発の手順を知りたい／SNSを活用して広告宣伝をしたい／新商品がどれくらい売れるか知りたい／ブランドをつくりたい……。

企業で頻出するマーケティング関連の課題とは、このようなものではないでしょうか。こうした「等身大の課題」を具体的に解決するツールとならないマーケティングなら不要です。

壁にたたきつけてから使うマーケティング

そもそもマーケティングは、「調査」とか「広告」と受け止められることも少なくありません。ほかの業務と比べると異質で理解しづらく、企業内に専門の部署がないことも多く、あっても機能してきませんでした。

往年のハリウッドスターであるフレッド・アステアは、新しく高価な服を買ったときは、まず服を壁にたたきつけ、誰が主人かを教え込んでからソデを通したそうです。

そうしなければ高価な服に位（くらい）負けしてしまい、着こなせないことを彼は知っていたのです。

それはマーケティングも同じです。まずは壁にたたきつけて誰が主人かをはっきりさせ、使いこなせる内容にしようということが本書の主旨です。

そして**本書の内容は、私が日本工業大学大学院で講義しているマーケティング論の基礎編と応用編がもとになっています。**

この講義は社会人が修士号（MOT）を取得するために選択する科目であり、明日から使える実践的な内容でなければ石が飛んでくるでしょう。

そのため、**マーケティングの体系的な理論から、現場で使えるノウハウまで**、デジタルマーケティングの拡大にも対応し、とくにウェブ活用についてはくわしく書いています。

また、**知識のブツ切りとならないよう、商品をつくってから売るまでの流れのなかで施策やツールを活用できるように、ビジネスの現場で必要となる時系列の順番（実施する順番）で記述しています。市場調査、ネーミング、価格決定なども順を追って解説しています。**

もちろん、あなたの商品のマーケティング活動が、ある段階まで進んでいるなら、それに**該当するページから読んでもらう**こともできます。

また、**ビジネスの課題として単品のツールが必要であれば、そのページのみ**をめくっていただければけっこうです。プロジェクト実施の各段階で困ったときに、**対応策を辞書のように引いて活用**してください。

ただ、理論的な流れを把握するためにも、一度は全体を読み通したうえで活用していただけるとうれしいです。

レジの鳴る売場と理論を志向する学究の場と

私自身のキャリアは広告代理店からスタートしています。米国流のマーケティング戦略を運用する一方で、一人ひとりの希望や不満、意思決定に至るインサイトなどを強く意識したコミュニケーションを実践してきました。

クリエイター、マーケティングコンサルタントとして、SONYやサントリー、パナソニックなどの大手企業から、商店街の菓子店まで。大手企業のマーケティング企画の立案と実施から、中小企業や店舗の店頭販促に至るまで、自分の手とアタマを動かして実践してきたのです。

少しのレイアウトの違い、1行のキャッチコピーを変えたことでも結果は一変する。そんな経験をずいぶんしてきました。

そこには、**論理だけではなく、現場だけでもないハイブリッドな知見の積み重ねがあった**と考えています。

体系的理論と、現場経験に裏づけられた課題の解決策との両方を提示できる専門家はそう多くはいないはずであり、「実践講座」シリーズにぴったりの経歴だと思います。

ストリート スマートな、マーケティングへ――

理論を軽視することなく、しかし理論にとらわれることなく、実効性のあるマーケティング施策を発想し、活用する。

さぁ、あのフレッド・アステアのように、まずは本書を壁にたたきつけてから読みはじめてください！

※本書で紹介するマーケティング手法は、どちらかというと中小企業の事例や施策を中心に述べています。なぜなら中小企業の事例は大手企業も実践できますが、大手企業の事例は中小企業ではなかなか実践することがむずかしいからです。

※また、商品やサービス、システム製品など有形無形のものをまとめて「商品」と記しています。商材については生産財も消費財も、また BtoB でも BtoC でも活用できるように記述しています。

Marketing Practices

第 1 章

マーケティングの手順を知る

～戦略の立て方と分析手法～

Marketing Practices

第 2 章

マーケティング調査でテーマを探す

～戦略や開発テーマの起点情報をつかむ～

Marketing Practices

第 3 章

新規事業・新商品を開発する

～どんな商品・サービスが選ばれるのか～

Marketing Practices

第 4 章

マーケティング調査を有効化する

〜ユーザーのインサイトに迫る〜

Marketing Practices

第 5 章

選ばれるネーミングを開発する

〜商品に目立つリボンをつける〜

Marketing Practices

第 6 章

もっとも有利な価格に決定する

〜戦略的に値づけをおこなう〜

Marketing Practices

第 7 章

流通チャネルを決める

～商品をどんな経路で購入してもらうか～

Marketing Practices

第 8 章

プロモーションを実施する

～より多くの人に届く販路開拓をおこなう～

Marketing Practices

第 9 章

キャッチコピーを書く

～キーワードを武器にする～

Marketing Practices

第 10 章

ブランドを育成する

～愛されて選ばれる理由をつくる～

Marketing Practices

第 11 章

その先のマーケティング技法で戦う

～企業価値を高める戦い方を知る～

おわりに

カバーデザイン／志岐デザイン事務所(萩原 睦)　本文デザイン・DTP／初見弘一　イラスト／弓削 徹

Marketing Practices

第 1 章

マーケティングの手順を知る

～戦略の立て方と分析手法～

Lecture 1

「マーケティングとは何か」を定義する

「何を・誰に・どう売るか」という思いやり

よくメディアのインタビューで「あなたにとって〇〇とは？」という質問が出ます。

そんなときは「愛です!」とテキトーに答える人もいます。ところが、「マーケティングとはなんですか？」という質問にこそ、じつは「愛です」と答えるべきだと考えています。

マーケティングとは、まさに「思いやり」そのものです。顧客のことをどれだけ思いやれるか、不満や不便を感じているお客様に寄り添い、悩みや課題を解決する商品を開発できるか、どのように表現すれば本当に必要な人の手に届けられるか——。

あなたはここにいないから

いま目の前にはいない誰かの気持ちを思いやることこそがマーケティングだと思います。だからマーケティングとは愛であり、思いやりなのです。

とうぜんのことながら、マーケティングとはリサーチをすることだけではありませんし、広告をつくることでもありません。

そもそも「マーケティング」にピッタリとハマる日本語訳はないのです。定義しようとすると、どうしても長い文章になってしまいます。

例えば日本マーケティング協会の定義では「企業および他の組織がグローバルな視野に立ち、顧客との相互理解を得ながら、公正な競争を通じておこなう市場創造のための総合的活動」とされています。

また、ウィキペディアには「価値あるプロダクトを提供するための活動・仕組みである」と書かれています。

一方、マーケティングの本場・米国で2008年に発表されたアメリカ・マーケティング協会の定義では「消費者、顧客、パートナー、および社会全体にとって価値のある提供物を創造、伝達、流通、交換するための活動、一連の制度、およびプロセスのこと」となっています。

比較的、短い定義として知られているのは「売るための仕組みづくり」ですね。とはいえ、言葉の定義はさほど意味を持ちません。**重要なのは、「何を、誰に、どう売るか」というシンプルな問いに答えること。選んでもらうために構築すべき「顧客との関係のすべて」をどう考えるかなのです。**

あなたの会社は「魔法の水」をどう売るか

「何を、誰に、どう売るか」というマーケティングの根幹を、どのように考えたらよいかを知るうえで参考になる寓話があります。

ある王国の森の奥深くで泉が湧きます。この泉から採取された水には魔法の効果があり、女性の肌に潤いを与え、つやつやにしてくれます。

国王に権利金を支払って認可された5社のみが採水を許され、各社各様の商品企画をおこない、化粧水として発売することになりました。

▌森の奥で発見された魔法の水が湧く泉

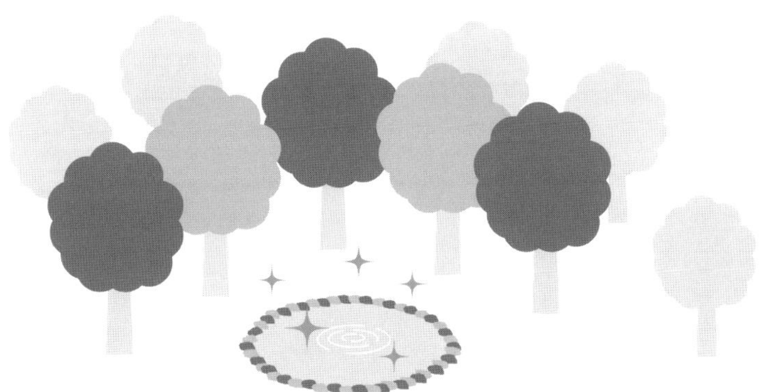

化粧品専業メーカーのS堂では販売価格を5千円に定めてテレビCMに1億円をかけ、全国で10万個を売り上げ、1億5千万円の粗利を稼ぎました。

これに対して訪販レディ部隊で売りまくるP社は、1万円の価格で販売員のインセンティブを7千円に設定して3万個を販売、粗利は6千万円。

3社目は欧州で人気のラグジュアリーブランド、C社です。宝石をあしらったゴシック調デザインの容器代に5千円をかけて販売価格は1万5千円。直営店を中心に5千個を売り上げて5千万円の粗利を得ました。

庶民的なK社はマス広告を展開してドラッグストアなどで販売。価格3千円で、さすがの30万個を売り切って1億円の粗利を稼ぎました。

最後は、ディスカウントストアを全国展開するD社。100円の容器で販売価格は980円、しかもさらに大幅値引きをして店頭の目玉商品に仕立て、3万個を販売しましたが、残った粗利は300万円のみでした。

■何をウリにするかはマーケティングそのもの

とうぜんのことですが、各社とも商品の中身はまったく同じであり、容量もさほど変わりません。ところが、考え方がそれぞれ違うことで、まったく異質な商品となり、異なった売られ方をしました。

それによって、**お客様はそれぞれのウリを受け止めて買うかどうかを意思決定する。まさに、これがマーケティング戦略です**。寓話では、商品企画によって残る粗利も大きく変わりました。会社の収益を左右するこのマーケティング戦略をどう考えるかが、私たちには問われているのです。

かつて資源がなく、生産力が企業力であった時代には、モノをつくって並べれば売れました。やがて大量生産の時代になると、安価であることが魅力になりました。

そして商品力の時代を迎えると、よいモノが売れるようになります。次には、よくて安いモノが売れる時代が訪れる。

いまは、企業市民としての社会性や環境志向なども勘案され、物語性なども考慮されたうえで、「よさそうなモノ」が売れるようになりました。顧客は買い物に失敗したくないため、想像力を総動員し、レビューも読み込み、商品を選びます。

つまり、**実際に買ってもらえるのは必ずしもよいモノではなく、よさそうなモノなのです**。もちろん、よくないモノはリピート購入されませんし、SNSで悪いクチコミなどが広がれば市場からの退場を迫られます。

とはいえ、**まず一度は買ってもらわないと、それぞれの商品の本当のよさも、例えば食品ならおいしさもわかってもらえません。その一度の機会をつくるためには、マーケティングによる誘引力が欠かせないのです。**

営業とマーケティングはここが違う

営業とマーケティングを混同しているケースも散見されます。では、両者の違いはどこにあるのでしょうか。

まず営業とは、セールスパーソンが目の前の見込み客にセールストークを展開し、成約にまで持ち込むことです。

そして、この**セールスパーソンの前に、見込み客を連れてくることがマーケティングの役割です。セールスは個人ワザでもありますが、マーケティングは会社として仕組みをつくること**ですから、全社的に戦略を練らなければならないのです。

私の体感的な印象ですが、よい商品や技術を保有している会社ほどマーケティングを重視しない傾向があるように思います。エース社員が配属されるのは商品開発部門であり、社長は口にこそ出さないものの、よい商品をつくれば自然に売れていく、と考えているのです。

あなたの会社の商品が本当にすぐれたモノであるなら、ユーザーに選ばれる「資格」があるのではなく、拡販する「義務」があるのだと考えていただきたいのです。

そして、そのための有効なツールがマーケティングです。すぐれた技術やイノベーションを持つ企業にマーケティングがあれば、虎に翼なのです。

すべての企業はマーケティング戦略を磨け

かつて私は、マーケティングとは魔法の杖か何かであり、ウルトラCがあるはず、と考えていました。ところが、実際にはそんなものはなく、ただ最善の策をもれなく実施していくしかないことに気づきました。

偶然の幸運はありますが、**戦略的に考え、手数を増やし、顧客の立場で徹底的に考えることしかないのです。**

中小企業には大手企業、発注元からの圧力がかかります。それはコスト削減や高度な技術品質の要求です。そのために労働力の搾取がおこなわれ、技術面では知財を搾取されることもあるでしょう。

それをはね返すには、他社をもって代えることのできない存在になることです。ニッチトップ、またはグローバルニッチトップと称せられる企業となれば、アドバンテージはこちら側に移り、交渉力を持つことができます。

どの技術を磨き、どんな商品を開発するかという戦略はマーケティングそのものです。この舵取りを間違えなければ、規模は小さくても強い企業になれるのです。

日本電産グループはモーター技術に特化して広く知られていますし、給与日本一とされるキーエンスはセンサー技術などに絞り込んでいます。こうしたユニーク企業も、どこかの段階で戦略的に意思決定をしたわけです。

大小を問わず企業にマーケティングが必要な理由

では大手企業はどうでしょうか。

じつは大手もきびしい環境に置かれていることに変わりはありません。

カメラ用フィルム市場の消滅を読めなかったコダックは巨象のように倒れ、富士フイルムは化粧品や半導体材料などに多角化して成功。

富士フイルムの成功には、イメージや感性訴求があたり前だった化粧品市場で、アンチエイジングの機能性訴求を徹底したことでシェアを獲得、見事に危機を乗り切るという戦略がありました。

販売力やブランド力のある大手企業でも、世界企業とのグローバルな競争に身を投じており、一瞬の気のゆるみも許されない。だからこそ、そのしわ寄せが中小企業に向かってしまうのかもしれません。

相手のスキをつくような戦略を駆使しないことは美徳ともいえますが、それは世界標準ではありません。**マーケティング的な戦略に知恵を絞り、それを実行することが求められるのです。**

Lecture 2 マーケティングの進め方をイメージする

大まかな流れをつかんでおけば迷わない

マーケティング活動を進めていく手順はむずかしく受け止めず、シンプルに考えていきましょう。

まずは全体の流れをイメージでつかんでください。その流れの中でマーケティング施策を企画、実施していく助けとなるのがフレームワークです。

あなたも4Pや3C、SWOT分析などを試したことがあるでしょう。また、マーケティング調査も取り入れるべきという意見を耳にすることも少なくないはずです。

そうしたツールも、全体像を把握したうえで活用してこそ役に立ちます。ディテールのみにこだわっていては、「木を見て森を見ず」となり、分析のための分析となってしまいかねません。全体的な活動の流れを詳細に定義する前に、まずイメージとしてつかんでいきましょう。

マーケティング活動の大まかな流れをつかむ

まず商品を開発し、販路開拓を考え、流通に乗せていく。大まかなマーケティングの流れとはそのようなものです。

売れる商品を開発するためには市場のニーズを確かめる必要がありますから、日頃から競合の動きを注視し、ユーザーの声に耳を傾けておくことが大切です。あるいは仮説を立ててマーケティング調査を実施することからはじめます。

そして、固まった商品コンセプトや仕様、製品そのものをユーザー候補に見せて評価してもらう調査もあるでしょう。そのため、本書では事前・事後の2つにマーケティング調査の項目を分けています。さらに、より多くのユーザーのもとに届けるためには、どんなルートで販売するべきか、どのようなメッセージで訴求していくべきかの戦略を立てていきます。

▍マーケティングの大まかな流れ

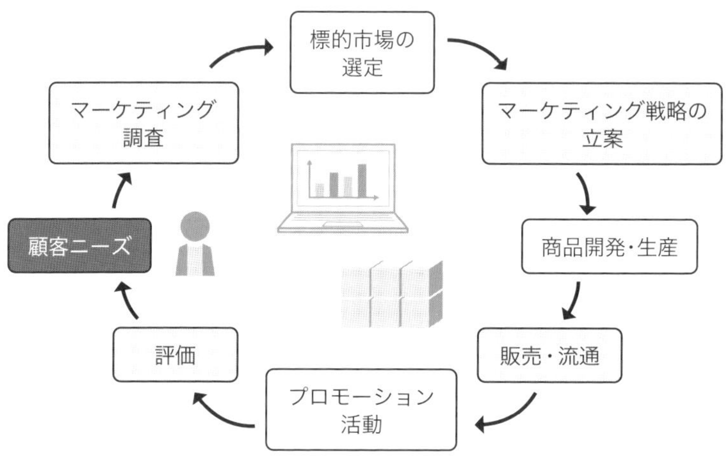

販売した商品が売れたか、ユーザーに評価されたか。その結果を得て、虚心坦懐にまた次の商品開発へ向かっていく。**マーケティング活動とは、終わることなくスパイラルに上昇しつづける連環のようなものだといっていいでしょう。**

マーケティングから見たMBAとMOTの違い

優秀なビジネスパーソンの証として、MBAの取得を目指す人は多くいますが、近年はMBAに加えてMOTが注目されています。

MOTとは技術経営修士号（Management Of Technology）のことです。経営全般を学ぶMBA（Master of Business Administration）に、技術をマネジメントするスキルを加えた学問領域といっていいでしょう。

これをマーケティングの視点から見てみますと、MBAは商品を販売する方法に重点を置くのに対し、MOTは技術分野の選択や評価にも言及し、商品開発や製造・生産とも深く関わるところが異なっているとされます。

もともと米国でMOT教育が盛んになったのは、1980年代に日本のモノづくりが隆盛を迎えたことに対抗する必要性からだった、と説明されることもあるようです。商品開発をすることがビジネスのスタートである、と考えるとマーケティングの道のりは次ページの図のようになります。

▌ものづくりマーケティングの流れ

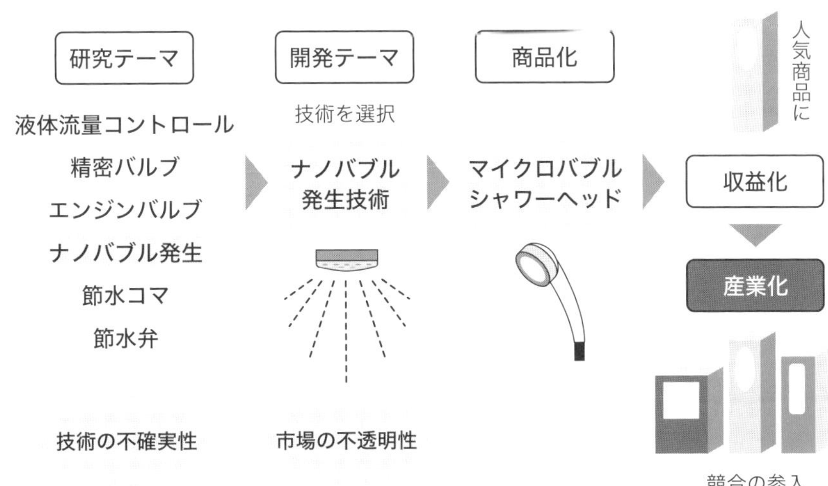

■技術選択を誤らなかった企業たち

前項で、専門分野に特化する効果について言及しました。日本国内でグローバルニッチトップと敬意を込めて呼ばれる企業群です。

これは、ニッチだけれども世界市場の中でのシェアトップレベルを誇る企業を指します。BtoB企業が多いため異業種の人は知らないことがほとんどですが、新興国に代替されない圧倒的な強みを持っています。

例えば、水族館などで使用される大型の水槽パネルで世界シェア70%を握っている日プラ。歯科で使用されるデンタルミラーで世界シェア70%を持つ岡本硝子。トンネル集塵機で75%の世界シェアを握る流機エンジニアリング。日本分析工業は分離生成装置で90%の世界シェア。ジェイテックは超高精度のX線ミラーで、なんと世界シェア100%です。

そのほかでも、半導体製造装置や材料では日本の中小企業がトップシェアを押さえていることが多く、その傾向としては、精密さを求められる分野の工作機械や、分析器、検査機、センサーなどが多いことがあげられます。

シェアトップを維持できるということは、そこに容易には超えられない技術差があるということ。それは、いずれかの段階で、あるニッチな技術を磨くことへと舵を切った日があったからこそです。

Lecture 3

会社として選択するべき競争戦略を決める

企業がとるべき基本的な競争戦略

企業が競争優位を築くために、ハーバード大学の**マイケル・ポーターが提唱したのが3つの基本戦略**です。**基本戦略とは、コストリーダーシップ戦略、差別化戦略、集中戦略の3つ**であり、それぞれ企業の規模や経営資源によって最適な戦略を選択することになります。

企業の体力から競争戦略を選ぶ

まず「**コストリーダーシップ戦略」とは、大量生産により材料仕入れ価格を抑えたり、生産工程を効率化することで商品価格を下げ、競合より安く販売してシェアを獲得していく戦略**です。

前提として、価格決定権を持てる企業のとる戦略であるといえます。販売価格を下げても利益の出る仕組みができていれば、できるだけ低価格で買いたいという顧客の希望に応えることができます。また、価格競争に巻き込まれても優位に立つことができ、疲弊するのは競合のほうだということにもなります。

3つの基本戦略

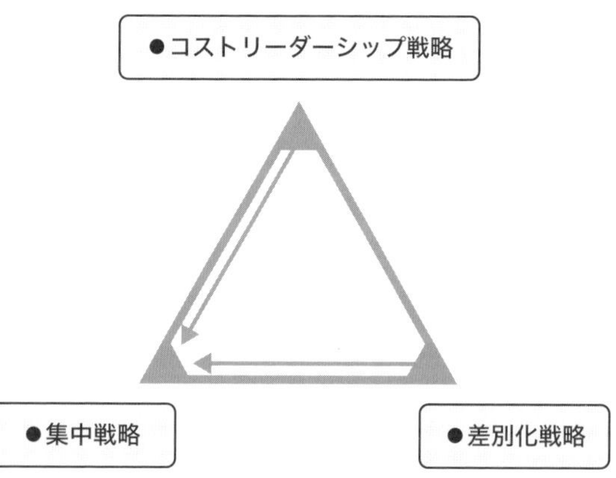

「差別化戦略」とは、競合と明解な差別化を図ることで優位に立つ戦略です。差別化のポイントは、顧客ロイヤリティの高い有名ブランドであったり、高度な機能性、あるいは高品位な顧客サービスや流通チャネルなどです。

〈差別化の手法〉
ブランド……憧れのブランドである
機能性………高品質、独自性、ほかにない機能
顧客密着……個別対応、オーダーメイド

高くても売れる特徴的な製品の創造によって指名買いされ、他社との価格競争から脱却して安定した利益率を見込むことができます。

「集中戦略」とは、特定の市場や顧客に限定して経営資源を投入する戦略です。特定のターゲットに絞り込むことでコストを削減できたり、唯一の存在となれることから、狭い領域でのコストリーダーシップ戦略、差別化戦略であると考えることもできます。

ハンバーガーチェーンに見る3つの戦略

以上の3つの戦略を一般の企業はどのように取り入れているのかを、わかりやすい具体的な事例で見てみましょう。

まず、コストリーダーシップ戦略を体現しているのがマクドナルドですね。一時はハンバーガーの価格を65円にまで下げるなど乱用した時期もありましたが、マクドナルドの客単価がいくらなのかは他チェーンの価格戦略に大きく影響を与えます。

一方、差別化戦略を取り入れているのがモスバーガーです。特別な味わい、手づくり、地場の野菜使用などで固定のファンがおり、二流立地の店舗でも賑わっています。

集中戦略を選択しているのがラッキーピエロ（北海道・函館）です。道南地区に限定して20店舗弱を出店しており、「故郷の味」の名物チェーンとして愛されています。

ラッキーピエロは注文を受けてからつくるので「ファストフードではな

い」と謳っており、メニューやインテリアも個人店のように凝っています。北海道を訪れたときは、ぜひ来店してみてください。ソンはしないと思いますよ。

■ 4つの競争ポジション

１つの業界のなかには多様な企業が存在し、それぞれの経営資源を生かして競争しています。

フィリップ・コトラーが提唱する「4つの競争ポジション」は、企業をその経営資源の質や量によって、マーケットリーダー、マーケットチャレンジャー、マーケットフォロワー、マーケットニッチャーの4つに区分し、それぞれの戦い方を規定する考え方です。

①「**マーケットリーダー**」は、経営資源の量も質も豊富な企業です。流通も支配しており、体力勝負では負けない規模を誇ります。

②「**マーケットチャレンジャー**」は、業界内で２番手、３番手の位置にあり、大きな経営資源を有してもいます。しかしリーダー企業の後追いをすることが多く、独自性の点では不十分なことも少なくありません。

③「**マーケットフォロワー**」は、業界内の上位集団を模倣しながら追いかけている状態の企業です。よく似た商品をつくったり、改良版を開発したりします。チャレンジャーの位置へ上がるためには、独自性のある商品開発への挑戦が必要です。

④「**マーケットニッチャー**」は、規模が小さい企業の生き残り戦略であり、上位企業が関心を持たないニッチな市場を対象にします。体力勝負の競争をさけ、ターゲットとするユーザーによっては、安定的なビジネスが可能です。

4つの競争ポジションは、先に紹介した3つの基本戦略とも関連する戦略です。

リーダーはコストリーダーシップ戦略を取りやすく、チャレンジャーは差別化戦略を、そしてニッチャーは集中戦略を取ることに向いています。

フォロワーは中途半端な戦略を取るのではなく、差別化戦略か集中戦略へと進むほうがより安定的なポジションを取ることができます。

コトラーの「4つの競争ポジション」

		経営資源の量	
		多い	少ない
経営資源の質	高い	マーケットリーダー	マーケットニッチャー
		・全方位の展開 ・市場の規模を拡大 ・強い流通支配力 ・低価格、品質でシェアを拡大 ・守りの戦略 スケールメリットを生かしてコスト上の優位性を確立	・特定分野に得意な商品を投入する ・製品、流通経路などを限定的かつ効率的に絞る ニッチを見つけ出し、独自の居場所を確保
	低い	マーケットチャレンジャー	マーケットフォロワー
		・2番手、3番手の企業 ・八方美人ではなく、リーダー企業との差別化を図りたい リーダー企業が見逃している点を見つけて攻撃する	・シェア拡大より自社の存続を意識 ・開発などの投資リスクは極力さける ・効果的なオペレーションの方向性を探る 先行企業が開拓した市場の一角を低価格品で維持

成功している中小企業のなかには、逆張りともいえるニッチ戦略を取っているところも多く見られます。

例えば京都のヒルトップは、他社がさけたがる多品種少量生産でしっかり利益を出しています。東京・墨田区の岡野工業は、他社ではできない難加工を受けて稼ぐ一方で、利益の出ない大量生産品も受け、こちらでも製造工程を見直す知恵で利益を出していました。

また、山口県の獺祭では、酒造りの職人である杜氏を廃して化学的な製造方法へと舵を切って成功しました。

Lecture 4 マーケティング活動の具体的な手順を知る

関連する活動としてマーケティングを理解する

非常に大まかなマーケティング活動の流れはP.22に掲載しましたが、ここではより詳細なフロー図を見ていただきます。

これ以降のページで各論に入っていきますので、現在位置が曖昧になったように感じたら、ぜひこのページのフロー図に戻っていただき、俯瞰し直していただければと思います。

マーケティング活動の流れ

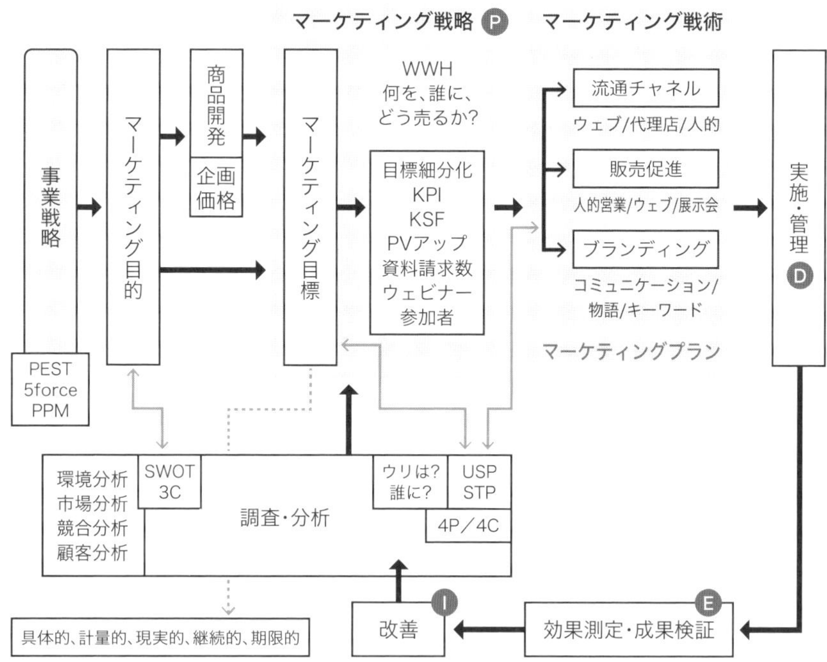

マーケティング活動の全体像をつかむ

前ページの図の左部分から見ていきましょう。

事業戦略を考えるためには**ファイブフォースやSWOT、PPMなどのフレームワーク**を用います。

そして、マーケティング活動の目的を明確にし、商品開発をおこなったり、販路開拓のためのマーケティング戦略を練ります。

マーケティング目標を数値で決め、それを達成するためのマイルストーンとなる「KPI」を決めていきます。

これらの過程において、マーケティング調査や分析、フレームワークを適宜、挟んでいきます。そして、実践のためのマーケティング戦術を打ち立て、それに従って実行していきます。

これを、適当な時点で効果測定、成果検証をおこない、そのフィードバックを受けて分析し、企画を改善、戦略と戦術を立て直して再び実行していくというサイクルを回していきます。

最初から戦略があたるとは考えないほうがいいでしょう。数多くの戦術を実践し、何度も行動を起こした者が最後に勝利を得るのがビジネスの世界です。一度や二度の不首尾であきらめてしまう事業者が多いので、失敗が失敗として終わるのです。

もっとあきらめのわるいビジネスパーソンになりましょう。

中途であきらめずにPDEIを回す

例えばプレスリリースにしても、1、2度しか送っていないのに、取り上げられないからダメだとあきらめてしまう人が多すぎます。掲載されるまで、テーマや切り口を変えて何度でも送るべきなのです。

プレスリリースは「送るもの」ではなく、「送りつづけるもの」なのですから。

図中にある**PDEIは、ⓅPlan（計画）・ⒹDo（実行）・ⒺEvaluate（評価）・ⒾImprove（改善）**のことで、PDCAを少し明確にしたものです。

マーケティング活動を計画、実行していくうえで、以上の流れを折に触れて見返していただいてもいいですし、あなたのビジネスに合わせてカスタマイズした図をつくって参照してもらってもいいと思います。

Lecture 5

フレームワークを効果的に活用する

道具として使いこなせれば時短になる

問題を解決するためにどこから手をつけたらよいか、自社の強みはどこにあるのか、などを考えるうえでフレームワークはとても役に立ちます。

このフレームワークをどの段階で、どの順番で使うかはとても重要ですが、単体で解説されることも多いようです。もちろん、「ここで使わなければ役に立たない」と限定はできませんが、もっとも効果的な使い場所は知っておきたいものです。

企業の課題や思考のポイントにおいて、どのフレームリークが適しているかを登山にたとえて図解化してみました。

フレームワークの使い場所

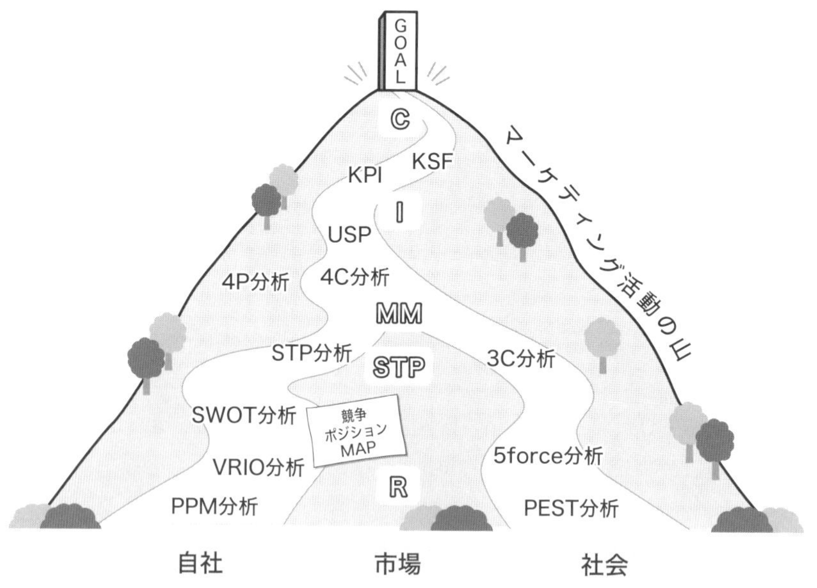

前ページの「マーケティング活動の山」に見える右側の登山道は「**社会環境や市場などの外部**」にあたります。そして左側の登山道は「**自社**」であり、進んでいく右手には競合、奥には顧客がいます。

中央を貫く「**R・STP・MM・I・C**」はコトラーの戦略策定で、リサーチ、STP分析、マーケティングミックス（4P）、インプルメンテーション（実行・実施）、コントロールのことです。

2本の登山道のうち、右側からは市場環境などを調べながら登ります。そして、左側の道は自社のことを再確認しながら登っていき、商品開発を進めます。

やがて市場性を調べる道と合流して販路開拓をおこない、ビジネスの成功である頂上を目指すのです。

適したフレームワークを適したタイミングに

自社を知り、顧客を知り、市場を知る。必要なフレームワークをそのときどきに活用することから、自社がどのようなマーケティング活動をおこなっていくべきかが見えてきます。

PPM（プロダクト・ポートフォリオ・マネジメント）分析は、商品単体を対象にしても、ブランドや事業ブロック単位を対象としても効果があるものです。

そして、自社を分析するには経営資産やブランド価値を再点検すること（**SWOT分析、VRIO分析**）が必要でしょう。顧客を知るには**3C分析**も役に立ちます。

市場環境から把握するには、世界の情勢や政治が進もうとしている道や技術の進展などを考慮に入れること（**PEST分析**）が求められるでしょう。

商材やビジネスモデルによって場所の変動、消長はあると思いますが、これらを土台として商品開発や新規事業を企画していけば大きな間違いにはならないことが分析手法の価値です。

自社にとっての最適マップを作成してアタマに入れておけば、よきタイミングでフレームワークの力を借りることができます。

それでは、次項から主なフレームワークを説明していきます。

市場環境をフレームワークで分析する——PEST分析、ファイブフォース分析

自社を取り巻く環境を捉えておく

マーケティング戦略を立案する前提として、政治や技術革新など自社を取り巻く広い社会環境を把握しておくことが必要です。

とはいえ、いつの世も「不確実な時代」、「先が見えない時代」といわれ、少し先の未来でさえ見通すことは困難です。

マーケティングは素晴らしいツールなのですが、その弱点は根拠が過去であるということです。データも成功事例も、知り得た競合の手口も、すべてが過去のものなのです。

そのため、過去のデータや事例に基づいて戦略を立て、未来に向けて実施している間に、ライバルも別の戦略を考えて行動しています。顧客の心境も刻々と変化してしまっているでしょう。

それらの変化を、進行中の企画には反映することができないわけです。これは企業活動の限界ともいえますが、**さまざまなマーケティングの分析ツールのなかでも未来を感じさせてくれる分析ツールが「PEST分析」**です。

背景となる社会環境を把握する—— PEST分析

大手シンクタンクのような本格的な分析と予測ではなくても、あなたの業界に絞り込んだ特有の視座から周囲を捉えることで、専門性に根差した予測ができるのではないでしょうか。

もちろんその確度は高くないかもしれませんし、読みが正しくてもほかの要素による影響もありますので、仮説の参考となるていどでしょう。それでも、仮説を立ててビジネスに臨むのと、そうでないのとでは結果から得られる成果に大きな違いが生じます。

〈PESTとは〉

P：Politics ………… 政治・法律的要因
E：Economics ……… 経済的要因
S：Society ………… 社会・文化的要因
T：Technology ……… 技術的要因

PEST分析はこう進める

P：**「政治・法律的要因」**については、行政の指向や現政権の傾向などを追いかけます。世界情勢については英国BBCなど海外のニュースやウェブサイトが参考になります。また国内では、2000年代に入ってからは内閣主導で政策が決まる傾向が強くなっていますので、首相官邸と内閣府のサイトを定期的に巡回することをおすすめします。

例えば総理がどの会議や会合に顔を出しているのか、内閣としてどんな報告書や統計をアップしているか、など。こうした動向に次の政策や立法の傾向を見てとることができます。

E：**「経済的要因」**としては、日本経済新聞やウォール・ストリート・ジャーナルのウェブサイト、経済評論家のYouTube番組などが参考になります。また、自社の分野に関わる情報が掲載されている業界紙誌も役に立ちます。

ただ、ネット通販の普及によって小売店が減少する傾向は読めても、為替や株価の変動などは誰にも読むことはできません。それでも、各国の発行通貨量と金利を注視していれば、為替の大きな動きはつかむことができる、などの知識は専門家の発言を定点観測することで得られます。

S：**「社会・文化的要因」**については、欧米の文化やZ世代の行動などを注視したいところです。大きな文化の波というのは遅れてやってきます。東京のある一部で流行しているものや、若い世代、ネット民の一部で注目されている現象のなかから、次のトレンドが時差を持って生まれてきたりします。

また、大きな災害や感染症の影響はビジネスや物流だけでなく、人の心にも影響を与えます。先の経済的要因とともに、どれだけ情報源に耳目を向けているかということが問われると思います。

例えば環境への関心が高まっていることから、印刷・紙業では脱石油、脱樹脂の受け皿となるような技術開発を考えるべき、ということなどです。

T：「**技術的要因**」はややわかりやすいといえます。日刊工業新聞や日本経済新聞、科学雑誌やNHKドキュメンタリーなどでは、まだ普及していない最先端技術がよく紹介されています。あなたの会社が属する業界の新聞・雑誌にも、そうしたニュースが掲載されていることでしょう。ただし、これらは玉石混交です。新エネルギーや新素材、AI、ロボットなど、そこから現実の商品となるものは一部に過ぎません。

近年、電動化の波に揺れる自動車業界でPEST分析をしてみるとどうなるでしょうか。下記の記入例を見て、あなたが自身の業界を分析するときの参考にしてください。

PEST分析の記入例～自動車業界

Politics（政治・法律的要因）
欧州の排ガス、CO_2規制が進んでいる／2030年までにガソリン車の販売禁止／自動運転の実用化に向けて法制度が進んでいる／SDGsでカーボンニュートラル・脱炭素が加速している／ドローンの規制緩和

Economics（経済的要因）
半導体が不足している／紛争の影響でサプライチェーンが寸断されている／クルマばなれが進んでいる／中古車市場が存在感を増している／ガソリンスタンドが減少している／所得格差が拡大して購買態度に影響を与えている／為替相場の変動幅が大きくなっている

Society（社会・文化的要因）
ユーザーの環境意識も高まっている／自動運転によって保険制度に変化が起きるのではないか／クルマは所有からシェアへ／過疎化する地方では乗合いの自動運転カーが求められるのではないか

Technology（技術的要因）
自動運転、衝突回避など技術の進化／EV車の部品点数減少により加工仕事を失う工場が出る／EV車はシンプルな構造のため自動車メーカーが増えている（ITなど異業種からの参入も）／バッテリーは全固体電池など技術革新が進んでいる／自動車製造よりモビリティサービスを提供するビジネスモデルへ／水素燃料車の技術も進展している

業界内の脅威を明らかにする――ファイブフォース分析

マイケル・ポーターが提唱した「**ファイブフォース分析**」は、**自社を取り巻く脅威の存在を明らかにし、収益力を高める視点をつかむためのフレームワーク**です。自社が属する業界の構造や競合度合いを知り、魅力度や将来性を考えることから戦略を導き出します。

〈ファイブフォース分析の目的〉
① 自社の競争優位点を知る
② 収益性向上のポイントを知る
③ 経営資源の最適配分を知る
④ 事業戦略の判断材料を得る

いまは、IT企業がロボットや電動カーの開発・製造をはじめるなど、技術の進化によって意外な競合が登場する時代です。Googleがクルマをつくり、Amazonがコンビニを開業し、家電とスマホとクルマの間の垣根もなくなってきています。思わぬ多角化が、既存企業と顧客や収益の取り合いを演じるわけです。

そのとき、自社は将来の競争の構図を類推して専門化やニッチ化をして市場内での棲み分けを狙ったり、逆に総合化をしたり、あるいは撤退するなど、生き残れる道を模索しなければなりません。

「**5つの脅威**」、つまり競争要因を個別に説明していきます。

〈脅威1〉業界内の競争

競合する企業数が多すぎれば収益性は下がります。また、圧倒的なシェアを持つガリバー企業がトップにいるような業界は、価格やサービス内容において追随せざるをえず、独自の経営をおこないづらいこともあります。

競合各社の体力や資金力、ブランド力などを考慮し、業界の魅力度向上を図りたいところです。

▍ファイブフォース分析～５つの脅威

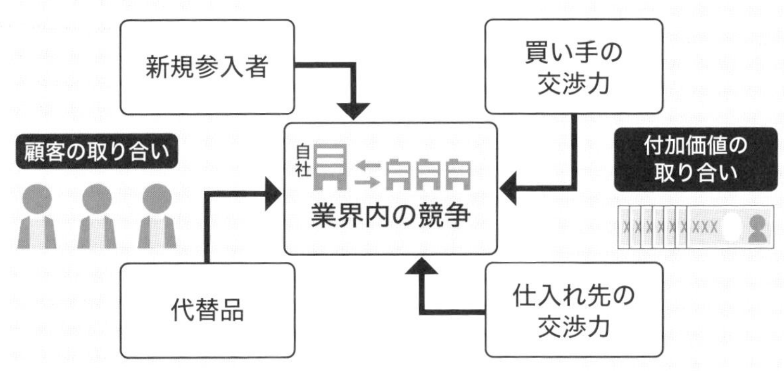

〈脅威２〉新規参入者

成長市場には新規参入者が多く現れます。基本的に１千億円以上の市場規模になると大手企業が参入を検討し、そののちには新興国の企業も参入してきます。そして、考えられない価格設定と品質で業界そのものをこわしてしまうこともあるのです。そのため、成長市場や巨大市場は必ずしも有望市場ではないと私は講義などで話しています。

〈脅威３〉代替品

顧客のニーズをほかの商品が満たしてしまうことです。代替品はわかりづらいことも多いので注意が必要です。例えば、任天堂スイッチは自社商品を含めたほかのゲーム機やスマホゲームの競合ですが、ボードゲームやゲームセンターの代替品でもあります。さらに、余暇時間という観点ではNetflixやYouTube、書籍も対象となり、SNSやデート、大学の授業時間でさえあてはまります。

〈脅威４〉買い手の交渉力

いわゆる「買い手市場」であれば価格決定権を持たず、値引き圧力にさらされることになります。商品に優位性が足りなかったり、供給者が多い、スイッチングコストが低いなどの要因がある場合は、収益を上げにくい状態であるといわざるをえません。

〈脅威５〉仕入れ先の交渉力

材料やサービスの供給者（サプライヤー）との力関係によるものです。

買い手の脅威と同様、「売り手市場」であれば有利な取引はしづらくなります。また、原材料の国際価格が上昇するなどの不可抗力も脅威となりえます。

業界の構造や魅力度、安定度を知る

「５つの脅威」としてまとめて説明していますが、これらは２つの価値をめぐる脅威に分けられます。一つは**顧客の取り合い**で、前ページの図中では左側に位置します。これは競合他社と新規参入者、そして代替品の三者があてはまります。もう一つは**付加価値**、つまり**収益の取り合い**で、図中では右側に位置します。これには買い手と仕入れ先の交渉力があてはまります。

図左側の脅威は売上に影響を与え、右側の脅威は収益に影響を与えるという構造になっているのです。

〈演習〉

［競争の思考　～真の競合は誰？］

前ページの図の左側に見る顧客の取り合いに着目して考えてみましょう。

高級アイスクリームのハーゲンダッツはプレミアムモルツを競合と考えています。では、あなたの会社が、伝統的な天ぷら油を販売していると仮定します。この場合の脅威、つまり競合や代替品には何があると考えられるでしょうか？

［回答例］

- ヘルシー系の新カテゴリー油。オリーブオイル、野菜由来の油、「日清ヘルシーオフ」
- フィリップスの「ノンフライヤー」やシャープ「ヘルシオ」のような油を使わずに揚げ物料理ができる家電
- 最近の家庭はキッチンで揚げ物をしないので、スーパーの惣菜コーナー、または天ぷらやとんかつを提供する飲食店
- ハムやビール（中元・歳暮で最近は天ぷら油よりも人気のアイテム）

自社と周囲をフレームワークで分析する——SWOT分析、3C分析

→ 自社のチカラはどこまで通用するのか

「SWOT分析」はとても一般的であり、企業内でも作成されていることの多い分析ツールです。自社の分析などを客観的に記入することができ、さらに有効なクロス分析までできれば、かなり役立つフレームワークとなります。会社としてどこに課題があるのか、市場はどんな危険をはらんでいるのか。これらを明確化する助けとなるはずです。

強みと弱みから施策を導き出す——SWOT分析

最初に記入するのは**内部環境、つまり会社が抱えている強み（Strengths）と弱み（Weaknesses）**、そして**外部環境から見た機会（Opportunities）と脅威（Threats）**です。

▎SWOT分析のマトリクス

		内部環境	
		強み Strengths	弱み Weaknesses
外部環境	機会 Opportunities	積極戦略	改善戦略
	脅威 Threats	差別化戦略	回避戦略（防御・撤退）

さらに、**クロス分析によって導き出される4通りの戦略パターン**を考えて記入していきます。

まず、「社内の強み」と「外部環境の機会」をかけ合わせると、どんな積極戦略が立てられるか。また、「社内の強み」と「外部環境の脅威」を勘案するとどんな差別化戦略が可能か。ここは、「社内の弱み」も同様ですが、脅威や弱みをそのままネガティブに捉えるのではなく、それらを逆に利用して戦略を立てることを考えてください。

「社内の弱み」と「外部環境の機会」をかけ合わせると、どんな改善戦略を立てられるか。「社内の弱み」と「外部環境の脅威」をつき合わせるとどんな回避戦略が浮かび上がってくるか。弱みを使ってもうまい戦略など立てられないと考えずに、半強制的に考え出してください。それがフレームワークを活用する効用であるともいえます。

実際にSWOT分析とクロス分析をおこなってみる

では、みなさんもよく知っているユニクロ（ファーストリテイリング）を例にとってSWOT分析をおこなってみましょう。

同社はマーケティングにも長けており、そつのない打ち手を展開してきています。では、今後はどうすればよいのでしょうか。分析例を見る前に、あなたが担当者になったつもりでクロス分析までをおこなってみてください。

ユニクロのSWOT分析例

		内部環境	
	UNI QLO ユニクロ	強み ・高いブランド力、広告力 ・機能的・高品質、高度な商品生産力 ・ヒートテックなどヒット素材 ・リピートするファン購入層 ・経営者の能力 ・全国／海外(中／韓／台／欧米)店舗 ・大人から幼児までフルライン対応 ・海外ブランドのM&A推進	弱み ・国内市場が頭打ち ・デザインの優位性に欠ける ・「安い」イメージで値上げできない ・流行や天候の影響受ける ・柳井社長の能力に依存 ・後継者、人材不足
外部環境	機会 ・海外でブランド認知進む ・コラボ、提携先がある ・円安は輸出に有利	積極戦略 ・各国向けに特化した商品開発 ・海外進出の拡大 ・強い表現のCM大量投下	改善戦略 ・素材開発とプロモーション力で知名度向上、差別化戦略
外部環境	脅威 ・戦争による機会損失 ・ポリコレ方面からの批判 ・海外FFブランドの存在 ・模倣ブランド ・ヒートテックなど素材模倣 ・円安は仕入れに不利	差別戦略 ・タイアップ商品の開発などオリジナリティ強化 ・国内生産にシフトする	回避戦略 (防御・撤退) ・赤字店舗の清算、撤退 ・一部事業売却

会社や商品の強みを特定する項でも出てきますが、強みやウリはカンタンには見つけられません。この分析をきっかけに、本質的なUSPをぜひ考えてみてください。

また先に記述したように、弱みや脅威をさけるのではなく、それらを逆手にとって強みへとひっくり返すことはできないかと知恵を絞ってください。

■マーケティング戦略の土台をつくる――3C分析

社会環境から、自社の周辺へと対象を絞り込んで分析するのが「3C分析」です。 多くのフレームワークが米国で考案されているのに対し、3C分析はマッキンゼーの大前研一氏によって提唱されました。

3CのCは自社（Company）、顧客・市場（Customer）、競合（Competitor） のイニシャルです。自社と顧客と競合とを分析することで自社の強みを特定したり、顧客の変化を捉えたり、または競合の強さの要因を分析し、自社の置かれた立場や競争優位点を明らかにしていきます。

▍3C分析

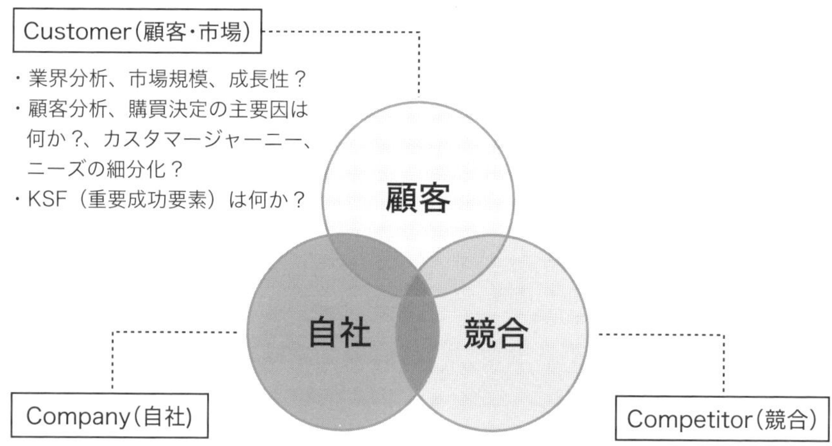
Customer（顧客・市場）
・業界分析、市場規模、成長性？
・顧客分析、購買決定の主要因は何か？、カスタマージャーニー、ニーズの細分化？
・KSF（重要成功要素）は何か？
顧客
自社
競合
Company（自社）
・経営方針、理念
財務（収益性、効率性）、組織・人材
・現状のマーケティング戦略
・強みは何か？　弱みは何か？
経営資源、競合優位性
・どうなりたいか？　選択と集中
Collaborator（提携先）
弱みを補完、新たな価値
Competitor（競合）
・競合は誰？多い？特徴ある？
競合プロファイリング（ポートフォリオ）
～〇〇業協会リスト・名簿、Google検索
・経営方針、マーケティング戦略
・市場シェア？　業績
・成功の要因は？　オペレーション？

「**自社**」については、経営方針や理念は何か、中長期の経営戦略や事業戦略はあるか、選択と集中はできているか、のほか、経営資源、財務や組織・人材、提携先、強みと弱みなどを書き出してください。

「**顧客・市場**」については、購買決定の主要因は何か、カスタマージャーニーはどのようになるか（P.205を参照）、ニーズの細分化をしたらどうなるか、などが重要です。

そして、顧客だけではなく業界や市場全体の規模はどれくらいか、成長性はあるか。調べた具体的な数字も書き出してください。

「**競合**」については、競合は誰か、会社数は多いか、各社にはどんな特徴があるのか、事業（ブランド）ポートフォリオはどうなっているのかなどを調べます。各業界の協会リストやサイトが役に立つでしょう。

また、各社の経営方針や市場シェア、業績、成功の要因（儲け方）なども書き出しましょう。

■3C分析はこう記入していく

アパレル通販大手のZOZO TOWNはご存知でしょうか？

宇宙へ行った前澤友作氏が創業し、その後、ソフトバンクグループへ売却しました。

3C分析の記入例としてZOZO TOWNを取り上げますので参考にしてほしいのですが、その前にクイズです。

〈クイズ〉

ある時期まで死屍累々（ししるいるい）であったアパレル通販において、ZOZO TOWNは大きな成功を収めました。その要因は大きく2つあげることができるのですが、それは何と何でしょうか？　**答えはP.43**

ZOZO TOWNの3C分析の記入例の中に解答のヒントもありますので、じっくり読んでいただければと思います。

3C分析の記入例）ファッションECサイト　ZOZO TOWN

Company（自社）

- モールについてはZOZO TOWN一強とされる（ユーザー数955万人、2022年10月現在）
- 売上4,232億円（単体：2023年3月期）
- サイトで売上を高めるチューニングが功を奏している
- メーカー機能を持ったことはブランドの離反を招いた
- 会員の平均年齢は33.3歳とやや高め
- 強みは有名ブランドの取り扱いと、性別を問わず膨大なユーザー数
- 「ツケ払い」や「買い替え割」などのユニークなサービスが若者にウケている

Customer（顧客・市場）

- アパレルEC市場規模2兆4,279億円（2022年）
- 成長性は右肩上がり。EC化率21.15%（2021年／全産業平均6.76%）
- 過去3、4年にアパレルECの管理・運用を簡単にするソリューションが多く誕生。全体で業務効率化が進んだ
- アパレルECに特化したMDが進化
- 顧客は、実店舗とEC会員のデータ統合が進み、CRMによるリピーターが増えた
- 日本は人口あたりの実店舗数が多く、ECの利用率はなかなか高まらない。サイズがわかりづらいクレームもある

Competitor（競合）

- 業務効率化が進んだことで参入するブランドが増加
- 情報の一元化に悩むブランドもある
- 2位はクルーズショップリスト、3位は丸井、4位マガシーク、5位ロコンドである
- 自社EC部門ではユニクロが1位

クイズの答え

一つは、サイズの問題に向き合ったこと。服のサイズはメーカーごとにバラつきがあるため、ユーザーは試着なしにネットで購入することに不安がありました。ZOZO TOWNではこれを解消するため、メーカーを問わず一律のサイズ感「ZOZOサイズ」を提示し、買いやすくしました。

もう一つは、参入時期が、ADSLサービス普及により国内ネット接続が高速化したタイミングであったこと。この時期に、多くのECサイトが黒字化しました。

こうした分析までできれば、次のステップへと進みやすくなるでしょう。

Marketing Practices

第 2 章

マーケティング調査でテーマを探す

～戦略や開発テーマの起点情報をつかむ～

Lecture 1

なぜ、マーケティング調査が必要か

有効な施策を決定する根拠を入手する

「マーケティング＝調査」と捉えられていることもありますが、マーケティング調査はマーケティングの一部分にすぎません。用語の定義をすると、マーケティング調査とは「マーケティング上の課題に対して、確度の高い意思決定を導き出すための情報収集・分析のこと」となります。

マーケティング調査で何がつかめるか

マーケティングのさまざまな施策を企画していくうえで、ユーザーの声を聞きたい、数値で傾向を把握したいというときがあります。

例えば、調査によって商品開発のテーマを入手して開発を進めたい。そして、発売のタイミングでまたテスト販売をしたい、などのように。

マーケティング施策を、実施する順番に述べていくことが主旨である本書では、この第2章で**商品開発のためのマーケティング調査**を先に説明し、次の第3章で商品開発を進めていただき、さらに**商品を評価する調査などの目的でおこなうマーケティング調査**について第4章で解説するという組み立てとなっています。

マーケティング調査で明らかにしたいこと

- どんなテーマで商品開発をすれば売れるのか
- 絞り出したマーケティング仮説を検証したい
- 顧客満足度や商品の改善点を知りたい
- 会社やブランド、商品の認知度を知りたい

など

上記のような課題や疑問についていくら考えても、ウェブ検索をしても、

ぴったりの回答は見つかりません。そこで、対象となる人びとに直接、訊いてしまおうというのが調査です。

例えば商品開発をおこなう前に実施されることが多いのが、テーマ探しのマーケティング調査です。

既存商品の改善をするのであれば、新たなテーマをゼロから考える必要はありません。しかし、上司から「いままでにない新製品を考えてくれ」などと指示をされたときには、いまのユーザー層はどんな商品を求めているのかを知る必要があります。

仮説構築がマーケティング調査を価値化する

ところが、「どんな商品が欲しいですか？」という漠然とした問いをユーザーにぶつけても有効な回答は得られません。日頃から「こういう商品があったらいいのに」と思い描いて暮らしているユーザーはいないのです。

そこで、仮説の出番となります。「こういう商品があったら欲しいですか？」、「○○○○円だったら買いますか？」と具体的に問いを立てるからこそ、イエス・ノーの回答を得ることができます。

つまり「テーマ探しのマーケティング調査」といっても、被験者がテーマを与えてくれることはありません。回答の対象となる仮説はこちらで立てなければならないのです。

コンサルタントの思考法を説明するときに使われる、「空、雨、傘」というキーワードはご存知でしょうか。

空を見上げたら曇っている（ファクト）ので、雨が降るのではないか？という（仮説）が立ちます。そしてその仮説に基づいて傘を持っていくという（意思決定）に至るのです。これは、仮説を立てて、意思決定をおこなうためには、情報収集（調査をおこなう）が必要であるということです。

ビジネス上の「ファクト」には、例えば次のような現象が考えられます。

- **急に売上が落ちはじめた**
- **市場は拡大基調なのに自社は伸びていない**
- **特定市場のみ売上が上がらない**

起こっている現象の原因をつきとめるためには、まずは仮説を立て、それを立証する問いを立てます。そして、その問いを対象者に訊き（調査をおこなう）、仮説の正しさ（または誤り）を検証するのです。

上記の現象に対する仮説を考えると、それぞれ次のようになります。

- 急に売上が落ちはじめた
  ⇨代替品が別カテゴリーに現れたのではないか？
  ⇨ユーザーの課題に変化が起きているのではないか？
- 市場は拡大基調なのに自社は伸びていない
  ⇨競合品には搭載されている機能が自社製品には欠けている？
  ⇨当該市場に強い商社にハマっていない？
- 特定市場のみ売上が上がらない
  ⇨ユーザーの気質が大きく異なっている？
  ⇨特殊な流通慣習に対応できていない？

▌販売不振の仮説を立ててみる

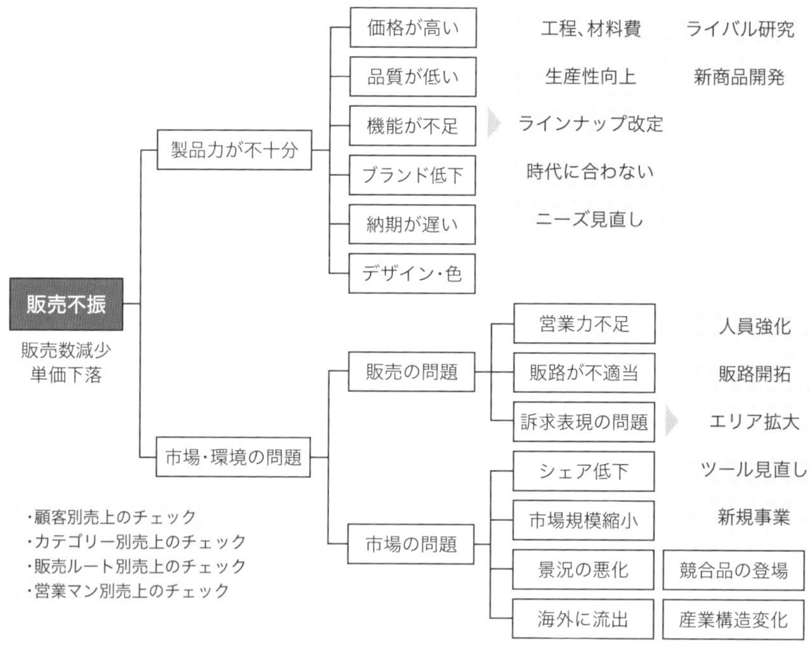

これらの仮説に基づいてマーケティング調査の設問をつくります。調査の被験者も、仮説に基づく問いがなければ回答できないのです。

仮説の立て方のヒント

仮説を立てるとは、手の中にある情報という名の材料を見て矛盾のないストーリーを構築することです。

事実や現象、証言、エビデンスなどを集め、それらと整合性のとれるあり方を類推する。つまり、目の前に並べた情報の断片が矛盾なく成立する道筋とはどのようなものかを考えるのです。

物語を綴ることをイメージしてみると理解しやすいかもしれません。明らかになっている目の前の情報と矛盾しない物語とはどんな展開か。

テレビでミステリードラマを観ているとき、誰が犯人なら犯行が可能か、と推理することと同じです。脚本家になったつもりでストーリーを動かしてみてください。

これは論理クイズを解く要領で考えると理解しやすいと思います。クイズの前提条件を意識して、正解を探求するのです。例題をあげてみましょう。

〈仮説で解く論理クイズ〉

食卓にあったケーキを誰かが勝手に食べてしまいました。お母さんは３人の子供を集めて聞き取りをします。

一郎は「食べたのは二郎だよ」と証言します。二郎と三郎も何かを証言したのですが、ケータイが鳴ったり宅配便が来たりで聞き逃してしまいました。

さて、犯人だけが本当のことを証言していることはわかったのですが、これらの情報だけで真犯人はわかるでしょうか？　少し考えてみてください。

〈考え方と解答〉

証言を得られたのは１人のみ。それだけの情報で真実が明らかになるでしょうか。

むずかしく考えずに、仮説の候補を考えてみましょう。１人ひとりが真犯人だと仮説を立て、矛盾が生じるかどうかを検証していけばカンタンです。

まず、一郎が犯人だと仮説を立てます。「犯人だけが本当のことを証言している」のですから、一郎の証言は真実だということになります。

ところが一郎の証言内容は「犯人は二郎」というものです。この証言が正しいのなら、一郎が犯人という仮説と矛盾します。つまり、一郎は犯人ではないということがわかります。

では、二郎が犯人だとして考えてみます。すると犯人ではなかった一郎の証言はウソだったということですから、「二郎が犯人」でもありません。

では三郎が犯人なのか。一郎も二郎も犯人ではないということがわかっていますから、この仮説は矛盾を生じません。

つまり、「犯人は三郎である」という仮説が成立することがわかります。

高度なロジカルシンキングなしに、ただ矛盾をよけて可能性をあたっていっただけです。このくらいのゆるい思考のほうが現実的ではないでしょうか。

現実のビジネスにおいては、あまりに変数が多いため完全な予測ほどはずれるリスクをはらんでいます。

そこにはヒューリスティック*を生かすことが肝要だと思います。

例えばある現象が直線的な右肩上がりのグラフになっているとします。アタマのいい人はその線をそのまま伸ばし、「20XX年にはたいへんなことになる」と考えがちです。

ところが感覚派の人やストリート・スマートな人は、確たる根拠もなしに「そろそろ逆に振れる頃じゃない？」と考えるのです。

＊ヒューリスティック：経験を生かして短時間で正解に近い解答を導き出す考え方。

Lecture 2

マーケティング調査の種類を知る

マーケティング調査には1次データと2次データがある

マーケティング調査は分類の仕方によっていくつかに分けられます。

まず、**データの出所によって1次と2次に分けられます。**

「**1次データ**」とは、特定の目的のために独自に調査・収集した結果です。コストと時間をかけて、必要な情報そのものを得ることができます。

「**2次データ**」とは、既存の調査結果にあたって得られた結果です。一般的には官公庁の統計・白書や、調査会社が公開・販売している調査結果、書籍などの外部データです。会社の内部データとしては、販売管理データ、顧客データなどがあります。

〈2次データの主な出所〉

- ネット検索、YouTube検索
- 日経テレコン、ELNETなどの記事検索
- 日経電子版、東洋経済オンラインなどのポータルメディア
- SNSでのソーシャルリスニング
- Googleアナリティクス、レンタルサーバーのアクセス解析
- 調査会社サイト「調査のチカラ」、「生活定点」、「矢野経済研究所」
- 各企業ウェブサイト内の有価証券報告書・IRデータ
- 法人企業統計調査（財務省財務総合政策研究所）
- EDINET（上場企業のみ）
- 各業界団体・協会発行資料、白書、名簿
- 業界紙、雑誌、日経本紙、日経MJ、書籍
- 行政人口・世帯数情報、総務省統計局、白書、官報情報
- アナリストレポート
- 他社カタログ、会社案内、展示会
- 自社販売データ、顧客管理データ、そのほかのプロジェクトデータ

ソーシャルリスニングで自社を知る

近年はTwitterのつぶやきに検索をかけて回答を集計・分析してくれるサービスが出てきています。これはウェブ・クローラーによって関連するテキストを集め、テキストマイニングという自然文の分析手法によって意見のクラスター化や見える化をおこなうものです。

この場合は仮説というよりも分析の切り口を設定することが重要です。認知度なのか、価格受容度なのか、味覚評価なのか、というポイントです。

マーケティング担当者であれば、日頃から自社名やブランド名でのTwitter検索（エゴサーチ）はしておきたいものです。これによって、ユーザーの基本的な評価の変化や、炎上の端緒に気づくこともできます。

ある業界の絞り込まれた具体的な調査データをまとめたレポートは数十万円することもあります。参入予定の市場規模を詳しく知るうえでどうしても必要であれば購入することもよいでしょう。

そのほかにも、管掌省庁や自治体担当者、あるいは専門家や有識者へのインタビューをすることもできます。訪問して時間をとるのはいやがられますが、ビデオ会議や電話なら気軽に答えてくれることも少なくありません。

マーケティング調査の手法

分類軸の２つ目は調査手法によるものです。

１次データを得るために、どのような形式の調査をおこなうかによって分類されます。

〈1〉質問法

これは、被験者に質問をすることです。あたりまえと思うかもしれませんが、質問せずに相手の行動を記録する調査もあります。質問の仕方によって、次のように分かれています。

- 郵送調査
- 電話調査
- 訪問調査
- 用紙調査
- 面接調査

- 街頭調査（CLT＝セントラル・ロケーション・テスト）
- 集合調査
- オンライン（ネット）調査
- グループ・インタビュー（想定ユーザーを招いて聞き取りをする）
- デプス・インタビュー（想定ユーザー１人から深いところまで聞き出す）
- キーマン・インタビュー（業界の動向を知るキーマンから聞き出す）
- ミステリー・ショッパー（調査員と知らせずに店舗を訪問し、スタッフの対応をチェックする）
- ホームユーステスト（ユーザー宅で使用してもらい、感想を聞き取る）

〈2〉観察法

被験者やユーザーの行動を観察してデータを取得する調査です。

- 行動観察（ユーザーの行動を観察・録画し、ヒントを見出す）
- ショップアロング（対象顧客の買物に同行して行動を観察する）

〈3〉実験法

実際に地域を限定して発売するテストマーケティングや、広告訴求法や商品陳列などのマーケティング手法を変えて顧客の反応や態度を見る調査です。

〈4〉ビッグデータ

Twitterなどの SNSから投稿内容を検索、調査する手法です。自社ブランドについてどんな評価をつぶやいているかを知ることができます。携帯電話のGPSを計測することで、特定の地域内にどれほどの人間が滞在しているかなどもリアルタイムで調査することが可能です。また、各種センサーや監視カメラなどで得られる結果も調査の対象となりえます。

いわゆるネット調査は手軽になっており、さまざまなサービス形態があります。低価格でネット調査を受託するサービス会社も増加しており、以前に比べても簡易に実施できる環境が整ってきているといえます。

「500円からの調査」をうたうところも出てきており、「ネット調査　低価格」などで検索をすると、広告を含めて多くのサイトが表示されます。一度くらいは発注してみるのもよいかもしれません。

データの入手法別分類

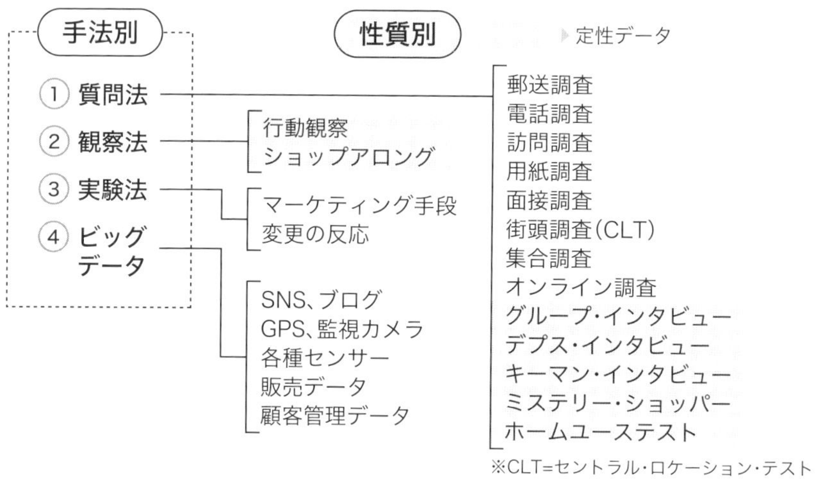

3番目の分類軸は定量データか定性データかです。

「**定量**」とは数字で把握できる結果を得る調査であり、「**定性**」とは言葉や文章などで結果を得る調査です。

前項の調査種別のなかで、定性調査は次の手法です。そのほかは、基本的に定量調査です。

- グループ・インタビュー
- デプス・インタビュー
- キーマン・インタビュー
- ミステリー・ショッパー
- ホームユーステスト
- 行動観察
- ショップアロング

Lecture 3

マーケティング調査の手順を知る

調査を実施する目的と手順を明らかにする

せっかくマーケティング調査を実施するのですから、その目的を明確にすることで期待通りの結果を得ることを目指したいところです。

前項では、商品開発のテーマ探しや、商品が売れない理由をつきとめるためのマーケティング調査について触れました。

そのほかには、開発した商品の評価や購買意向、受容価格帯を確かめたいというような仮説を検証することが目的の、何かを判断するための材料が欲しいときの調査もあります。

マーケティング調査の目的は何か？

大きく分けると、次のように分類することができます。

〈1〉企画を考えるときのネタが欲しい

- 市場のトレンドを知る定量調査 ⇨ 発想のベースとなる情報入手
- テーマのヒントを得る定性調査 ⇨ アイデアを考える際の情報入手

新商品開発のテーマや新規事業のタネを見つけたい、仮説を評価してもらいたいというときに実施する調査です。

〈2〉何かを判断する材料が欲しい

- 仮に企画したテーマ仮説が受け入れられるか知りたい
- 広告表現など企画を検証するための定量調査

考えた企画や戦略が機能するか、正しいかを判断するための調査です。

- 成果検証のための定量調査

実行した戦略が想定通りの成果をあげられたかを評価する調査です。

マーケティング調査の目的を明らかにすることで調査手法も決まり、仮説

も立てやすくなります。この目的を決めることも含め、マーケティング調査を進める手順を知っておきましょう。

マーケティング調査の手順

〈1〉調査の目的を決める

マーケティング調査によって得たい結果から目的を決め、明文化します。そして、マーケティング上の課題を、仮説や調査項目に置き換えます。

ここでどれくらいの費用と期間をかけるかについても決めておきます。

〈目的の例〉

「機能性はこれで正しいか」、「市場性はあるか」、「どう訴求したら受容されるか」、「どの機能を重要と考えているか」、「いくらまでなら払うか」

……などを調査によってつきとめる。

⬇

〈2〉調査の種別を決める

先にあげたマーケティング調査の種類から選択します。１次データを取得するのか、２次データを収集するのか、あるいは２次データで下調べをしたうえで１次データを取得するのか、などを決めます。

⬇

〈3〉調査項目を決める

仮説に基づいて価格受容性を調査したり、商品開発テーマを発掘したり、マーケティング課題を発見するための質問項目を案出。調査票を作成します。

⬇

〈4〉調査対象を決める

対象とするユーザーの属性や具体的なパネル（調査対象者）、顧客企業などを決定します。ネット調査を実施・運営する会社や、属性に合うリストを保有している調査会社に依頼するなどの選択肢もあります。

⬇

〈5〉調査を実施して分析する

調査を実施後、得られた結果を集計し、グラフなどによって可視化をおこない、仮説がどのていど正しかったかを分析します。

Lecture

アンケート調査票を作成する

回収率の高いアンケートシートにする

せっかく時間とコストを使って調査をするのですから、商品開発のヒントを得るため、商品購入の検討要件を知るためなど、有効な結果を得られるようにしたいものです。

そのためには、紙、ウェブに限らず、質問項目出しは調査の中核であり、さまざまな気遣いも必要です。質問項目が多すぎても離脱されてしまいますし、アンケート結果の用途や個人情報の取り扱い方を明記しないと不安に思う人が増えてしまいます。

また、選択肢をあげる場合はMECE（モレなくダブりなく）になっていないと回答内容にブレが生じます。実例とともに、作成上の注意点を説明していきます。

質問項目はこの点に注意して作成する

冒頭には、あいさつとアンケート目的を明記します。あいさつは最低限の礼儀として必要ですし、前向きに回答してもらえる前提となります。

そして、個人情報に敏感になっている昨今では、**アンケートの目的やデータの取り扱いについて誠実に説明する**ことが求められます。

のちに**営業目的での連絡をするならそれを書いておきます**。営業されたくないのでアンケートに記入しないのであれば、あきらめるしかありませんが、「営業目的での連絡は望まない」というチェック項目をつくっておくという方法もあります。とにかく回収率を上げたい場合は、個人情報を記入しなくてもアンケート回答ができるように設定するやり方もあります。

最初の質問では、いきなり本質的な項目を訊いたり、文章でのフリー記入を求めるようなことはさけます。そこで回答者が考え込んでしまうと先へ進みません。まずは気軽に回答できる質問（選択するだけなど）からはじめて、これなら最後まで回答してもいいと思ってもらうことが肝要です。

調査票作成の注意点

あいさつ文を入れる

ABC 社ブース　ご訪問アンケートのお願い

アンケート目的をはっきり書く

本日は ABC ブースをご訪問いただき誠にありがとうございます。
より皆様のご要望に添うため、アンケートにご協力いただけますと幸いです。

ご訪問日　月　日

貴社名・ご担当者お名前	(ふりがな)
ご住所	
お電話番号（代表・直通・携帯電話）	
メールアドレス	

●ご回答は□にチェックをいただくか、(　　　　) にご記入ください。

答えやすい質問から入る

1　あなたのお立場をお教えください
□ 一般ユーザー　□ 店舗・問屋
□ 製造業・商品開発担当　□ その他（　　　　）

1問で複数のことを訊かない

2　ABC 製品の何にご興味を持たれましたか？
□ 足アーチを支える理論　□ オーダーメイドシステム　□ カーボン
□ デザイン性　□ その他（　　　　）

選択肢は充実させる

3　足についてお困りのことはありますか？
□ 足の痛み・疲れの解消　□ 身体バランス／姿勢の改善
□ スポーツの成績を高める　□ 外反母趾／足底筋膜炎など疾病の改善
□ その他（　　　　）

モレ・ダブりのない選択肢にする

4　お望みの情報は得られましたか？
□ 連絡／商談を希望する　□ もう少し説明を聞きたい　□メールで情報がほしい
□ 連絡は望まない　□ その他（　　　　）

数値化できるものは数字で訊く

その他ご要望がございましたら、何なりとお書きください。

自由記入は1問ていどにする

ご協力ありがとうございました。
※ご回答いただきました内容は弊社のサービス向上の他、情報のご提供に使用させていただくことがございます。

個人情報の取り扱いを伝える　　作成後、回答者になりきって記入してみる

質問文の表現はシンプルであることが大切です。いわゆる「否定疑問」では訊かないようにします。否定疑問とは、「～の経験はありませんか？　はい・いいえ」のような問いのことで、どちらを選択するか迷います。

質問の内容は、論理的に正しく、モレ・ダブりのないことが必要です。選択肢を出すなら網羅できていることを確認し、「あてはまらない」も添えておくということです。また1問で複数のことを訊くと回答者が混乱してしまいます。

基本的に、商品企画のようなソフトな要素に対する評価は定量（%など）ではかり、商品や広告表現のようなハードを見せての調査は定性で聞き取りをすると役立つ結果が得られる傾向があるようです。

Marketing Practices

第 3 章

新規事業・新商品を開発する

～どんな商品・サービスが選ばれるのか～

攻めるべき市場のサイズを決める――STP分析

最適な事業分野を見極める

どの事業を選択すれば勝てるのか――。参入事業や開発分野の選択は会社の命運をはっきりと分けます。そのため、新規事業を企画するときは、どの会社もできるだけ大きな市場や成長市場を探そうとします。

しかし、巨大市場や成長市場への参入は成功の要因となりえるのでしょうか。会社に体力があればいいのですが、巨大市場はときにガリバー企業や海外・新興国企業と戦わなければならないレッドオーシャンであり、成長分野とはその候補であるともいえます。

自社の体力にあったサイズの市場を選ぶ

大手企業は、国民全員またはすべての企業を顧客とするような汎用品を適切な品質でつくり、適切な価格で販売するビジネスです。これに対してニッチャーと呼ばれる中小企業は、一部のユーザーに向けて特化した商品をつくり、利益のとれる価格で販売するというビジネスです。大きな市場は大手企業のものであり、そこで戦うには大海を泳ぎきる体力が必要です。

大組織にとっては歯応えのある大きな市場であれば参入のしがいがあるところですが、中小企業にとってもあまりにも小さい市場では十分な売上を立てられません。つまり、自社の体力に見合うちょうどよいくらいの市場が、狙うべきサイズというわけです。

では、中小企業にとってちょうどよいサイズの市場とはどのようなものでしょうか。例えば、多くの人は興味がないけれど、ある一部の人にとっては必ず必要なモノ、ぜひ売ってほしいといわれるモノ。そういう商品は安定的に売れるけれど、新規参入者は多くないという市場を形成します。

そのような市場を開拓するためにはどうしたらよいでしょうか。

自社の得意技術を、ほどよくニッチな市場のニーズを満たす商品にするた

めには、どのような開発をしたらよいか――こう考えることが事業分野選択の大きなカギとなります。

■幕の内弁当より専門的な唐揚げ弁当にする

例えばスマホの登場で縮小しているデジタルカメラ市場であっても、専門化、ニッチ化していくことで、ニーズに対応する商品企画は可能です。

プロカメラマン用やセミプロ向けのアクションカメラ、あるいは耐水性の水中カメラ、医療用、ペット監視用、車載用、バイク搭載などスポーツ用へと市場を細分化していけばよいのです。

▌ほどよくニッチな市場サイズを狙う

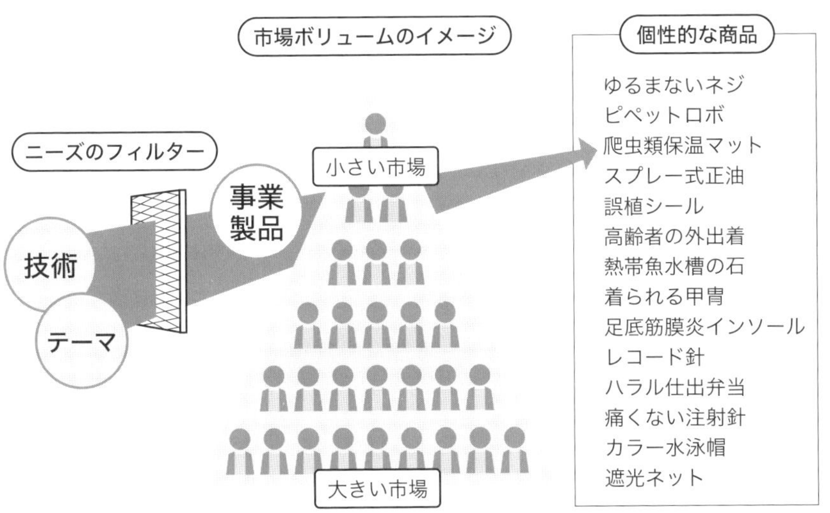

図中の左にある自社の技術や向き合ってきたテーマを、最適なサイズの市場ニーズを満たす商品とするためにフィルターを通し、投入していきます。

右側に書かれている商品の例に見るように、そこにはさまざまなユニークな事例があります。くわしくはあとで商品開発のテーマの項目で説明をします。

競合の少ない市場では、価格決定権を握りやすいといえます。ユニークな商品であれば差別化に悩むこともありませんし、お客様のほうから検索をして探してくれたりします。新規参入者も少なく、「誰が買うのか」ということでメディアがおもしろがって取材してくれるかもしれません。

とくに成熟している国内市場においては、小さな差異でも1つの分野となりえます。例えば形状をいままでと少し変えるだけでも別の市場性を獲得することにつながります。

靴下を例に考えてみましょう。ただふつうの靴下をつくっているだけでは新興国の工場にかないません。そこで、用途を限定して絞り込み、使い勝手を特化させれば別の市場としての勝機が出てきます。

無印良品ではかかとの部分が直角になっている靴下が売れています。たしかに、横から見ると人間のかかとは直角に曲がっています。

一方で、樋口メリヤスはかかとのない真っ直ぐの靴下に「つつした」とネーミングしてヒット商品にしています。こちらは向きを気にせず履くことができて便利かもしれません。

あるいは、新技術や新素材を用いて新機能を持つ靴下をつくれれば、冷え性の人専用の「まるでこたつソックス」（岡本）のような差別化商品を開発することもできるのです。

見込み客を深く理解する―― STP分析

市場を細分化して絞り込むために、商品開発をするうえで重要なターゲットの理解を助けるフレームワークであるSTP分析を説明します。

STP分析は、市場を切り分けてアプローチする層を決め、自社の立ち位置をどのようにするかを考える助けとなります。

▶セグメンテーション

ユーザー層をある種のニーズや属性単位に切り分けて考えることです。購入してくれる顧客イメージを明確化、細分化することで、不利な競合をさけるとともに、エッジを立てることで見込み客に見つけてもらいやすくなります。

どんな要素で切り分けるか

「セグメント」とは、ある性質の指標に基づいて切り分けた集団のことです。切り分ける指標となるのは次のような、いわばペルソナを考えるときにあげられる項目です。

① **人口動態変数**　年齢、性別、職業、年収、家族構成、教育、人種、知識
……もっともペルソナ的な項目です。

② **地理的変数**　居住地域、地域特性、人口密度、住居
……気候や風土、文化、味覚、習慣が異なることで商品に対するニーズ度合いは変わります。例えば、リクルートのスタディサプリは地方在住の受験生を強く意識しています。

③ **心理的変数**　価値観、ライフスタイル、パーソナリティ
……新しいものにすぐ飛びつくか、など。これも地域によって異なる県民性があり、静岡県民や福岡県民は新し物好き、東北は保守的などといわれることもあるので、②の地理的変数と関連を持ちます。

④ **行動変数**　購買状況、購買契機、使用頻度、商品知識
……週に何回、買物をするか、どういう店で買うか、商品知識はどれくらいあるのか、などです。

BtoBにおける生産財市場（部品や原材料、工作機械など）であれば、業種や規模、使用頻度、購買意欲・購買方針などが対象になります。ターゲットサイズは適切か、大きすぎるならさらにカットするか、などを検討します。

STP分析とは

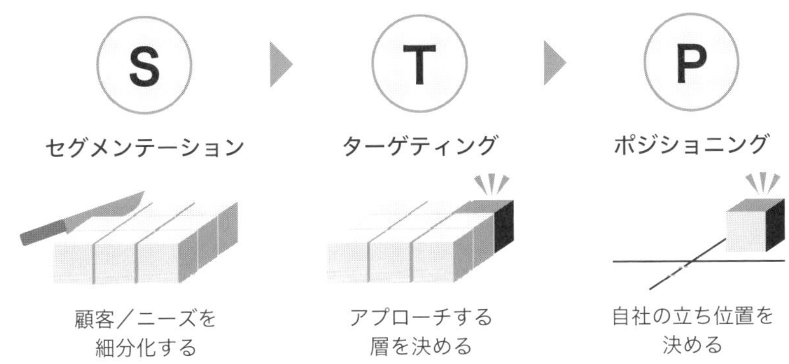

▶ターゲティング

切り分けたニーズのなかで、自社のミッションに適合し、強みを発揮して

収益を上げられる対象へと絞り込むことです。ふつうはこのターゲティングとセグメンテーションとを同時におこなうことが多いかもしれません。

以上のように、市場全体を何となく狙うのではなく、明確に勝てる対象市場に絞り込み、そこを狙うことを考えます。商品を「誰に」売るかがはっきり決まります。

どんな視点で選択するか

これは次のような**6つのRという観点で分析、選択する**ことが一般的です。

①有効な市場規模（Realistic Scale）

十分な市場ボリュームがあるか、つまり対象顧客数があるか。これが大きいと競合も多く、コストもかかるということになります。

②成長性（Rate of Growth）

成長する市場なのか、衰退していく市場なのか。衰退するけれど、絶対になくならない市場では残存者利益というものも発生します。また、低成長市場であっても“ぬるま湯”市場であれば勝機が見込めます。

③顧客の優先順位（Rank）

顧客にとって切実な購買対象か。あとまわしになる消費対象であれば、販促はラクではありません。あるいは、競合と比べたときに記憶の2位、3位以内に入ることができるかも重要です。

④到達可能性（Reach）

顧客へアクセスできるか。顧客が明確に存在するとしても、リーチする手段がなければ意味がありません。リストが手に入るか、販路獲得の手立てがあるか、ということです。

⑤競合状況（Rival）

一強のガリバー企業がいるのか、競合が多くレッドオーシャンなのか。明確な競合だけでなく、代替品などにも目を向けましょう。

⑥反応の測定可能性（Response）

マーケティング調査やウェブ広告のクリック率などで反応を確認できるかどうか。例えばターゲットが「俳句が好きな人」だと商品を評価してもらう調査もしづらいということになります。

いずれかの市場を選択して集中することで有利になりますが、企業のスケールや体力によっては複数のターゲットを狙ったり、すべてのターゲットを対象にすることもあります。

- 集中型…… 1つに集中する
- 差別型…… いくつかの対象を選択する。対象ごとに異なる訴求をする
- 無差別型… すべての市場を対象にフルカバーする

▶ポジショニング

選んだ対象市場のなかで、自社と自社商品の立ち位置を明らかにします。あるいは、市場や顧客にとっての価値ポイントを確認し、そこでの競合とは異なる軸をはっきりさせ、自社商品の違いを見つけていきます。

どんな手順でポジショニングしていくか

「ポジショニングマップ」を作成するとわかりやすくなります。**ポジショニングマップとは、顧客が重視する項目（キー・バイイング・ファクター）を軸にとって自社商品の位置づけを見える化していく手法です。**軸に従って市場内プレーヤーの商品を置いていきますが、自社商品のポジションに競合があまりにも多ければ、別に差別化点を見つけてズラしていくことも検討します。

▍ポジョニングマップの例

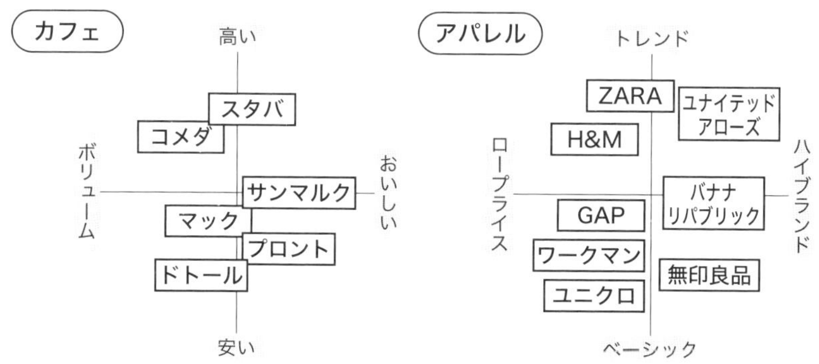

※ポジョニングマップの一例ですので、「位置が違うのでは」、「あのブランドが入っていない」と思う方は、ぜひご自身でつくってみてくださいね。

Lecture 2

プロダクトアウトか マーケットインか

市場で受け入れられる商品開発の方向性

過去の新規事業がうまくいった要因は何だと思うか、という問いに対する回答例を見ると、主に次のような項目があげられています。

- 市場顕在化のタイミングの見極めがよかった
- 競合相手が少なかった
- 規制の緩和（強化）による市場の変化があった
- 開発メンバー（リーダー）の優秀さ
- 経営トップの意識・意欲
- 事業のアイデア
- 技術力（販売力）の高さ

じつは、タイミングがよかったとか、競合が少なかったなど、外部要因をあげる企業がとても多いのです。こうした回答を信じるとするなら、客観的な分析視点から事業分野の選択をおこなうことが重要であるとわかります。

カワイイだけでは売れない

大ヒットしている「魔法のフライパン」（錦見鋳造）は、高度な鋳造技術により板厚を従来の3分の1の1.5mmにまでうすくすることに成功しました。うすいことで熱効率がよくなり、食材を入れても熱が下がりにくいのです。

一方、石川鋳造の「おもいのフライパン」は、文字通り1.8kgと重いフライパンです。重さの理由は板厚がふつうの1.6倍も厚いからですが、これにより蓄熱温度が高くなり、肉が均一においしく焼けるのです。

両者は、好対照の商品企画になっています。どちらも、もともとは町工場。自社のオリジナルブランドを立ち上げて成功した事例です。BtoB企業が自社オリジナルの商品開発を目指すケースはよく耳にしますが、少しデザイン性に凝っただけの安易な商品となってしまうことがあるようです。

例えば、次のような事例です。

- 廃棄になる電子基盤をカットしてスマホのストラップにする
- レーザーカッター装置があるので、丸パイプをカットして装飾台にする
- 他社製の非接触ドアオープナーとまったく同じものをつくる

保有する生産設備を使って、何となくよいデザインのものをつくっても、「それで？」とか、「カワイイ！（でもいらない）」という反応になってしまいます。ただデザインがよいだけでは安定して売れる商品にはなりません。ところが次のような商品なら話題性もあり、買う理由があるといえます。

- キレイな金属スプーンだが熱伝導率が高いのでアイスクリームが溶けて食べやすくなる
- バターナイフの模様がおろし金になっていて、硬いバターもふわふわに削りとれる
- キノコのような椅子に座るとバネで座面が上下動し、抱いている赤ちゃんの寝かしつけができる

デザインがよいだけでなく、しっかりと役に立つ機能性があるのです。上の説明を読んで興味を持った方もいると思いますが、その興味こそがSNSなどで拡散する要因ではないでしょうか。

■顧客視点を踏まえたうえでイン・アウトを考える

「**プロダクトアウト**」とは企業の方針やつくりたいものを基準に商品開発をおこなうことです。**別の言葉でいえば「シーズ開発」**です。

一方、「**マーケットイン**」とは顧客のニーズを汲みとって商品開発をおこなうことです。**こちらは「ニーズ開発」**です。

マーケティング志向の商品企画ではマーケットインで考えるというのは常識だと思います。専門家の間でも長らく、プロダクトアウトではなくマーケットインであるべきと唱えられてきました。

たしかにマーケットに従えば失敗の確率は低くなりそうです。とくに既存商品の改善なら、マーケットインで十分な結果が得られるでしょう。

片やプロダクトアウトで失敗の可能性が高くなる事実は見逃せません。

ところが、振り返ってみると**時代を変えてしまうような商品や痛快なヒット商品は、いつもプロダクトアウトの経路を通って登場してきました。**

誰かの思い込みはイノベーションを起こし、そこに非凡な商品が生まれるのです。

じつは生前のスティーブ・ジョブズは、日本企業が凋落してしまった原因を「顧客のニーズを意識しすぎたからだ」と分析していました。顧客のニーズに従って開発される商品の行き先は“同質化”なのです。

デジカメの背面に液晶画面があったらいいなんて希望を述べたユーザーは1人もいなかったし、スマホみたいな端末が欲しいという意見も聞いたことがありませんでした。

企業が等しく消費者の希望を聞き、同工の商品をつくっているから同質化が起き、差別化がむずかしくなるのです。

反対に、企業が自社の都合、つまり得意技術やできてしまった技術を生かそうとするから個性的でひとりよがりな商品ができるともいえます。

ある中規模食品メーカーのトップは「ウチの開発担当者は、自分が欲しいモノをつくるからダメなんだ」といっていましたが、それは少なくとも1人は熱烈なお客様がいるということと同義です。

実写映画化もされた人気漫画『バクマン』の中で、担当編集者が次のような意味のセリフを話すシーンがあります。

「ヒットする漫画家には2種類ある、一つは自分の描きたい世界を追求して成功するタイプ、天才というか天然だ、もう一つは売れる漫画とは何かを追求してヒットを飛ばすタイプ、一発屋では終わらないし編集者はラクだ、しかしほとんどの人気漫画家が前者のタイプで……」

もうプロダクトアウトかプロダクトインかを意識することは、時代に合わないのかもしれません。顧客視点が重要なことはとうぜんです。顧客のニーズに従ったり、無視したりということではなく、むしろ顧客になり切ることが必要なのではないでしょうか。

Lecture

商品開発の手順を知る

商品開発の9ステップを理解する

ここまで、社会全体や業界環境、競合、自社を分析したり、市場を細分化するフレームワークを紹介してきました。本項では、それらを土台として生かし、商品開発を進めていきます。

環境や業界によって商品開発の進め方は異なります。ここで紹介するような基本ステップを、あなたの業界に必要な項目を足し引きして構築してみてください。それが、商品開発を進めていくうえでの指針となります。

商品開発を検討するとき、担当者に問いかけるのは次のような項目です。

これは、そのまま商品開発を企画するときの検討項目であるといえます。これらの回答を用意できるのか、不明の部分は調査などで入手することができるのかを確認してください。

▌商品開発に際して検討する項目

Q1　市場規模とその推移はどうなっているか？
Q2　市場規模が増減している要因は何か？
Q3　売れている商品の要因は何か？
Q4　どういう商品が消えているか？
Q5　いまはどんな技術が可能になっているか？
Q6　競合企業一覧と各社のシェアはどうなっているか？
Q7　顧客の分野構成はどうなっているか？
Q8　顧客の採用・発注の決め手は何か？
Q9　流通チャネル（代理店など）はどうなっているか？
Q10　今後、顧客は何を求めるか？

商品開発の手順を知る

商品開発のプロセスは下の図のようになります。ステップが細かく９段階になっていますが、２～３段階を１つのグループとして捉えると、わかりやすくなると思います。

商品開発はプロジェクトチームで進行することが多いでしょう。その際は、開発部だけでなく、生産部門や営業部などからも人員を集めた混成チームを結成すると各部門の意見調整も進むのでよいと思います。

そして、何より重要なのは誰がリーダーを務めるかであるというのは、いつも感じることです。では、各プロセスについて説明していきます。

▌商品開発の手順

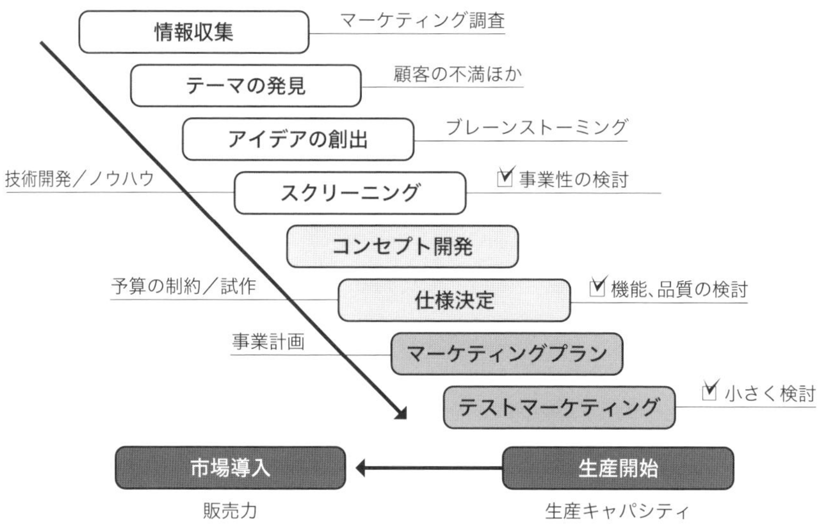

【情報収集～テーマの発見～アイデアの創出～スクリーニング】

〈１〉情報収集

前ページに掲げた10の質問について情報を収集し、まとめてみましょう。顧客がどんな商品を望んでいるか、既存商品にどんな不満を持っているかなどのマーケティング調査をおこなうことで、テーマ探しのヒントとなる情報が見つかることもあります。

〈2〉テーマの発見

商品開発にとって、もっとも重要なのは開発テーマを見つけるという出発点です。いま、多くの企業が求めている人材は“創造できる人”だといわれています。「創造」は大げさであるとしても、企画できる人であることは重要です。この企画力とはまさに商品開発のテーマを案出できることでしょう。

商品開発のテーマが決まれば、それに基づいて対象となる市場やターゲットはどこか、またポジショニングを特定することができます。

商品から得られるメリットによってターゲットは変わりますし、同じ商品であっても市場をズラすことでより多くの売上を生み出すこともあります。

〈3〉アイデアの創出

テーマがより上位の発想であるとするなら、アイデアとはそれよりスケールの小さい具体的なデザインやサイズの変更、改善などにあたります。

ここでのアイデアには、必要な仕様や生産方法に関する技術的なブレイクスルーも含みます。

以上、〈1〉の情報収集から〈3〉のアイデアの創出までが発想のゾーンです。

〈4〉スクリーニング

前項までに見出された商品企画に実現性があるかを検討するフェーズです。強いニーズがあり、売上を見込むことができて事業として成立するか、商品を開発する技術やノウハウが社内にあるか、ないなら外注・調達できるのか。あるいは企業理念と適合しているか、すぐに低価格商品で代替されないか、参入障壁はあるか、などについても検討します。

ここまでのチェック　ここではアイデアの方向性について、トップから技術、生産、営業、マーケティングなど各部での意見を集約するとともに、場合によっては外部パネルの意見を聞くこともおこないます。

【コンセプト開発〜仕様決定】

〈5〉コンセプト開発

商品のコンセプトを明文化します。何を、誰に売るのか。これを明確に定義することで商品の性質を決め、スタッフ間の認識にズレのないよう共有します。

〈6〉仕様決定

ここで機能や材料や材質、サイズなどの仕様を決定して試作します。工業デザインを外注するのであれば、この段階で検討します。パッケージ商品であれば、パッケージの形式やデザインについても計画を立てます。

ここまでのチェック　試作した商品の機能性や品質レベル、デザインに関して、スクリーニング時の各部門と、加えて調達・購買の意見も調整するほか、顧客を対象とする調査もおこないます。

【マーケティングプラン〜テストマーケティング】

〈7〉マーケティングプラン

この段階でマーケティングプランを立案します。商品の予定価格や最初の数年間の売上目標、収益予測を立てます。さらに、流通戦略と販路開拓、販売促進の戦略を立て、事業計画書を作成します。

〈8〉テストマーケティング

売上目標を前提に、より正確な予測を立てるため、期間や予算の許す範囲内でのテスト販売やニーズ調査などをおこないます。結果によってはマーケティングプランを修正します。

ここまでのチェック　小予算のリスティング広告とランディングページの組み合わせによる小規模なテストマーケティングをおこなうなど、販売計画と生産計画の礎石となるデータを得るようにします。そして、ネーミングや広告表現などについての評価もとりまとめます。

【生産開始〜市場導入】

〈9〉生産開始

いよいよ生産を開始し、市場に導入します。初動の売上によって、工場などの生産キャパシティを拡大・縮小することも視野に入れておきます。

Lecture 4 商品開発のアイデアを出す

アイデア発想の手がかりと事例を知る

アイデアを発想することを生業としている人と話していると、よく出てくるのが「アイデアは降ってくる」という感覚についてです。

じつは私もその感覚はわかります。けれども、「幸運にも降ってくる」ということはありません。あれこれ情報を探して考え、締切りを前にして悩み、真剣に取り組んだすえに、それは「降ってくる」のです。

つまり、努力をして準備をした人にのみ、すっと降ってくるように感じられるときが来るわけです。

ですから、「売れるアイデアを考えてくれ」といわれてサクッと有望なアイデアが出せるのなら、誰も苦労はしません。

また、「こうやって、こうするとアイデアが出ます」という夢のようなフレームワークもないのです。

それでも、自社が保有する強みという"資源"を生かしたり、シンプルなキーワードから考えたり、異業種の事例に学ぶなど、私はこれまでできるだけ再現性のある手法を研究し、また生み出してきました。本書ではそのフレームワークをご紹介します。

後ほど、KJ法（P.92参照）など一般的な発想手法についても説明します。

■開発アイデアを発想する

既存商品の改善であればやるべきことはわかりやすいのですが、まったくの新基軸となる商品を自由に開発するような、何の制約もない場合は逆に迷ってしまいます。

アレンジをするとしても、日本企業は地域や国に合わせるローカライズが苦手です。例えば、南アジアでは盗難や停電が多いため、冷蔵庫にはカギやバッテリーが必須です。けれども、これに気づくのは韓国メーカーのほうが先なのです。

キングジムの宮本彰社長は、「商品開発は、やってみなければわからない、10個に1個あたればいいと常にいっている」といいます。

一方で、合議制などで全員が納得のいくカドのとれた特長のない商品をつくってしまうと失敗してしまうでしょう。

まずは、アイデア発想の端緒となるポイントについて、事例を交えてご紹介していきます。

▶取引先などからきっかけをもらう

社内公募はもちろん、関連会社や取引先からの提案、金融機関やコンサルティング会社からのアドバイスなどに耳を傾けてみてください。また、業界誌やインターネットなどのメディア情報、リアルでの異業種交流会、セミナー、学会情報、海外事例なども参考になるはずです。

浅野撚糸のヒット商品「エアーかおる」は、とても吸水性にすぐれたタオルです。開発のきっかけは、使い道に困っていた取引先から「水溶性糸」の技術を紹介されたことでした。

この糸を使って織り上げたあと、お湯に浸けることで空隙のあるふわふわのタオルになるのです。ところが、価格が4,000円もしたために当初はあまり売れませんでした。

そこで、吸水性能が高いのだから半分の面積でもいいのではとサイズを小さくし、価格もほぼ半額に下げて発売したところ、トライアルユースを呼び込むことができ、大ヒットとなったのです。

▶クレームからはじめる

顧客から注文をもらうコンタクトセンターには、クレームも持ち込まれます。しかし、**このクレームはまさに商品開発のネタの宝庫です。**

コンタクトセンターを運営していない会社でも、顧客の不満をカンタンに集める方法としてはソーシャルリスニングがあります。これはSNSで自社商品をエゴサーチして、不満や要望の書き込みを集めるのです。

自社商品や分野全体の「不」を探してみてください。不満、不便、不快、不安、不安定、不都合、不衛生など、何でもよいのです。

ワークマンでは、「キャンプの焚き火で火の粉が飛ぶと穴が開く」という書き込みをTwitterで発見したことで、ジャケットやパンツの素材を変更し、大ヒットに導きました。

そのほかにも、顧客の要望やクレームから生まれた商品にはステープラーがあります。紙で綴じるステープラーは、「針の混入」をさけたい食品業界からの希望で生まれました。

また「フラット・クリンチ」というステープラーは、書類を積み上げると綴じた角の部分がふくらむという不満から企画され、改善された商品です。

▶失敗から学ぶ

ある商品を開発しようとしていたところ失敗してしまったが、それがまったく別のヒット商品に育つ——。よく知られた事例では3M（スリーエム）のポストイットがあります。強力な粘着剤を開発しようと取り組んでいたところ、失敗して弱い粘着剤ができてしまいます。それを捨ててしまわずに、何度も貼ったり剥がしたりできる付せんを開発したのです。

花王の「毛穴すっきりパック」はパック剤がはみ出してしまう課題があり、製品化できずにいました。ところが、あるとき放置して乾燥してしまった失敗品に水をかけてみたところ、復元してはみ出すことなく使えるものになりました。これをヒントに再現し、発売することができたのです。

▶ヒット商品に便乗する

アパレル産業ではユニクロにシェアを奪われて苦労している会社もあるでしょう。しかし、ある中小アパレルメーカーは、ユニクロで大ヒットしている女性用コートに着目。このコートに合わせる（コートの中に着る）ミドルコートを開発してヒットさせました。

ユニクロと戦っても勝てないのなら、安売りなどをせずに**コバンザメ商品をつくるという別の戦略にたどり着いたというわけです。**

また、カネカでは、高級食パンブームに目をつけ、「パン好きの牛乳」を発売。絞り込みのおもしろさやインスタ映えでヒットしました。

▶形状を変える

発想法によくある、「○○を変えてみる」やり方です。

既存商品の形状を変えたり、大きくしたり、小さくしたり、別々にしたりしてみるということです。

例えば「**うすくする**」。老舗のようかん店は、ようかんをうすく切って販売することで食パンに乗せて食べる食べ方を提案、大人気となりました。

また「ソープトワレ」は、石鹸をうすくスライスして一回の使い切りにしたものです。

近年はハンドソープのユーザーが増え、伝統的な石けんは使われなくなってきていたのですが、ちょうど3分間の手洗いで消えるこの商品は、手洗いの指導や感染症予防に適しており、注文数は100倍以上に伸びています。

そのほかでも、「**小さくする**」ものでは、昔ながらの洗濯板をミニサイズにし、旅行先で下着や靴下を洗えるようにして人気商品となっています。

また、教室にある黒板を小さくすることで工事現場での記録撮影用ボードとした商品もよく売れています。

「**別にする**」例としては、愛知県・岡崎の小野玉川堂のどら焼きがあります。どら焼きのあんと皮を別にして売ったら、自分でつくるのが楽しいとして大ヒットになっています。

▶サービスも一緒に売る

太陽光パネルなど環境製品を購入すると、行政から助成金が出る場合があります。しかし、その申請書類の作成はたいへん煩雑で、二の足を踏むユーザーも少なくありません。このとき「書類もこちらで作成します」とサービス化すれば、受注しやすくなります。

操作がむずかしい機械を販売するときも、オペレーターごとリースします、という販売方法もあるわけです。

これらは「モノからコトへ」の転換であるといえます。モノの価値だけに固執するのではなく、サービス化によって価値を高めて高額商品化したり、競合に勝って受注が増えたりする道はないかと検討してみてください。

▶空き地から考える

顧客の購買決定要素を2軸にとってポジショニングマップをつくり、市場にある競合商品を置いてみます。すると、ぽっかりと空いている場所が見つ

かることがあります。それなら、その場所を占める商品を開発すればいいということになります。

あるいは、ターゲット層から考えることもできます。**この世代向けの商品がない、**というときに、それをつくれば売れるのではないかということです。ただし、いずれのケースも、**「ニーズがゼロだからその商品がない」ということも多いので注意が必要です。**

私が駆け出しのコピーライターのときに携わった例では、焼酎のソーダ割り（缶チューハイ）が人気なら、日本酒のソーダ割りも売れるだろう、ということで開発、発売したのですが、すぐに終売となりました。

▶事件から発想する

事件が起きることで需要が喚起されたり、市場が立ち上がったりすることがあります。

以前、首相官邸にドローンが墜落したことで、ドローンというものが一気に知られるようになりました。これを契機としてドローンに興味を持つ人や、ドローンを買いたいというユーザーが増えました。

事件を報道する番組で取材されたあるドローン測量の業者は、仕事量が数十倍に増加したそうです。

ガス警報器を製造している新コスモス電機は、熱中症で倒れる人が増えているという報道を受け、警報器に熱中症の危険度のお知らせ機能をつけるようにしました。

オール電化の影響もあってガス警報器は売上が減少していたのですが、この機能を搭載した新製品は20万台以上のヒット商品となったのです。

マーケティングのたとえ話で、ドリルの話は有名ですね。「顧客はドリルが欲しいのではない、穴が欲しいのだ」という教えです。

では、この先はどう考えればいいでしょうか。

穴が欲しいなら

- ホームセンターで「穴あけサービス」、「ドリル貸し出し」
- 壁に穴を開けずに、「（ネジの代わりに）強力な針」、「強力両面テープ」

ドリルを開発するなら

- 例えば大手企業なら、バッテリーが長持ちするドリルをつくる
- 例えば中小企業なら、ドリルの届かない場所に使える先端の曲がるドリルをつくる。ドリルのいらない組み立て家具をつくる
- 例えばベンチャーなら、見たことのないデザインの（例:拳銃のような）ドリルをつくる

ということで、次項では商品企画を考えるためのアイデア発想法について紹介します。商品開発の目的や位置づけに応じて使い分けることも有用だと思います。

▌商品開発の狙いとアイデア発想法

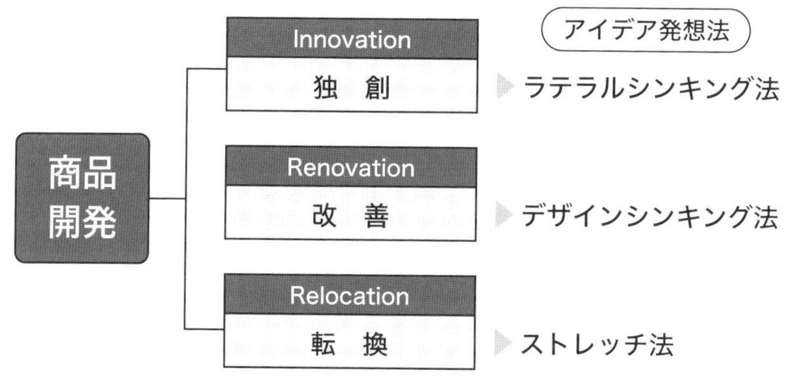

「ラテラルシンキング法」でテーマを出す

創造的思考で可能性を広げる

ラテラルシンキングは水平思考と翻訳され、固定観念や既存の理論にとらわれず物事を多角的に考察し、課題解決のために新たな発想法を生み出す思考法です。

イギリス人医師のエドワード・デボノ博士が1967年に提唱したもので、商品開発のアイデアを出すときなどに、柔軟で直感的な発想をすることにつながります。

フィリップ・コトラー氏も、「論理思考的なマーケティングでは新たなチャンスは見つけづらい。自由な思考でこそ新たな発想を導き出せる」として、ラテラルシンキングの有用性を提唱しています。

自由な発想法を活用してアイデアを出す

どんな前提条件にも支配されない自由な思考法であり、本来はどうあるべきか？　と疑問を持って本質をつきつめていくラテラルシンキングに対して、**筋道の通った合理的な思考様式を展開していくのがロジカルシンキングです。論理的思考と翻訳され、根拠やデータを積み上げていくことから垂直思考とも表現されます。**

既存商品を改善したり、市場を細分化して企画していく積み重ね型のマーケティング思考も重要であるため、ロジカルシンキングをラテラルシンキングと相互補完的に活用していくことが望ましいといえます。両者を併せて活用することで発想の幅が広がり、ヒット商品を生み出すための近道になることもあるのです。

いずれにしても大切なことは、根拠を積み重ねていく思考法と、枠にとらわれず自由に発想する思考法とを両輪にして、臨機応変にアイデアを出していくという姿勢です。

▌水平と垂直を組み合わせる

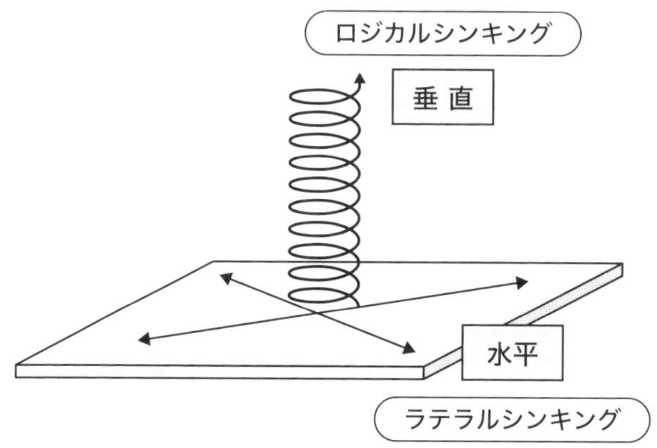

発想初期の時間帯には「拡散する」

大学で修士論文の指導をするとき、最初からテーマを絞り込もうとして悩んでいる院生には「**いまはまだ拡散する時間帯なので、やれることの可能性を広げていくべき**」と話しています。

論文作成期間の初期には、やりたいこと、興味のあること、土地カンのあることなどを検討していき、すべての可能性にあたっていくほうがよいのです。モレやダブりがあっても、項目同士が矛盾していても問題ありません。

そこで出てきたバラバラの項目の中から魅力的な光を放つテーマが現れることもあるのです。また、無関係と思われた項目同士がブリッジで結びついて新たなテーマのカタチを見せてくれることもあるでしょう。項目を多く出せば出すほど、意図しない触発の機会が生まれる確率も高まります。

こうした思考形態が、まさにラテラルシンキングのベクトルです。

さて、ラテラルシンキングといえばクイズです。次の2問のクイズに回答してみてください。

〈問1〉 両親も生年月日も同じ２人の兄弟がいます。しかし、２人は双子ではないと主張します。では２人はどんな関係なのでしょうか？

〈問2〉 毎朝、A子さんが通勤電車に座っていると、ある男性が必ず自分の前にやってきて立ちます。この男性がストーカーでないとしたら、彼はなぜ毎朝同じ行動をとるのでしょうか？

答えはP.82

近視眼では気づけないコロンブスの卵

ラテラルシンキング法によって開発された商品は、顕在化したニーズに応える改善の結果とは異なります。

ローソンのウィンナー弁当、ミートボール弁当は人気商品になりましたが、経験豊富な商品開発チームでは「お弁当は彩りがあるべき」、「いろいろ入っているからお弁当」との意見が支配的で10年間も発売できませんでした。

その分野の専門家であるからこそ気がつかない盲点もあるのです。固定観念の逆をいく、カンタンにいってしまえば逆転の発想。

そんなラテラルシンキングらしい事例を見ていきましょう。

ラテラルシンキング法で開発された商品例

〈手で切れるプチプチ®〉

これまでの気泡緩衝材（プチプチ）は円形の気泡が交互に並んでいたため、ハサミやカッターを使わないと直線的にカットすることができませんでした。川上産業では気泡を四角形に変えて整列させ、手でキレイにカットできる「スパスパ」を開発しました。

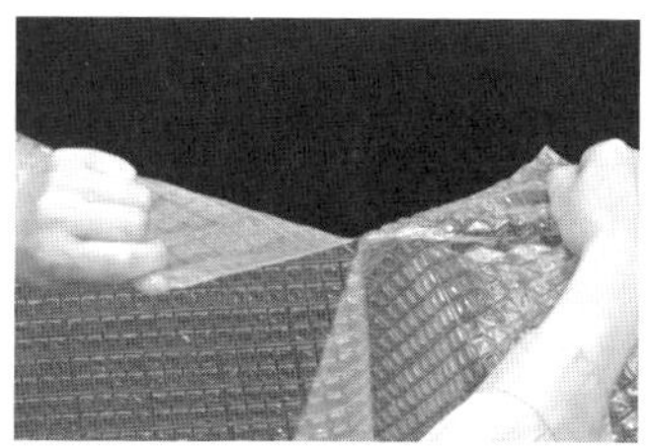

（写真提供）川上産業株式会社

〈ウラ・オモテも前後もない服〉

「オネスティーズ∞」はウラ・オモテがないだけでなく、前後もない肌着です。着方を間違えることがないためストレスがなく、洗濯のときにひっくり返す手間もありません。また介護のときも扱いやすいとして、年間3,000枚の大ヒットになっています。

（写真提供）HONESTIES 株式会社

〈箸先が浮く箸〉

テーブルに置くと箸先が浮くので箸置きが不要な「ウキハシ」。衛生面でも安心です。ありそうでなかった発想といえます。

（写真提供）アッシュコンセプト

ラテラルシンキング法の発想手順

ラテラルシンキング法を使えば、これまでになかった商品を発想したり、実現がムリそうな理想的なカタチを思いつくことができるはずです。

例えばデリバリーを注文しなくてもピザを食べるにはどうしたらいいか？

答えは、冷凍ピザを買っておく、イタリア料理店の上にあるマンションに住む、イタリア人と結婚する、などとなるでしょうか。

これは冗談としても、「いくら書いても芯が尖っている鉛筆」はシャープペンシル（三菱鉛筆・クルトガ）として実現しましたし、「芯が折れないシャープペンシル」も開発されました。いつまでも咲きつづけて枯れない花も、造花で実現されています。

ただ、「柔軟に発想してください」といってもアイデアは出ませんので、具体的な発想法について述べていきます。

手順としては、得たい結果や実現したい理想と、現状や課題のある状態とのギャップを埋める要素は何かを考え、それを１つ上の視点から過去の成功事例や発想を助けるチェックリストを参照しつつ埋めていきます。

クイズの答え

〈問1〉 ３つ子か、それ以上のうちの２人

〈問2〉 Ａ子さんが降りる駅を知っていて、そこから座りたいから

ラテラルシンキング発想の枠組み

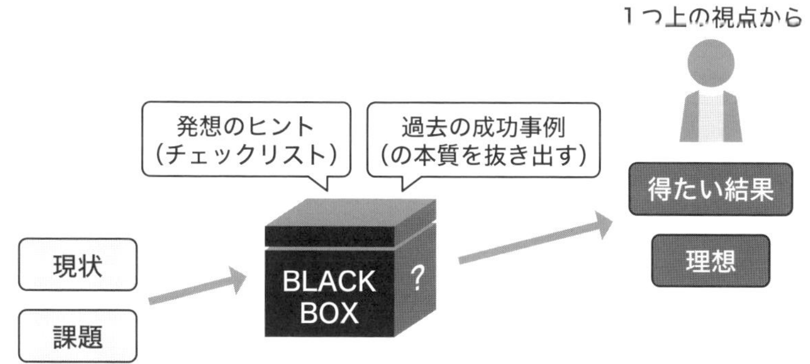

具体的には3つのステップがあります。

①フォーカスする

まず開発したい商品のカテゴリーについて考えます。そして、1つの特性や性質を決めてフォーカスします。例えば缶ビールなら「泡」とか「缶の素材」、「香り」、「飲み口」などです。

②変化させる

選んだ特性を変化させます。変化させるアプローチ法としては6つの項目があります。

変化の手がかりとなる6項目

〈代用〉代わりになるものはないか
〈結合〉別のものと結びつけられないか
〈逆転〉入替え、または逆にできないか
〈除去〉除いてもよい部分はないか
〈強調〉さらにアピールできる点はあるか
〈並び替え〉順番を変えられないか

これらの項目は、どこかで見たような気がしますね。そうです、オズボーンのチェックリストと似ているのです。ラテラルシンキングの6項目だけでなく、思考のきっかけとして利用できそうなリストは使ってみてもいいと思います。オズボーンのチェックリストは次の9項目です。

〈転用〉ほかの使い道はないか？
〈応用〉別の用途に使えないか？
〈変更〉機能や形を変えられないか？
〈拡大〉大きくしたり重くしたりできるか？
〈縮小〉小さくしたり軽くしたりできるか？
〈代用〉ほかに代用できる道はないか？
〈再利用〉形や配置を変えて再利用可能か？
〈逆転〉上下左右や役割を入れ替えられるか？
〈結合〉結びつけたり組み合わせたりできないか？

「手がかり」の使い方として例をあげます。①のフォーカスで言及した缶ビールの「泡」に着目し、これに〈代用〉の変化をあてはめてみましょう。おいしいビールが飲めるビアガーデンと同じようにビールを楽しめたらいいので、缶ビールがその代用になるなら売れるのではないか、となります。

③ギャップを埋める

変化と現状とのギャップを捉え、それを埋める方法を考えます。

缶ビールの例でいえば、実際の缶ビールでは泡が少なくて気分が出ない、風味も閉じ込められない。となると、何らかの方法で泡が盛大に出せたらビアガーデンの代用になるのではないか。では、泡立ちをよくするにはどうすればいいか。

その結果、缶の素材を研究して、素焼きの陶器のようにザラザラした表面だと泡がよく立つ事実に注目して開発、泡が出るようにした。それを目でも楽しむためにはプルタブを全開にできるようにしたほうがいい。しかもジョッキの口あたりも再現できる——となっていくのです。

以上の説明でイメージしたのは、アサヒビールの泡の出る缶ビール「生ジョッキ缶」です。同商品は発売と同時に大ヒットとなりました。

実際には、開発チームが企画をスタートさせたときにフォーカスしていたのは、「流入感」という性質でした。そこでまず缶の上面が全開する「フルオープンエンド」にしてみます。ところが、金色の液体が見えるだけであまりおいしそうではない。ここで、着目するべきは「泡」だと気づくのです。

それまでの、缶ビール製品の常識は「泡が立ってはいけない」。ここに、専門家だからこそのカベがあったのですね。素人の私たちは、「生ジョッキ缶」が発売されたときに、「なぜもっと早く開発されなかったのだろう」と思ってしまいましたから。

ユーザーの不満をアイデアに変換するデザインシンキング法

ラテラルシンキングはクリエイティブシンキングと同じ系統の発想法ですが、さらにデザインシンキングという考え方もあります。

デザインシンキングとは、ユーザーにとっての不便や不都合を特定し、それを解決するために開発者がアイデアを出す思考法です。

典型的なケースとしては、現行商品の使いづらい操作性や、不人気な形状を洗い出し、それを解消するための意匠を工業デザイナーが考えるような例があげられます。しかし、これは狭義の「デザイン」についての説明にすぎません。思考法として捉える場合は、客観的に課題を解決するための企画や設計をすること、あるいは改善に至る思考プロセスそのものを指します。

特長はユーザー視点に立って不便や問題点を発見しようとする姿勢ですが、これはデザインやITシステム業界では習慣的におこなわれている手法だと思います。

そして、顧客が品質を非常に気にする分野や、ユーザーとの接点が重要なサービスでは欠かせない視点です。**現在は商品の機能性だけでは差別化がむずかしい時代であり、ユーザー体験の高品質化により顧客満足度を高めることが、選ばれるための近道であるといえます。**

デザインシンキングによって開発された商品事例の一つにアキレスの「瞬足」があります。

開発者は小学校の運動会に出向き、生徒たちがどのように靴を履き、どのように走るかを先入観なく観察しました。

あたり前なのですが、運動場のトラックはすべて左回りになっていることにあらためて気がつきます。さらに、そのコーナー付近で転ぶ生徒がとても多かったのです。

これらの課題を解決する対策として「左回りで踏ん張りのきく左右非対称のソール」を開発。ご存知のように大ヒットとなりました。

こうした商品開発が誰にでもできることではない理由は、ユーザー自身が不便や不満に気づいていないからです。つまり、お客様に「どこを改善したらいいですか」と訊いている限りは、答えが見つからないのです。

ユーザーも自分の不満に気づかない

もう一つの事例は、既出のゲーム機の事例です。

任天堂が次のゲーム機のコンセプトを模索していたときのことです。

ゲームをする子供のいる社員の自宅を訪れ、観察をしました。すると、子供がゲームに夢中になるあまり親子の関係が悪化したり、子供が自室にいる時間が長くなっている、つまりリビングにいる時間が短くなっていることなどに気がつきました。

そこで開発者は、「家族で楽しめて、コミュニケーションが生まれるゲーム機」はできないだろうかと考えます。それまでのゲーム機のあり方からすると、それは都合のよすぎるコンセプトに思えました。

このコンセプトを実現するために試行錯誤がおこなわれた末に生まれたのが、家庭用ゲーム機「Wii」です。

家族で歓声を上げながらゲームを楽しむ時間を届けることで、Wiiは多くの家庭をささやかながら幸福にしたかもしれません。

広告業界では広告主やユーザーの立場に立って考えることがクセになっており、デザインシンキングはふつうの思考手法です。しかし、あまりなじみのない業界では、導入することによって大きな効果を生むかもしれません。

ユーザーの視点に立って、ユーザー自身も気づいていない改善ポイントに気づくことができるかが、重要なポイントです。

「キーワード因数分解法」でテーマを出す

言葉のかけらから発想を広げる

食品や菓子メーカーでは、１つの味つけ、フレーバーから商品開発をスタートさせせることがありますし、１つのトレンドや情報、新素材、あるいは先にネーミングを決めてから発想を広げていく開発手法もあります。

飲料水業界などでは、「人の無意識の行動に着目して起点とする」こともあります。また、化粧品メーカーであれば、新たに見出された有効成分から開発をはじめたりするのです。

本項では、手軽に発想を広げていくことができる「**キーワード因数分解法**」を説明します。カテゴリーとしては、やはり食品、化粧品などの嗜好品、あるいはインテリア家具や雑貨に向く開発手法であると思います。

開発目標をキーワードに分解していく

商品開発の最終的な目標は「売れる○○をつくる」ということになります。1行目はここから書き記していってもよいのですが、このままでは抽象的です。その目標を、どのようにして実現するかを、ロジックツリー分解のように考えていきます。

そして、**出てきた要素に注目して、さらにそれらを分解したり、例をあげたり、もたらされるメリットは何かなどを連想ゲームのように書き出していきます。**

最後には結果としてはどのような要素に帰結するのかを導き出し、コンセプト文に書いてみます。こうした作業をグループワークとしてもおこない、出てきたコンセプトを数案に絞り込みます。

さらに、それらが新商品のアイデアとして適合するものかどうかを検討し、スクリーニングするのです。

▍キーワード因数分解法の流れ（例）

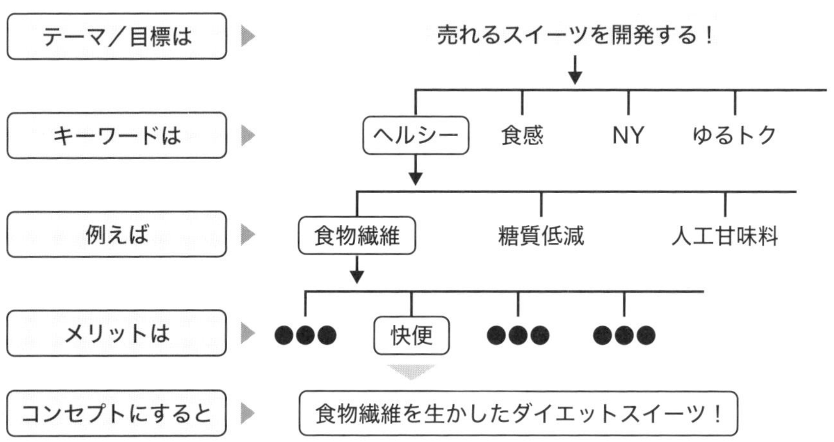

この手法ではキーワードが重要ですので、日頃からメディアや書籍、街角、ウェブサイトなどで気になったキーワードをメモしておき、ストックしておくことが求められます。

▍日頃から敏感にキーワードを収集しておく

〈食品関連のトレンド・キーワード例〉

デリバリー	エアキッチン	食物アレルギー
機能性表示食品	お一人様	低糖質
生活習慣病	ハラル、コーシャ	気候変動
食物繊維	マクロビ	バター不使用
服へのハネ・シミ	化粧くずれ	睡眠・快眠
米粉	腸内環境	オーガニック
サステナブル	フェムテック	ビーガン
CBD	昆虫食	完全食
トランス脂肪酸	トクホ	ほか……

■ブレーンストーミングを成功させる方法

こうした**キーワード起点での発想法やクリエイティブシンキングに適しているのがブレーンストーミングです**。

ブレーンストーミング、いわゆるブレストは、ミーティングに参加した人たちがその場でアイデアを出し合う手法です。

広告会社などでは日常のことですが、一般の会社ではなじみのない人も多いと思います。そこで、ブレストがうまく機能するための４つのルールと４つの極意を紹介します。

【ブレスト／４つのルール】

〈１〉他者の意見を否定しない

荒唐無稽なアイデア、実現不可能な企画であっても、言下に否定しないようにしましょう。

〈２〉自由に発想する

ごくふつうの考えはいつでも出せます。いままでにない奇抜なアイデアこそ発想できるようにしましょう。

〈３〉質より量を重視する

発想法は、「量が質を生む」世界です。どんなアイデアでも、とにかく数多く出しましょう。

〈４〉アイデアを発展させる

誰かのアイデアを否定する代わりに、それをヒントにして改善・発展できないかと考えましょう。

ブレストがうまくいかない理由は、参加者が「この場でアイデアを出せといわれても出せない」、また「こんなアイデアを口にしたらバカにされるのではないか」と気おくれしてしまうことです。

そこで、ブレスト慣れするまでに試してほしい方法を４つの極意とともにご紹介します。私が支援先企業でブレストを指導するときに実践しているやり方です。

ちなみに、参加人数は５～７人以下など少ないほうがおすすめです。

【ブレスト／４つの極意】

〈１〉発言を人のせいにする

アイデアが出ない、バカな意見はいいたくない、というネガティブを打ち消す方法です。

まず、スマホかパソコン、またはブレストのテーマに関わりがありそうな雑誌２、３冊を持ち込みます。そして、検索をしたり、雑誌をパラパラめくりながら見出しやタイトルを眺め、「このキーワードはいいのでは？」と思ったら「○○○なんて書いてありますね」と短く発言するだけ。

それを受けてほかの人が「最近、それは人気だよね」、「〜に変えるならありかも」などと広げてくれれば議論がはずみます。キーワードの出所は自分ではなく、たまたま見つけたメディアなどのもの。たとえ的外れでも自分のせいではないので気がラクです。

〈２〉声を出さずに発言する

若手スタッフの中には会議の席で発言することが苦手だという人もいるでしょう。発言が苦痛なら、付せんやカードなどの紙にフレーズを書き込めばいいのです。

それを箱に入れたり、まとめ役の人に手渡します。数がまとまったところで読み上げてもらったり、ホワイトボードに貼り出して分類してもらうのです（P.92のKJ法参照）。

このやり方の特長でありおもしろいのは、出されたアイデアが誰のものかわからないところ。誰のアイデアかわからないなら、遠慮はいりません。「質より量」のアイデアが多く集まることにつながります。

発言内容は記録に残す必要がありますが、その手間がいらないのも便利です。

〈３〉場所を変えて開催する

昔から、発想が生まれるのは、馬に乗ったとき、家で寝るとき、トイレに入ったとき（馬上・枕上・厠上／馬上は、いまなら散歩時やクルマを運転しているとき？）ともいわれています。

景色や環境が変わることで気分が変わり、いつもと違うアイデアが出てくることもあるでしょう。

そこで、ミーティングの場所を社員食堂や近所のカフェや貸し会議室、あるいは公園などの屋外にしてみるのもよいと思います。

ブレストで発言がなくなってしまったときなど、途中で別の会議室にぞろぞろと歩いて移ったりすることもよい影響があります。

昔のコンサルタントは「現場を見てこい！」などと強権を発動することもあったようですが、若手の人が現場に出向いてその場の空気を吸ったり、自分がお客様の立場になってみることも有効です。

ブレストを前に、開発担当者がスーパーマーケットやホームセンターなどの流通現場を見ることはいい刺激になります。売場担当者の話を聞けば、裏づけをもって発言できるようなアイデアを思いつくこともあるでしょう。

〈4〉宿題形式にする

企画とは、1人で考えたほうが完成度の高いアイデアになるという現実もあります。

それなら、あらかじめ課題を各人に周知しておいて、個々に考えたアイデアを持ち寄る発表会のようにしてもいいわけです。

発表を聞いた別の参加者がそのアイデアを改善・発展させるのは、ブレストの場でおこないます。

じつは、私がもっとも好むのはこのスタイルです。アイデアの数をたくさん出すことができますし、ブレストではまたそれが増幅するのですから、2度おいしいのです。

▶テーマ決定のブレストをおこなう

ブレストをおこなう機会があったら、ぜひ次のような項目で意見を出し合ってみてください。

- ウチの強み、ネタは何か？
- 今後、ユーザーは何を求めるのか？
- 最近のヒット商品が売れた理由は何か？
- どういう商品がウケていて、消えているのか？
- どんな技術が可能になっているのか？
- 現場、売場からはどんなニーズが上がってきているのか？
- 購入価格帯の推移（平均、多数）は？
- 最近のデザイン、カラーの傾向はどうか？　……など

KJ法でアイデアを見える化する

ブレストをおこなったのなら、つづいて「**KJ法**」も取り入れてみるのはいかがでしょうか。

KJ法は、断片的なアイデアやキーワードを効率的に情報化するために用いられるアイデア発想法です。

文化人類学者である川喜田二郎氏が1967年に提唱したもので、KJの名称は川喜田氏のイニシャルからつけられています。

手順としては、ブレストで出たアイデアを付せんやカードに書き、それらをホワイトボード上などで並べ替えたり、グループ化したりすることで意味を見出していきます。

KJ法の進め方

①ブレストなどでアイデアを書き出す
②カードや付せんにしてグループ化してみる
③関係のあるものをつなげたり矢印をつける
④関係づけられたカードを基に文章化してみる

KJ法のよいところは、アイデアがグループ化や関係性の中で可視化できることです。

参加者によって結論は異なりますが、情報整理や体系化ができ、予期しないアイデアに帰結したりすることもメリットだといえます。

Lecture 7

「ストレッチ法」でテーマを出す

自社の強みを最大限に生かす

「**ストレッチ**」とは、自社の経営資源をすぐとなりの場所へ足を伸ばす（ストレッチ）ように持ち込み、商品開発のタネとする手法です。

さらに、どんな市場へ進展するのでもいいわけではなく、安定して買ってもらえる“切実な”市場に向けて開発することをおすすめするものです。

これは、「**アンゾフの成長マトリクス**」を土台として考えると理解がしやすいと思います。

アンゾフの成長マトリクスは、市場（顧客）と製品（技術）の２つの軸でポジションを考えるマップになっています。新・既存と市場・製品とを掛け合わせると、合計４つのポジションができます。

そして、新と旧の掛け合わせ（市場開拓と商品開発）ならビジネスアクションとしての成功確率が高くなり、新と新の掛け合わせ（多角化）だとその確率は低くなると教えるものです。

▍アンゾフの成長マトリクス

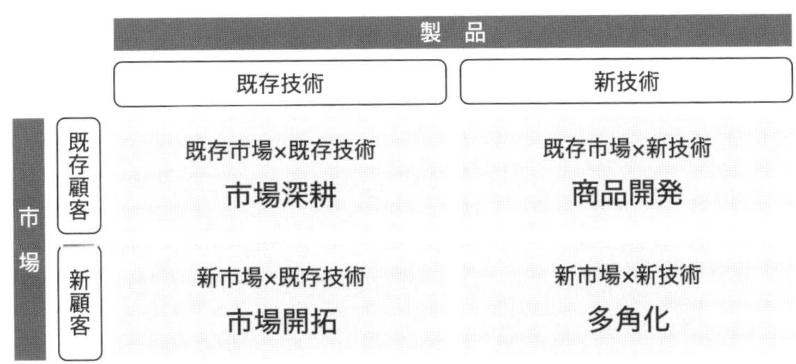

製品
既存技術
新技術
市場
既存顧客
新顧客
既存市場×既存技術
市場深耕
既存市場×新技術
商品開発
新市場×既存技術
市場開拓
新市場×新技術
多角化

「ストレッチ法」とは、企業の強みである保有資源を活用（ストレッチ）して、となりの新しいポジションへ販売していくということです。

自社の顧客も見方によっては“資源”であり、既存顧客があるからこそまったく別の新商品を販売するルートが見込める、というストレッチも提唱しています。

■5つの強みをストレッチする

では、自社の強みである“資源”とは何か。

これは、**マイケル・ポーター氏の唱えた「脅威のファイブフォース」に対して、「強みのファイブフォース」もあるのではという考え方です**（forceとはもともと強さ、チカラ、軍隊の意味）。

たとえ枯れた技術でもいいのです。現在市場では魅力のなくなった技術であっても、別の市場では輝きを放つかもしれません。第1章の「**SWOT分析**」も参考にして、自社の強みを最大化する道を探ってください。

▍強みのファイブフォース

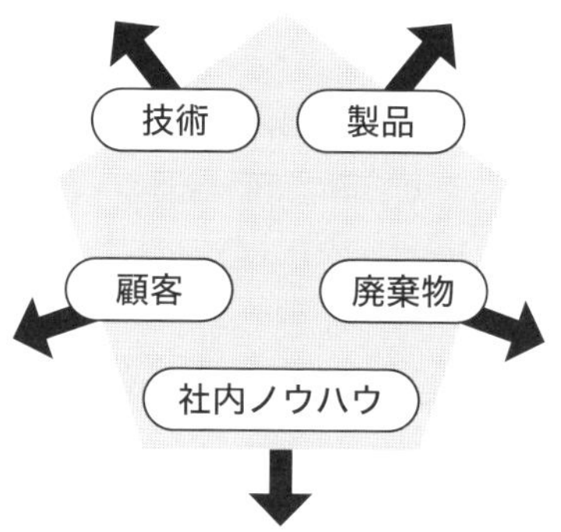

「**技術**」とは、文字通り自社が保有する得意技術や素材のことです。なかには未活用の技術もあるかもしれませんし、生産設備や在庫も含まれます。

「**製品**」とは、既存商品やブランド力を指します。現在の市場では成熟してしまっていても、別の市場では新基軸となる可能性もあります。

「**顧客**」は、これまで付き合いのある既存の顧客基盤です。また、取引先として仕入れ先や代理店などの流通、パートナー企業、地場・地域のお付き合いのある会社さんなども含みます。かつては取引があったけれど、現在は休眠している名刺リストも引き出しに眠っているかもしれません。

「**社内ノウハウ**」とは人材やその知見、特許や商標などの知財、遊休資産などを指します。

「**廃棄物**」や「**副産物**」は、自社で排出して費用をかけて処理している産業廃棄物などです。どうしても出てしまう廃棄物なら、それを売り物に転化できないかと考えるのです。

こうした、社内の強みであるファイブフォースを活用して商品を生み出せないかと考えてほしいのです。

ストレッチ法の事例

〈1〉技術をストレッチ

- 群馬県・桐生の朝倉染布は撥水性の生地でおむつカバーをつくっていましたが、紙オムツの登場で水着市場へ転身。撥水性の水着で日本の競泳界を支えています。
- カモ井加工紙はハエ取り紙を生産していましたが、陳腐化により市場が縮小してきたことから接着技術をストレッチしてマスキングテープを製造するようになりました。

〈2〉製品をストレッチ

- 農業用途などの防虫ネットを製造していた日本ワイドクロスは、それを工場や倉庫の屋根に設置して直射日光を防ぎ、風が吹き抜ける遮熱遮光ネットへ転用。エアコンの消費電力を削減できると歓迎されています。
- オモチャのクルマなどの動力向けにゼンマイを製造していた東洋ゼンマイでは、観光客みずからが手で巻き上げる式の音声観光ガイド用にゼンマイを提供。電力の配線も不要だと好評です。

〈3〉顧客をストレッチ

- ホームセンターとの関係性が強く、売場を押さえているアイリスオーヤマでは、その強みを生かして個性派家電やLED電球を開発して納品。競合の老舗メーカーにない機能性もウケて売上を伸ばしています。
- ビールや日本酒を販売する台東区の酒類卸・大坂屋では、顧客の料飲店に割り箸やナプキンのニーズがあると知り、商材調達してワンストップで提供。顧客の利便性を高めてロイヤルティを強化することに成功しています。

〈4〉廃棄物をストレッチ

- 東京の下町で鉛筆を製造している北星鉛筆は、良質な木材の削りかすを再利用しようとパウダー状にして食品添加物の接着剤を混ぜて粘土を開発。作品を乾燥させると絵の具で色づけがしやすく人気商品となっています。

- 消火器製造のモリタでは、使用期限切れで返ってくる消火器をリサイクルして別の商品に仕立てています。中身の消火剤は窒素とリンから生成されているため、ここにカリを足すことで農業用肥料として製品化しています。

〈5〉社内のノウハウをストレッチ

- メッキ加工の三光精工では、社内で考案したクロムメッキ加工法により、有害廃液を出さないメッキ工程を実現。これをメッキ加工が必要な電機メーカーほかに外販しています。
- 福岡県の福岡金属興業では、本業の金属加工作業を通じて得ることができた知識やノウハウによりゼロエミッション（廃棄物・汚染物を排出しない仕組み）を達成。その実現方法などを同業他社へコンサルティングしています。

■ 強みを9つのテーマに向けて開発する

技術を応用した商品開発をしても、単純に「技術の見本」になっては意味がありません。

材料をうすく削る技術があるから、金属製のコップをうすく削れば口あたりがよくなるのではないかと製作しても、コーヒーを飲もうとしたら熱くて手で持てなかったり、歪んで使いづらかったり、すぐに割れたりということでは失敗なのです。

任天堂が「Wii」を発売したときは、「もう、これ以上性能を上げない」として開発がはじまったそうです。

当時は、PS3やXboxなどがブルーレイ再生可能、ハイビジョン対応、7.1chサラウンドというように、他社は高性能に走っていました。

これに対して任天堂は省電力、省スペース、静音、そして直感的に操作できるコントローラーにこだわったのです。結果として、Wiiは同社の据え置き型ゲーム機としていちばん売れました。

そもそも任天堂の商品開発は横井軍平氏が牽引してきました。横井氏は、

「枯れた技術の水平思考」を唱えています。例えば、横井氏が開発して昭和の時代に一世を風靡した「光線銃SP」は、手もとの“レーザー光線銃”で壁のライオンを撃って命中するとガオーッと吠えるというもの。

しかし、本物のレーザー光線を使うことはもちろんできません。どうしたかというと、電卓などに使用される安価な太陽電池をライオン側に仕込んでおき、銃は引き金を引くと豆電球が光るようにしてあるだけ。

狙った銃が正しい角度で豆電球を光らせると、それを太陽電池で感知してライオンが吠える、という仕掛けなのです。

現実的なストレッチにするためのヒントとして、9つの切実なテーマを対象として絞り込み、より具体的な発想に結びつける考え方を説明します。

感染症の流行で「不要不急」という言葉が使われていましたが、「あるといいけど、なくてもいい」商品は、いざとなると弱いことがわかりました。

コア技術は同じでも、不要不急のニーズにしか刺さらない商品では、購買はあと回しになってしまいます。**より切実なニーズに刺さる商品であれば、顧客も優先して買わざるをえないのです。**

しかし、「切実」といってもトイレットペーパーのような日用品ではありません。一部の業界、ある課題を抱えたユーザーにとっての切実な商品です。それは、次のような9つのカテゴリーで表すことができます。

▍切実なニーズと不要不急

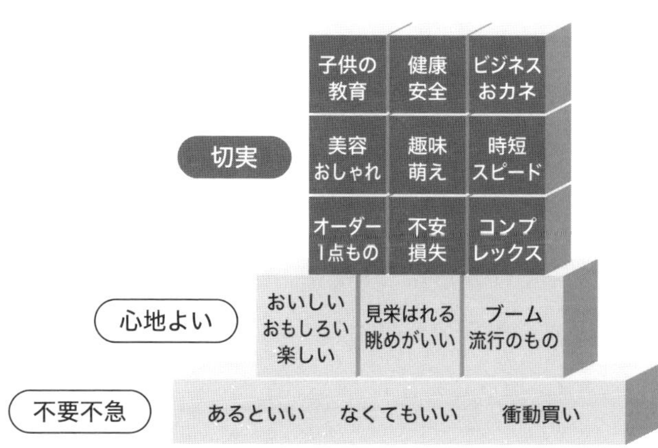

切実なニーズの事例（９つのカテゴリー）

例えば、子供の教育や健全な成長、家族や自分の健康と安全に対してならいくら払ってもいいとする層は一定数います。いうまでもありませんが医療用機器は付加価値が高く、技術力を評価して採用してもらえる分野です。

また、ビジネスの売上増や、おカネが儲かること、逆に出費が抑えられることは切実な希望です。近年では、人手不足も相当に切実です。

多くの女性は何歳になっても美容やアンチエイジングには高額を支払いますし、趣味や萌えの世界には他者にはわからないこだわりがあるでしょう。

時短、スピードでいえば、いまは時間より価値のあるものはなかなかありませんし、パソコンが壊れたり、なくした玄関のカギを開けてもらうときには価格交渉をする余裕もないでしょう。

結婚式の思い出や、オーダーメイドなどの一点ものはほかのものでは代替できない価値がありますし、不安や損失のストレスから逃れられることも当事者にとっては解決したい大きな問題です。そして、コンプレックスを解消する商品は古くから高額になる定番のものです。

こうした切実なニーズに向けてシーズを育てれば、確実な売上を見込める商品ができるはずです。参考に、次のような事例を見てください。

［子供の教育］

子供の数は減少していますが、教育費の総コストは減っていません。１人ひとりにかける教育コストが上昇しているからです。

以前は集合式の学習塾がふつうでしたが、いまは「より効果的である」として「コベッツ」や「トライプラス」など個別指導のスタイルが人気であり、とうぜん学費はより高額になっています。

［健康・安全］

朝日インテックはワイヤーを製造する町工場でしたが、ワイヤーを極細にする技術開発に成功したことで医療用の血管内治療用ガイドワイヤーに参入し、さらに医療用カテーテルの製造もおこなうようになっています。

［ビジネス・おカネ］

建設会社のタカヤは、人手不足の中小製造業向けに、入社したくなる、働きたくなるおしゃれな社屋、ユニークな工場を設計、建築。グッドデザイン賞も受賞しています。

[美容・アンチエイジング]

三重県の窯元は、米の糖質を17%カットして炊飯できる「気づかう土鍋」を製造し、ダイエットや生活習慣病の人に人気になっています。

また、音楽のドラムメーカーであるパールは、感染症予防の消毒液スタンドを開発。ドラムのシンバルを鳴らすペダルのノウハウを生かしたもので、一時は生産が追いつかないほどの大ヒットとなりました。

[趣味・萌え]

新潟の温熱製品の製造工場では、ペットの爬虫類を飼うケージの底に敷いて保温するプレートを開発、生産が追いつかないほどヒットしています。

[時短・スピード]

印刷物に誤植があったときは急いで修正シールを貼って対応しなければなりません。印刷会社でも、誤植シールは高額で、利益率も高くなります。

[オーダー・1点もの]

滋賀・長浜の一助朋月では、歴史マニアが着用できるオーダー甲冑をつくっています。素材に樹脂や皮革を採用したことで軽く動きやすいため、全国からの注文が殺到、納品までは数ヵ月待ちの人気です。

[不安・損失]

小学校でおこなわれる水泳の授業では、学年にかかわらず水泳のスキルが異なるため、事故が起きるのではないかという心配から教員は気が抜けません。

そのため、水泳のスキルをカラーや線の数で明示した水泳カラー帽は、あっという間に全国の小学校へ普及しました。

[コンプレックス]

近年よく聞くのが、身長を伸ばすために足の骨を切断して離す手術です。高額であることはもちろん、長期間の休養とリハビリが必要であっても手術を受ける人は少なくないのです。

Lecture 8

「プロダクトミックス」で計画を最適化する

→ 商品開発プランに客観性を持たせる

本項では、商品開発計画に現実性を持たせるための考え方や施策について解説します。マーケティングミックスやプロダクトミックス、そして生産計画についてです。1つ上の視点を持つことで商品開発を最適化する効果があります。

マーケティングの基本要素を知る——4P分析

「4P」は、もっともポピュラーなマーケティング用語の一つであるといってよいでしょう。

4つのPとは、プロダクト（製品）、プライス（価格）、プレイス（販路）、プロモーション（販促）。文章にすれば、「どんな製品を」「いくらで」「どこで」「どうやって」売るのか、となります。

プロダクトが生命線であるのはいうまでもありませんが、プライスも流通業にとっては最重要であり、スーパーマーケットなどでは日次で価格設定を動かすことはもちろん、近隣の競合を調査してすぐに対応することもあります。

プライスはプロダクトに属するとも解釈できますが、価格のみを戦略的に決定する場面もあります。プロモーション施策において価格設定を変えたり、リース価格を設定したり、サブスクリプションへ移行することもあるのです。

4P分析は、コントロール可能なマーケティング施策をバランスよくミックスしていくということから、「**マーケティングミックス**」とも呼ばれています。次ページのような4つの視点を通じてマーケティング施策を企画、立案し、手段を講じていきます。

マーケティングミックスの4要素

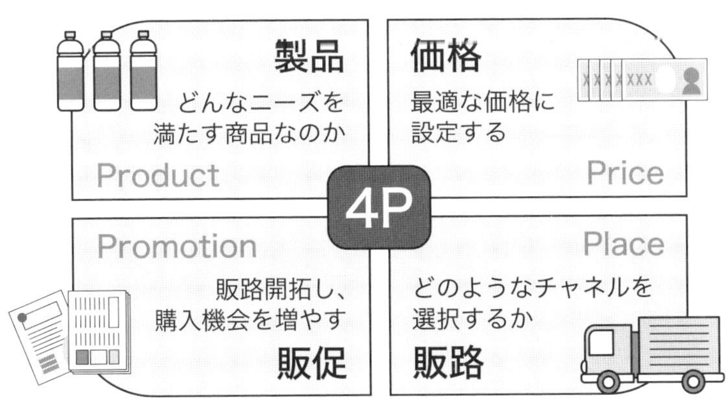

マーケティングミックスは、商品開発時やマーケティング計画を進めていく各段階で軌道修正するためや、統合的に考えるための枠組みです。

例えば、発売を前にして流通販路が変わってしまったというようなことは多くの人が経験しているのではないでしょうか。そのため、実践的には本書で見るように、開発や価格決定、流通チャネル計画、そして販路開拓それぞれの段階で、より適した計画へと練り直すことが必要になります。

また、自社の業界にとってのマーケティングミックスとはどんな項目かと考えてみるのもよいのではないでしょうか。

例えば、**私は「何を・誰に・どうやって」売るか、のほうが重要ではないかと考えています**。これは、「プロダクト・ターゲット・プロモーション」とも置き換えられますし、「What」「Who」「How」とも表せます。

さらに、4Pの項目は売り手側の視点からのものであり、顧客視点に立ったほうがいい、という意見もあります。それは、4Pを4Cに置き換えるというものです。

4Pから顧客視点の4C分析へ

Product ……… Customer Value（顧客にとっての価値）
Price ………… Cost（顧客にとってのコスト）
Place ………… Convenience（顧客にとっての利便性）
Promotion …… Communication（顧客にとってのコミュニケーション）

「Customer Value」とは、顧客にとっての本質的な価値は何か、ということです。売り手からの一方的な押しつけではなく、顧客にとって有益なソリューションとなっていることが重要です。

「Cost」とは、顧客が支払う対価という意味で、これは販売価格に限りません。例えば携帯電話のキャリアを乗り換えるときのデータ移行などの面倒な手続きも顧客が負担しなければならない対価となります。

「Convenience」とは、顧客にとっての利便性や手に入りやすさなどです。最寄りの店舗で手軽に買うことができなければ、顧客に不便をしいていることになります。

「Communication」とは、顧客が商品の内容や優位性を容易に認知することができるような情報発信やプロモーションなどをおこなっているかということです。

目の前にいないお客様の心情を思いやることがマーケティングであるなら、顧客の立場からの価値を問う4C分析のほうが基準として正しいといえるのではないでしょうか。

プロダクトミックスを最適化する

自社が提供する商品全体を効果的で最適な構成にするために「**プロダクトミックス**」を策定します。**プロダクトミックスとは、提供する製品ラインやその組み合わせのことです。**

「製品ライン」とは、同質的な商品のグループを指します。例えば、パソコン関連のラインであれば、デスクトップ、ノートパソコン、タブレットなどのバリエーションです。

ラインに属している商品のアイテム数を「深さ（奥行き）」と表現し、ラインが何列あるかを「幅」、これらを合計したものを「長さ」で表します。

▍プロダクトミックスを計画する

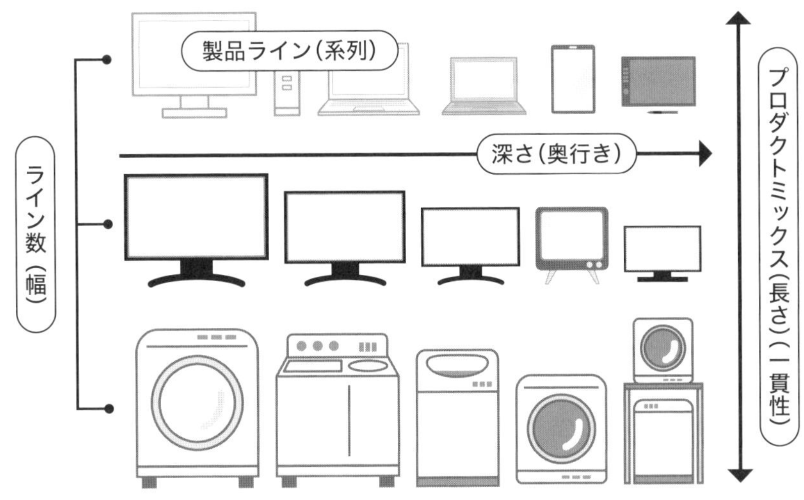

プロダクトミックスには「一貫性」が求められます。とにかくアイテム数が多ければ強いということではなく、相互に関連性のあることが大切です。

あまりにもバラバラの商品を扱っていると、ブランドとしてのまとまりがありませんし、特性も生まれません。自社の理念やミッションに適合しているか、ブランドとして取り組む必然性があるかなどを戦略的に考慮する必要があります。

また、各ラインのなかでも、お互いが喰い合ったり、中途半端な仕様のためにニーズを逃しているなら3製品を2製品にリニューアルして照準を合わせるような整理をおこなうこともあるのです。

このプロダクトミックスや製品ラインは、流通や顧客に対するサインでもあります。

コカ・コーラ社が初のアルコール飲料を発売したとして話題になった「檸檬堂」では、戦略的な製品ライン構築がおこなわれました。

通常、サワードリンクではアルコール度数は一定にしておき、風味でラインのバリエーション（深さ）を出します。例えば、レモン味、グレープフルーツ味、オレンジ味……のように。

ところが、檸檬堂は風味をレモンのみに固定して、アルコール度数を3%、5%、7%、9%と変えたのです。これにより、酔いたいとき、食事を楽しみたいから軽く飲みたいとき、などのシーン別に対応することができました。

このユニークなライン戦略がヒットの要因であるとされているのです。

一方、アサヒビールはスーパードライという強力なラインを持っており、その派生商品をリリースしつづけています。発売するたびに話題を提供して店頭の棚を取ることができますし、またグループ商品の相乗効果でブランド価値を拡大する狙いもあります。

しかし、派生商品の投入があまり頻繁になると逆にブランド価値が希釈され、存在感をうすめてしまうことにもつながりかねないので注意が必要でしょう。

■プロダクトデザインを考える

どんな分野でも、機能面が成熟してくると、次はデザインで差別化を図ろうとするものです。グッドデザイン賞に環境製品部門が設けられたように、太陽電池などでも発電効率だけでなく、デザインも重視するフェーズへと入りました。

さまざまなカテゴリーにおいて、プロダクトデザインで差をつけたり、見込み客に発見してもらったりするチャンスがあるわけです。

消費生活の傾向も、デザインに注目するようになってきていると感じます。デザインがよい商品をそばに置いて使いたい、デザインのわかるセンスのよい人と思われたい、など。

近年、東京都中小企業振興公社も企業支援のテーマとしてデザイン活用にチカラを入れており、成功事例も出てきています。

プロダクトデザインには5つの要素があります。それは、「形状、意匠、機能、彩色、材質」です。これら5つの方向から検討することで、新たな商品の価値を見出せることもあります。

例えば、材質だけに着目してもユニークな製品はできます。

静岡・山崎製作所ではステンレスのかんざしをつくっています。いわば材質を変えただけの商品です。

ところが、伝統的なべッコウや象牙に比べると、汚れない、折れない、洗える、そして複雑なデザインを実現可能で、おまけに安価という、納得のブレイクスルーを実現しているのです。

ある機能を実現するための必然的なデザイン

市場のプロダクトデザインの性質を見ていると、大きく2種類のタイプにわけられます。

一つは斬新なデザインそのものが「機能」であるもの。仕様のあまり変わらない新車のウリがデザインだ、というようなケースです。

もともとプロダクトデザインが発達してきた背景には、新しいデザインの市場投入により既存品を古いと感じさせ、次の消費を促そうという戦略があります。そういう意味では王道なのかもしれません。

それでも、デザインそのものが頼りの商品では微妙なケースもあります。金属加工ができるのでフルーツを突き刺せるおしゃれなピックをつくる。メガネをつくる工場なので、耳かきにメガネ風のデザインをつけてみる。こうしたケースではたとえ売れても一過性のものとなるのではないでしょうか。

もう一つは、ある機能を実現しているのが「デザイン」であるもの。

つまり、ある役割を実現するために必然となったデザインであるようなケースです。

例えば、整列して開けられた穴でおろし金のようにバターを細く削り出し、トーストにぬれるというアーネストのバターナイフがあります。冷蔵庫から出したばかりの硬いバターでも、ふわふわのバターを削り出せるのでとても便利です。

これは外観デザインの特長が、そのまま課題解決の機能を果たしている事例だといえます。

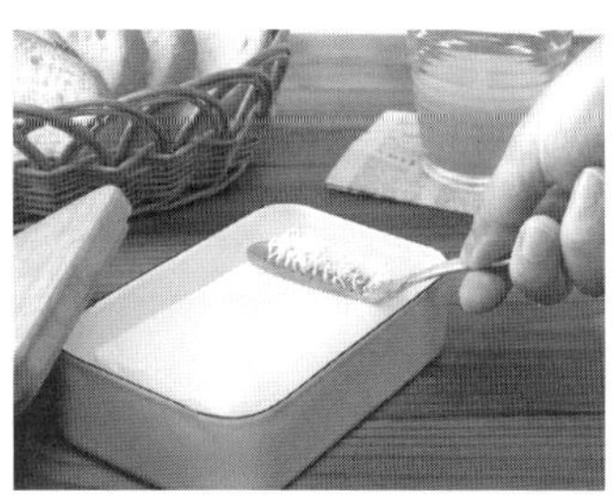

（写真提供）アーネスト株式会社

最近はネコが人気のために、いろいろな商品が「ネコ仕様」になっています。ネコ顔の饅頭、ネコっぽい漢字の印鑑、ネコの手風のスプーン、ネコのシルエットになる料理型、肉球デザインの非接触オープナー、などなど。

これもブームなのかもしれませんが、本来的には機能を実現するためにデザインがこうなった、あるいはデザインをこう変えることで機能が実現できた、というような運用であるべきと考えています。

■ パッケージデザインで価値を伝える

店頭で顧客が手に取って選ぶような商品である場合、パッケージデザインはとても重要です。

そもそもパッケージデザインやブランドを進化させたのは、スーパーマーケットの登場でした。

古くは店主がバックヤードから商品を出してきて販売していましたが、セルフサービスが普及すると顧客が自分で棚の商品を選ぶようになりました。すると商品パッケージ自身が声をあげることが必要になったのです。

臨床心理士であるルイス・チェスキンは「顧客はパッケージの印象や感覚を、商品そのものの価値として購入する」と説き、「パッケージはマーケティングの骨格である、食品なら味と価値が変わる」とも唱えました。

「味が変わる」とはいいすぎでしょうか。ところが、パッケージが商品の味に影響を与えた事例としてセブンアップのケースがあります。

セブンアップはグリーンの缶でしたが、中身は変えずに15%ほど缶の黄色味を強くしたことがありました。

すると消費者からクレームが相次いだというのです。その主張は「味を変えないでくれ、ライムが強すぎる」というものでした。

パッケージを変更したことでユーザーを増やしたのは「iMindMap」です。

パソコン上でマインドマップを描けるこのソフトは、男性ユーザーがほとんどでした。

ところが、女性のグラフィックデザイナーを起用して流麗なパッケージに変えたところ、女性雑誌に取り上げられることが増えました。女性タレントがソフトを使ってみるという企画などが誌面に掲載されたことで、女性ユーザーが激増したのです。

また、異色のパッケージが注目されてメディアで紹介され、売れたのが「ザクとうふ」です。

豆腐メーカーである群馬・相模屋食料の社長のガンダム好きが高じて開発されたものです。

（写真提供）相模屋食料株式会社
※企画商品のため現在は販売終了

パッケージのチカラで売価も変わる

東京・下町のトネ製作所が自社ブランドとしてヒットさせたのが、卵かけご飯をおいしくするために生卵をスムーズに混ぜられる「ときここち」です。

（写真提供）株式会社トネ製作所

通常ならプラスチックの吊り下げパッケージにするところを、社長の利根さんがアイデアを出すとともに、製作を担当した平和商事から「職人の手技を感じてもらえるよう本体を支持する構造にしては」などのアドバイスもあり、ギフトに使えそうな貼り箱の仕様になりました。売価は4,000円台でも大人気商品となったのですが、ありきたりなパッケージではそこまでの値づけはできなかったでしょう。

パッケージの基本機能

- 商品を保護する
- 商品を認識してもらう
- 商品の特長・価値を伝える
- 購入の動機づけをする
- ブランド資産になる

さらに
- 競合と差別化する
- 広告やPOPになる
- 広告などとデザイン連動する

いわばパッケージは最初の広告であり、通販サイトでアイコンとして表示されるときもしっかり主張してくれます。

さらに、環境への配慮や、開けやすいこと、食べやすい、捨てやすいなどの機能も求められます。また、カバンに入れて持ち運びやすいことや、持っているとセンスがよいと思われたり、だいたいの価格を表す役割もあります。

パッケージが販売促進の一助となるためには、買う理由が見出されるようにデザインされている必要があります。

売場や通販サイトにおいて目を引き、選ばれるためには次のような3つの要素が考えられます。

①**アイキャッチ**……キャラクター、アイコン、マーク、デザイン
②**メッセージ**……キャッチコピー、ネーミング、シズル表現
③**物語**……人に語りたくなるエピソード・逸話、開発物語

①の「**アイキャッチ**」で思い浮かぶのは「ガリガリ君」でしょうか。キャラクターとして、店舗の冷凍ケースの中で見事に差別化の役割を果たしています。

②の「**メッセージ**」は、キャッチコピーを別に表記してもらえない通販サイトのページや、POPを掲出できない小売店頭などで孤軍奮闘してくれる要素になります。

③の「**物語**」とは何でしょうか。

事例として思い出すのは、滋賀県・近江地方の赤こんにゃくのパッケージです。近江にはお祝い事には赤いこんにゃくを食べる習慣があり、観光客向けの土産物店でも販売されています。失礼ながら見かけはあまりおいしそうではありません。

ところが、この赤色にはわけがあります。戦国時代末期、派手好きで知られる織田信長がさまざまなものを「赤くせよ」と命じたというのです。「こんにゃくはムリです」と抵抗したものの、信長は許しません。

結局、食紅などを使う努力で何とか赤くした、という由緒、物語があるのです。しかし、そういう話はパッケージには見あたりません。

もし、信長のイラストと一緒にそのエピソードが書かれていたら、おもしろそう、どんな味がするのかしら？　と興味を持った観光客が買って帰り、Instagramにもアップしてくれるかもしれません。それがきっかけで認知され、売れはじめるかもしれないと思うと残念です。

パッケージに使われる色にも、役割があります。色にはそれぞれ表現できることがあるのです。コカ・コーラの赤、カロリーメイトの黄色などは企業独占の色といってもいいかもしれません。

▍色から伝わるイメージ

赤　………………おいしい
黄、橙……………健康によさそうな
茶、黒……………高級感のある
橙、桃……………楽しい
青、白……………さわやかな
茶、ベージュ……なつかしい
緑　………………環境によい
白　………………純粋な

また、近年ではパッケージにユニバーサルデザインであることも求められています。手で触るとシャンプーとコンディショナーがわかるパッケージが販売されていることはよく知られています。

パッケージの表示やパソコンソフトの操作画面などでも、色盲・色覚異常の人たちを意識して、視認されやすい配色を心がけることが必要です。

Lecture

適正な生産量を想定する

規模の経済を効果的に活用する

一定数以上の量を生産すると規模の経済が生まれ、製造コストは下がります。大量仕入れ、大量生産によるコストダウン効果です。

コストダウンによって販売価格が下がれば商品はより売れるので、さらに生産コストは下がっていきます。競争優位を勝ち得るための「**コストリーダーシップ戦略**」をとり、市場での価格決定権を持ってシェアを拡大していくことにつながります。

そのため、とくに新発売時期に適切な生産量を算定し、生産体制を適正に計画することはとても重要です。

広告の出稿も、大量販売の可能性を広げることで大量生産へと移行し、ひいては販売価格を下げることはより多くの人の手に安価で届けるための起点であるともいえます。

正確な販売計画を立てる

流通チェーンが提供するプライベートブランドで、製造単価を抑えることができるのもコストダウン効果を活用しているためです。

ある特定の流通チェーンのために、大手メーカーなどが既存品の生産ラインを余計に稼働させて製造するのですから、追加コストはわずかです。流通チェーン側も、すでに「店頭」を持っているので、売り切る自信があるわけです。

100円ショップが、既存店なら300円以上で販売しているような商品を販売できるのも、新興国の工場に大量発注し、それも閑散期の生産でよいという条件で納品価格を下げてもらっているからです。

以上のようなことから、メーカーはできるだけ大量に生産したいところなのですが、販売力がなければ在庫の山を築くことになってしまいます。

そのためテスト販売をおこなって、最適な生産計画を立てようとするわけです。

ところが、現在は何がどれほど売れるのかが不透明な時代です。ふつうの商品であってもSNSでバズったり、テレビ番組で取り上げられて火がついて生産が追いつかないほど爆売れするような現象も起こります。

ヤクルトの「ヤクルト1000」は、マツコデラックスさんが番組内で推奨したために急に売れ出し、生産が追いつかなくなりました。

数ヵ月後には生産体制を増強した旨の発表がありましたが、それでも店頭にはなかなか並びませんでした。

経営資源に限りのある中小企業にとっては、テストマーケティングをおこなうことがむずかしい場合も多いでしょう。

それでも小さくリサーチをして、実際にどれくらい売れるかを知る方法はあります。

第4章の「商品がどれくらい売れるかを調べる」（P.130）を参照してください。コストのかからないマーケティング調査の実例をあげて説明しています。

炎上マーケティングはやっていない!?

「売れすぎて販売休止」というと、思い出されるのはサントリーです。「ほろよい」と「カルロ ロッシ」は感染症の影響で販売休止、「白州12年」や「響17年」は原酒不足によるものでした。

また、「レモンジーナ」や「クラフトボス ラテ」、「ヨーグリーナ」は販売計画の見誤りが原因です。

こうした「売れすぎて」の販売休止は、「飢餓商法では？」と疑われることもあります。実際に、「幻の」ブランドイメージをつくろうとしてわざと出荷量を抑えていたことが発覚して炎上した焼酎の蔵元もありました。

しかし他企業も含め、ほとんどのケースがブランドマネジャーや開発担当者が営業部門などへのプレゼンに失敗し、生産量を絞られた結果なのです。

販売休止に至れば流通チェーンから叱責を受けたり、契約体系によってはペナルティが発生することもあります。

そもそもフェイス（売場のタナ）を失い、販売機会を逃すことになりますし、そんな商法をしていたとわかれば有名企業ほど痛手をこうむるでしょう。

また、販売好調を受けて増産することで仮に中身は生産できても、ボトルやパッケージ印刷、段ボールなど包材のどれか一つでもそろわなければ出荷はできません。

さらに、大々的に生産ラインを拡張したくないのは、大量生産した頃にはブームが去っていて大量に売れ残る、という事態を恐れているからという事情もあります。

「たまごっち」で第一期ブームをつくったときのバンダイがまさにそうだったのです。

Lecture 10

イノベータ理論とキャズムを意識する

市場浸透の流れを読む

新商品が市場に浸透する過程を５つの段階に分けて捉えようとする考え方がイノベーター理論です。スタンフォード大学のエベレット・ロジャース氏によって1962年に提唱されました。

そして、新商品が普及していく過程でなかなか超えられない深い溝のことを「**キャズム**」と呼び、最初の２段階を経た位置に置かれています。

とくに商品が革新的である場合、多くの人は自分の生活に取り入れることをためらいます。一方で、新し物好きは誰よりも先に手に入れたいと行動します。５つの段階はそれぞれ次のようなグループに分類されます。

〈1〉イノベーター

「**革新者**」。情報感度が高く、新しいものを積極的に導入する、好奇心の強い層。最先端技術や新基軸の商品など、新しいものに価値を感じて最初に購入します。保守的と思われる日本人ですが、ダイソンのサイクロン式掃除機がどこの国よりも早く普及したのが日本であるというのは興味深い事実です。

〈2〉アーリーアダプター

「**初期採用者**」。社会のトレンドに敏感で、常に情報を収集している人。新しい商品やサービスを早い段階で受け入れ、ほかの消費者に影響を与えます。イノベーターと異なるのは、商品が新しければよいのではなく、その価値や具体的メリットを考える現実的な部分があるところです。

オピニオンリーダーやインフルエンサーとも呼ばれる層であり、SNSなどを活用するマーケティングを考える場合、重視しなければならない層です。

以上の２グループの合計は全体の16%になるとされ、その次の段階へ移るために超えなければならないのが、キャズムと呼ばれる溝です。

イノベーター理論の道のり

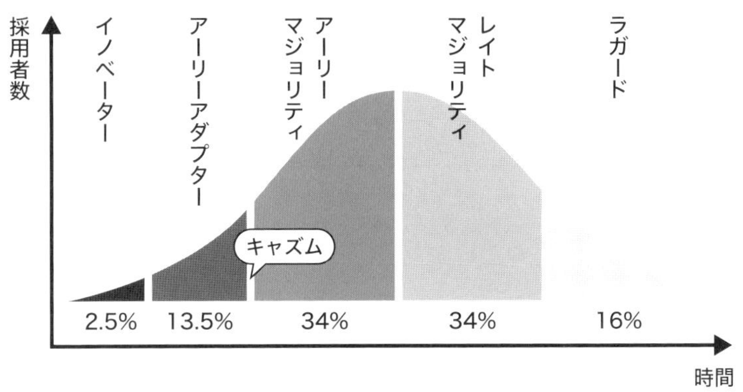

〈3〉アーリーマジョリティ

「**前期追随者**」。流行に乗り遅れたくないけれど、新しいものを採用することに慎重な層です。流行を追いかけたい中高生はここに位置します。市場に占める割合は34%です。

〈4〉レイトマジョリティ

「**後期追随者**」。フォロワーズとも呼ばれます。新しい商品に懐疑的な層。採用者が多数を超えたと感じたときに購入したいと考えます。市場に占める割合はアーリーマジョリティと同じ34%です。

〈5〉ラガード

「**遅滞者**」。もっとも保守的な価値観を持つ人たち。新しいものにまったく関心がない層です。生活必需品以外では自ら新しい商品を試そうとすることはほとんどありません。市場に占める割合は16%であるとされています。

ユーザー層の態度をこのように5分類して把握し、それぞれの浸透局面に合わせて最適なマーケティング施策をとることができれば理想的です。

キャズム理論では、初期市場とマジョリティ市場との間に存在する「キャズム」を超えることがむずかしいとしています。そして、アーリーアダプターの行動が商品の市場浸透を左右するので、重視することが必要だと説いています。一方で、ニッチな分野の商品である場合、キャズムを超える手前の市場規模しかなくても売上高としては十分である場合も少なくありません。

Marketing Practices

第 4 章

マーケティング調査を有効化する

～ユーザーのインサイトに迫る～

マーケティング調査の効果を疑う

なぜあの企業は選択を誤ったのか

さて、第2章ではマーケティング調査の基本的な知識について説明しましたが、**そもそも前提としてマーケティング調査は役に立つのか、実施する価値はあるのか、について述べたいと思います。**

マーケティング調査を取り入れている企業の代表は大手外資系です。中小企業も、中堅企業の規模になりかけたところで「ウチもマーケティング調査をしたほうがいいのではないか？」と思いつくことが多いようです。

マーケティング調査がうまくいかない

それではマーケティング調査を活用している外資系大手企業はマーケティング施策がことごとく成功するかというと、そうでもありません。

例えばマクドナルドはマーケティング調査のヘビーユーザーです。

同社は数億円をかけて出店検討マップを構築しました。地図上の出店候補地点をクリックすると、すぐさま来店者数と売上金額予想などが表示され、出店するべきかどうか一瞬で判断できるというすぐれたマップです。

しかし、これが信頼できるなら、2010年（433店舗閉鎖）を挟んでの同チェーンの大量閉店は説明がつきません。

コカ・コーラ社は、20万人以上の大規模な味覚調査をおこなってコカ・コーラの味を変え、歴史的な失敗を犯したことは周知の事実です。

また、米国の投資銀行メリルリンチは1970年前後に日本市場に参入しますが、そののち撤退。山一證券の破綻により、同社の営業基盤を引き継ぐ形で再参入しますが、この事業も形や社名を変えて三菱UFJグループに売却。

参入にあたってのマーケティング調査が有効であれば、これほどムダなことはしなくてもよかったでしょう。

米映画「ビッグ」のなかで、大人の姿でおもちゃメーカーに入社したトム・ハンクス（じつは中身は子ども）は、社長がリサーチについて話しているのを聞いて素直に質問します。

「マーケティング・リサーチって何です？」

リサーチの結果に納得がいかなかった社長は皮肉と受け取り、「私が教えてほしいよ！」とため息をつくというシーン。これが忘れられません。

好調企業は調査なんてやっていない!?

私もクリエイターの頃はマーケティング調査の現場に数多く立ち会っていました。インタビュアーがグループ・インタビューを進めているところを、マジックミラー越しに拝見するのです。

この体験では、「この人はホンネをいっていないな」と感じることがとても多くありました。調査会社の人ですら「ホンネ1割ですからね」と苦笑しているのが実態です。

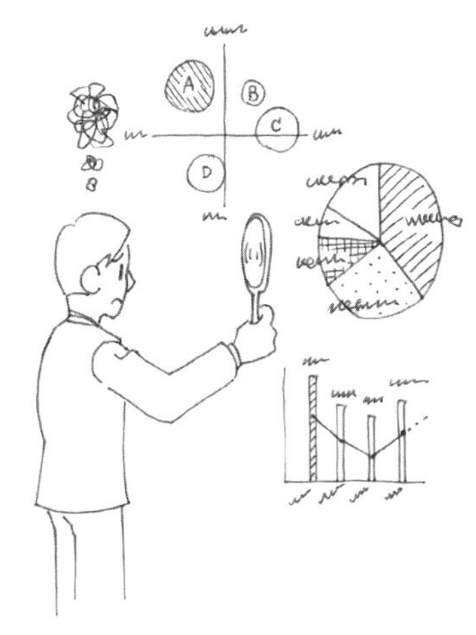

大手企業のマーケティングや営業担当者と話していると、「売れるかどうかは発売してみないとわからない」と口をそろえていいます。

バンダイでガシャポンの商品企画をしている担当者も「何がウケるかはわかりませんので」と謙虚です。家電大手の担当者も「えいやっ！　と売り出してみるしかないですね」と語っていました。

いま女性ユーザーに支持されている“スリコ”こと、300円均一ショップの3COINSでチーフMDを務めている岡田さんは、テレビ番組の取材に「売ってみないとわからないので、スタッフがやりたいなら“ええやん、やったらええやん”といっている」と答えています。

世の有名経営者でも“マーケティング脳”がすぐれていると評価されてい

る人ほどマーケティング調査に対して否定的な発言をしています。

アップル創業者の故スティーブ・ジョブズ氏のリサーチぎらいは有名で、「顧客が欲しがるモノをつくれという人もいる。でも、それは私の流儀ではない。我々の仕事は、彼らが望む前にそれを形にすることなのだ」と語っています。

テスラの創業者でTwitterのオーナーにもなったイーロン・マスク氏も「新たなビジネスを立ち上げる際に市場調査的なことは一切やらない」と述べています。

個性的な家電を開発するバルミューダの寺尾玄社長は、マーケティング調査について問われ、「マーケティング調査は一切しません。では何を頼りにするかといえば、私自身の考え方です」と答えています。

ZARAを展開するインディテックスの元CEO、パブロ・イスラ氏は「デザインを顧客が気に入るかどうかを調査するというやり方はしない。我々はまず顧客の好みを理解する努力をして、それからデザインをして製造する」としています。

米国の著名なマーケッター、ロバート・ラッツ氏は、「消費者に意見を聞くなど、バックミラーを見ながら車を走らせるようなものだ」とまでいっています。

調査をしないほうが成功する!?

一方、マーケティング調査の結果を無視して成功した事例はたくさんあります。

花王は、「エコナクッキングオイル」の発売に際し、主婦を集めて商品への評価を聞きました。すると、「これは買いたくない」という意見が大勢を占めてしまったのです。しかし花王はそれらの意見をすべて無視して発売、大ヒット商品に育てました。

また、いまではあたり前の乾式コピー機を米国ゼロックス社が開発したときのことです（当時は湿式のコピー機が普及していました）。コストの高い乾式コピー機を使いたいかとユーザーに質問したところ、ほぼ全員の回答が

「現状の機器に満足しているので高額な新製品は使いたくない」というものでした。

しかし、ゼロックス社はこれらの意見を無視して新製品を発売。この判断が正しかったかどうかは、いまや問題にもなりません。

中小企業の事例も紹介しましょう。工具として累計300万本を売る大ヒットとなり、米国でも人気のネジザウルスを開発したのはエンジニアという大阪の小企業です。同社は工具の改良に際し、ユーザーに求める機能を調査しました。

すると、グリップを握りやすくしてほしい、などあたり前の声のほかに「トラスネジ（ネジ山の部分がうすいネジ）も外せるようにしてほしい」という少数意見が7件ありました。

調査人数は全部で1,000人でしたので、0.7%の声など普通は無視するところです。ところが同社はそれこそが潜在意識のニーズだ、と考えて改良に取り組み、その機能を搭載した新製品をリリース。

同商品はそこから勢いがついて大ヒット商品へと育ったのです。

Lecture 2 マーケティング調査が役に立たない理由を知る

マーケティング調査の現場では何が起きているのか？

では、実際のリサーチ現場では何が起きているのでしょうか。私は、マーケティング調査で得られるものは「4つの石」ですと説明しています。

マーケティング調査で得られる4つの石とは？

〈1〉路傍の無価値な石

価格は？ の質問に「安いほうがいい」、本体サイズは？　の問いに「小さいほうがいい」など、そんなことはわかってるわ！　という回答しか集まらない。もちろん、会社の中の人が感心するようなユニークなアイデアが寄せられることを期待するほうがムリというものですが。

〈2〉磨かれないダイヤの原石

マーケティング調査では得られた結果を分析することも重要です。いわば、集計結果という原石を磨いて光らせるわけです。

どんな調査結果も何らかの示唆を含むと思いますが、数字の背景に隠れたユーザーの本音やインサイトを引き出せなければ石ころのまま。この分析をできる人材は、企業にはおろか調査会社にもなかなかいません。

〈3〉体の中で痛む胆石

調査結果にしたがって施策を打ったことで損失をこうむってしまう、迷惑な石です。読み取り方を間違えたときだけでなく、素直に取り入れたときでさえ痛みの原因となります。

先のコカ・コーラ社の例では調査結果にしたがってメイン商品の味を変え、気の遠くなるような遠回りを余儀なくされました。

マクドナルドでも、どんなメニューが欲しいですかというアンケートをたびたびおこなっており、いつも多く寄せられるのは「野菜をとれるバーガー」

という希望です。

ところが、それにしたがってヘルシーな「サラダマック」をリリースすると、これがまったく不人気なのです。むしろ注文されるのはガッツリ系のメニュー。お客様はあの赤と黄のアーチをくぐって来店する段階で、「今日はヘルシーでなくていいや！」と決意しているのでしょうね。

これはお弁当などでも同様で、メニューの希望を訊くと「いろいろなおかずが楽しめるお弁当」という声が多いものの、結局は唐揚げ弁当のような一品ものが売れるのです。

先に書いたローソンの「ウィンナー弁当」、「ミートボール弁当」の「だけ弁当シリーズ」も同じです。

〈4〉見分けのつかない地味な石

A商品とB商品のどちらがよいかを尋ねる調査の結果がA=31%、B=33%となった場合、施策にどう活用したらよいか困ります。こうした結果になってしまうのはサンプル（被験者）数が少ないときに起こることが多いようです。

しかし、一方でサンプル数が多くなるほど意見は平準化し、僅差になっていく傾向もあります。河原の下流端に転がる無個性な丸い石は、いくつ集めてもなかなか役には立たないものです。

簡易な調査ではしきい値を超えづらい

全数調査でない場合は、とうぜん標本調査をおこなうことになります。統計にはしきい値というものがあって、適正なサンプル数を調査対象としないと、誤差の範囲であるとされてしまいます。では、どれくらいのサンプル数を集めればいいのでしょうか。

効率を重視するマーケティング調査では、許容できる誤差の範囲内ではどれくらいの対象に訊けばいいかは、だいたいわかっています。

統計の専門家は、A4で1枚ていどの質問をする場合は「500から2,000サンプルを集めてください」ということが多いようです。ちなみに、**母数が多い場合は、誤差を回避しても意外と少ないサンプル数で有意な結果を得ることができます。**

▌5％の誤差を許容する場合の標本数

母集団数	必要な標本数
100	80
1,000	278
10,000	370
100,000	383
1,000,000	385
10,000,000	385

出所：三重県庁ウェブサイト

上の表を見ていただければわかるのですが、母集団の数が10,000を超えて増加しても必要とされる標本数にはあまり変化がないことがわかります。

反対に、母数が少ないほど全数に近いサンプルが必要となるのです。このことから、「ウチの取引先」や「ウチの常連客」などのように30～100ていどの場合は、母集団の8割以上のサンプルに訊くことが必要になってしまうのです。

マーケティング調査が片手間であるなら、有意な対象者数に訊くことはむずかしいといわざるをえないかもしれません。

グループ・インタビューがうまくいかない理由

グループ・インタビューを実施していて感じる問題点は4つあります。

それは、「**評論、見栄、同調、伝聞**」です。１つずつ説明します。

〈評 論〉

せっかく呼んでもらったのだから参考になる意見をいわなければいけないと考え、「ここをこう変えたらいいと思います（私は買わないけれど）」と第三者的なアドバイスをする参加者。これはサービスなのですが、欲しいのは評論家としての意見ではなくあなた個人の意見なのです。

ある食器メーカーのグループ・インタビューで、「どんなお皿が欲しいですか？」という質問に、参加者は「花柄がいい」「キレイなピンク色の皿」「皿がハート型とか」と活発に意見を述べたそうです。

インタビューが終了し、「あちらに弊社の商品を置いてありますのでお好きなものをお持ち帰りください」と促されると、なんと参加者全員が白い丸皿を持ち帰ったといいます。

〈見 栄〉

自身の生活レベルや意識の高さについて、つい見栄を張ってしまうことがあります。

「こんなよい商品がこの価格ならぜひ買いたいですね」というのですが、それは（ウチは生活に余裕がありますので）というマウンティングだったりします。

また「環境見栄」というのもあり、「環境によいものなので高くても買いたいです」というけれど、実際は買いません。

〈同 調〉

数人のパネルが招かれて同席している場合、互いの意見を否定して空気がわるくなるのをさけようとして、先に話した人に同調し、異なる意見をいわないという空気ができてしまいます。

いわゆる同調圧力というものです。こうなると、複数人に来てもらっている意味がありません。

〈伝 聞〉

実は訊かれている商品に自分は興味がなく、使用実感もないけれど、友人が話していたことやSNS、テレビで見聞きしたことを意見として述べるケースです。

あるいは思ったことをいうより、知ったかぶりも含めてすっきりとした発言にまとめて終わろうとする人も少なくありません。話をキレイにまとめようとするあまり、自身の意思とは異なる内容に変化してしまうこともあるのです。

ということで、せっかくマーケティング調査をしても次のような結果になるのです……

- 時間とおカネがかかる
  ⇨変化の速い現代では、とにかく製品をつくって発売してしまったほうがいいのでは？
- 被験者は本音をいわない、真剣に答えない

⇨島国日本らしい忖度（そんたく）もある

- 被験者は気づいていない、考えていない

⇨つねに商品や自身の本当のニーズを意識して生活しているわけではない。最新の技術についても知識がない

- 結果の分析ができない

⇨集計・分析する人が、結果にどんな現象が現れているのか読み取れない

- 顧客に直接訊けない

⇨エンドユーザーとの間に販社や商社、代理店が介在し、直接のやりとりをいやがる

- 得られるのは過去のデータでしかない

⇨過去のデータで未来を運転できない。どんなに進んでも亀は少しだけ先にいるという「アキレスと亀」のパラドクス

大手企業と中小企業の差も見すごせません。組織の体力を考えるとコスト負担の問題もありますし、新たに調査をしなくても大手はさまざまなデータを持っています。実際に調査をするとなれば、回答してくれるネットワークもあります。

大手企業の課題は、むしろ会議やプレゼンなど社内対策の目的でマーケティング調査がおこなわれているということでしょうか。

これに対して中小企業は、予算や担当者の関係でしきい値を超えた十分な調査ができないことも多くあります。その結果として、有意なデータを得られず、中途半端な参考値に終わるケースも少なくないのです。

そもそも、中小企業は全国的な支持の有無を見る必要があるのかとも思います。

■なぜマーケティング調査は効力を失ったのか

この20年ほどは、とくにインターネットの進展などにより情報に対する環境が大きく変化しています。

時代の変遷に準じてマーケティング調査が役割を果たせなくなった原因として、次のようなこともあるかもしれません。

●ニーズが多様化した

ニーズが細分化し、同じ個人でも朝と夕方で購買意向が異なるとなると、追いかけようがありません。一方で、仮に極小ニーズしかないと断定されても、ネットをうまく活用すれば採算に乗るともいえます。

●ビッグデータが利用可能になった

通常の調査は、どうしても対象者から抜きとった一部のサンプルから全体を推しはかるものです。いまでは全データ、つまりビッグデータを入手することができるようになってきました。

●定性的なデータはSNSからも拾えるようになった

Twitterやブログ、レビューには愛用者の生の声があふれています。ここを検索、傾聴していれば十分かもしれません。また、SNS専用の情報収集サービスも生まれています。

飲食店の利用客へのアンケートも、コストと時間をかけて実施しなくてもGoogleマップ上に星つきのレビューが多数投稿されていれば、まずはそれを参考にするべきでしょう。

●個人情報保護法などによりリストの入手がむずかしくなった

かつては名簿売買の問題がありました。いまはクッキー*です。個人情報取得の環境はだんだんきびしくなっていくでしょう。

＊クッキー：訪問したユーザーにサイトから発行される識別番号。

●企業が調査費用のコスト負担に耐えられなくなった

さまざまなコストに対してきびしく管理されるようになっているのは仕方がありません。それでも有効であると判断されれば出費が許されるはずなのですが、実際はそうではないようです。

●何を売るかよりどう売るかに比重が移った

技術革新やアイデア商品も出尽くした感があるとされ、むしろ販促手法こそが重要といわれることも増えています。

時代の変化に応じてマーケティング手法も姿を変えていくのはとうぜんのことです。逆にマーケティング調査も、AIなどの新しい技術の導入により、より真実に近いデータを集められる可能性も出てきていると思います。

本当に役立つマーケティング調査を知る

実施すべきマーケティング調査とは？

前項まで、マーケティング調査を否定するようなことを書いてきましたが、それでも役立つ手法が多いことも事実です。

また、国民全員を対象とするような商品では、マーケティング調査を定期的におこない、そこから微妙なニーズ変化を読み取ることも有効です。例えばマーケティングを上手に使いこなしている企業として知られる湖池屋では、食味の嗜好変化の調査を通じて「いまの消費者は濃い味を求めている」という事実をつかみ、肉の旨味などを使用した味つけの新商品でブランド評価を伸ばしました。

ここから先は、ぜひ実践していただきたいマーケティング調査についてご紹介します。

行動はウソをつけない〜行動観察

「その人が何をいうかではなく、どう行動するかを見よ」という格言があるかどうかは知りません。しかし、言葉では何とでもいうことができるけれど、**行動には隠された本音が現れる**ものではないでしょうか。

「観察調査」とは、ユーザーが商品をどのように使用するか、売場でどんな行動をとるか、などを観察することからヒントを得ようとするものです。

〈ビデオ撮影〉

例えばユーザーの会社や自宅に固定カメラを設置し、作業や使用風景を動画撮影させてもらいます。そこから、ユーザー本人も気がつかない不便に気づき、商品開発のテーマを発見することができます。

複合機や工作機械を使用するユーザーが、何度も同じ箇所で操作ミスをしていたり、連続することの多い操作をおこなうのにいちいち体の位置を変えていたりするところを見れば、改善点は明らかです。
この手法のよいところは、ふだんあまり接点を持てない開発者とユーザーとが動画で結びつけられる点です。

また無印良品では動画ですらなく、**部屋の写真を収集**しているといいます。つまり、見込み客に部屋の写真を撮ってもらい、それをじっと観察するのです。
すると、例えばゲームソフトが乱雑に置かれていることに気づいたりします。そこから、ゲームソフトに最適な収納ボックスを商品化するのはどうか、という着想を得ることができるというわけです。
いまは自宅のインテリア写真を投稿するアプリがありますので、ほぼゼロ円で実施できる調査です。

サイクロン式掃除機で市場を席巻したダイソンのジェームズ・ダイソン氏は、「商品開発ではマーケティング調査を先行させない。従来の家電を使い慣れている顧客は問題点に気づきにくいから」と述べています。
そして、日本を訪れた同社のエンジニアチームも、一般家庭を訪れて掃除機を使っているところをじっと観察する調査のみをおこなっていました。
そのダイソンを逆転し、掃除機市場でシェアトップに立ったのが米シャークニンジャです。2010年、全米のシェアでダイソンの40%に対して同社は1%に過ぎませんでした。2016年にはダイソンを抜いて20%以上のシェアを獲得しています。

シャークニンジャの調査手法も、徹底的な行動観察です。アメリカの平均的な家庭を再現した「部屋」でユーザーに掃除機を使ってもらい、マジックミラーの手前にいるエンジニアがそれに見入るのです。
量産店の売場を完全に再現したコーナーも社内にあり、購買時の行動にも着目しています。

日本市場についても行動観察を実践しており、アメリカ市場向けよりもサイズやヘッドが小さく、フィルターの目も細かい機種を投入しています。
同社のマーケティング責任者は「掃除機の掃除をするのは日本人だけ」と

笑っていますが、ここに気づけるところがすごいと思います。

〈アイトラッキング調査〉

ユーザーの瞳の動きを追うのがアイトラッキング（眼球追跡）です。IT技術の進化により活用コストも下がっています。

例えば、ウェブページのどこをどれくらいの時間見ているか、などを明解に数値化できます。

自動販売機で商品選択をするとき、お客様は左上からZ形に視線を動かすと長らく考えられてきました。

ところが、ある飲料メーカーがアイトラッキング調査をしたところ、左下を眺めている時間の長いことが明らかになりました。そこで注力商品を左下にレイアウトしたところ、実際に売上が伸びたのです。

商品やパッケージのデザインを評価するときも、アイトラッキングは非常に有効です。あるクルマメーカーは、数台のクルマを並べて感想を聞き、評価の高かったボディはどこを長く見られていたかを調べています。

アイトラッキング調査でも分析は重要です。ウェブページのあるポイントを長く見ていたからといって、よい評価なのだとは限りません。わかりにくいので注視していたということもありえるからです。

正しく理解するためには、別の行動観察やインタビューなどで補完する必要があるでしょう。

〈売場観察〉

商品の売場でお客様はどう行動するかを観察します。どこを見て歩き、どう気がつき、どのように手にとって悩むのか。調査でなくても、一度は現場に足を向けてほしいと思います。

〈ショップアロング〉

こちらも舞台は売場ですが、**お客様と一緒に店舗を訪れるものです。単一の商品というより、店舗や「買物」全体を観察するイメージです**。アカンパニードショッピングとも呼ばれます。

〈通行量調査〉

道路でパイプ椅子に座って、**通行するクルマや人をカウンターで数えている**人を見ることがありますよね。これも立派な観察調査です。実数を把握することができます。

〈商談同行〉

主にBtoBの営業において、セールスパーソンに同行して顧客企業を訪問し、商談時にどんなやりとりがなされるのかを観察するものです。

上司が同行することはよくあると思いますが、私は支援に入ったばかりの企業ではよく実施します。同行してみると、経営陣が考えている課題と、最前線で実際に起きていることが異なっていると気づかされたりします。

同様に若手セールスパーソンの数人と対話するだけでも、とても役に立ちます。

以上のような行動観察系の調査は、顧客のインサイトを引き出すうえでとても重要です。ここから顧客の本音ともいうべきニーズをつかみ、商品開発に生かすことができれば成功確率はぐんと高まるはずです。

商品がどれくらい売れるかを調べる

新商品を販売する前に手応えをつかむ

典型的なところでは、地域限定で商品を販売して売上を確認、その後、全国へ販売するかどうかを決定する手法があります。

広島県や静岡県など年齢分布が全国平均に近い地域を選んでテレビCMも放映して販売し、成果を見るなどします。実際におカネを支払ってもらうのですから、間違いがありません。

ただし、これは大手企業の選択肢であるともいえます。

こうした規模や予算を持たない中小企業は、とにかく発売してみるということになるでしょう。しかし、できれば発売前にどれくらいの売上が見込めるかを調査したいところです。

実際に買ってもらって調べる～テストマーケティング

●地域限定で販売してみる

子供服販売チェーンの西松屋では、全国に店舗があることを利用したテストマーケティングをおこなっています。

夏服は沖縄県の店舗で先行テスト販売し、冬服は北海道でテスト販売をします。売れ行きがよかったアイテムは多く生産し、そうではなかったアイテムは生産量を抑えるのです。一足先に次の季節が来るため、かなりの高確率で予測できるとのことです。

●見込み客を巻き込んで反応を見る

郊外の小さな靴店の主人が、大手メーカーの靴を取り出して「この靴の開発ではアドバイスをした」というエピソードを語る――。

そのような話を聞いた経験はありませんか。ある商品がヒットしたり、テレビで紹介されると、「この開発に関わっていた」という人が無数に出てくるものです。開発した会社の別部署の人間はもちろん、開発担当者と居酒屋で話をしただけの人も同じことをいいます。

じつは、これはマーケティング調査の結果です。

悩んでいる開発担当者は、ユーザー属性に近い人と会うとあれこれ質問をするものです。それに答えた人は、のちに製品が発売されると自分のアドバイスが採用されたと自慢することになるというわけです。

これを計画的におこなうのが、R&DならぬR&Sです。リサーチ＆デベロップメントではなく、**リサーチ＆セールスです。商品企画の段階で見込み客に説明に行き、アドバイスをもらうのです。**

そして、アドバイスを取り入れた試作品をつくって持ち込みます。またアドバイスをもらって改良し、再び試作品を持ち込みます。

よければ試用をしてもらい、改善ポイントを聞き出して仕様に反映します。こうしてできあがった新商品は、顧客目線の改良点が盛り込まれたことで完成度が高くなるとともに、初期ユーザーとして購入してもらうことも見込めます。

これを、最初に経験したのは医療用内視鏡の商品開発でした。内視鏡下手術の権威である医師のもとに通って使い勝手の感想などを聞きとり、改良と試用を繰り返すことで仕様はどんどん成熟していきました。

そして、医療業界の慣習もあり、影響力のある医師の関わった製品ということで、発売後は弟子筋の医師を中心に導入が決まっていくのです。

中小企業の事例としては、LED街路灯の開発に際して実践しました。展示会で知り合った数社の見込み客に、売り込みではなく「意見を聞かせてほしい」と面談を申し入れ、アンケートに答えてもらったり、商品企画に対して要望や意見を訊いたのです。

無料でデプス・インタビューができ、その後は売り込みにも対応してもらえる関係性ができるのです。

■ウェブの基礎データを活用して調べる

商品のニーズや企画に関連するキーワードによってニーズボリュームがどれくらいあるかを調べる手法などです。ウェブサービスや公開情報からデータを入手できるので手軽に実施できます。

●キーワードの検索状況を調べる

商品カテゴリーや特徴、ニーズのキーワード（「完全栄養食」や「携帯充電器」のような）の検索回数や増減を調べ、ニーズボリュームを知るものです。

月間検索回数を調べる……aramakijake.jp
検索回数の増減を調べる……Google トレンド
一緒に検索されている関連語を調べる……ラッコキーワード
自社サイトへの訪問ワードを調べる…レンタルサーバーのアクセス解析

●商品カテゴリーに対するニーズを調べる

商品比較サイト（価格ドットコムなど）、リーダー企業の商品ライン、アンケート調査サイト、クチコミ・質問サイト、クックパッド（食品・料理）

●行政の方向性を調べる

首相官邸サイト、内閣府サイト、各自治体サイト（人口動態、世帯数増減）、政府刊行物センター（東京・霞ヶ関）

●社内データを調べる

売上データ、顧客管理データ、RFM データ（顧客分析手法）

■ウェブサービスを活用して調べる

発売前の新商品が具体的にどれくらい売れるかを調べる場合、どうしてもコストがかかりますが、ウェブをうまく活用すれば予算をかけずに実施することも可能です。あまりおカネや時間をかけずにできる方法をいくつかご紹介します。

●ヤフオク！、メルカリに出品してみる

中古品ではなく、新商品のサンプルなどを出品するのですが、メリットの説明をきちんと入れることで人気度合いや、価格受容度もわかります。

●少額のリスティング広告と LP で成約率を調べる

LP（ランディングページ）を作成し、これにリンクするキーワード広告を少額で出稿し、どれくらいの比率で成約したのかを参考にするものです。これに AB テスト（2パターンの表現の効果を比較するもの）を組み合わせると、さらにくわしい調査結果を得ることができます。

●クラウドファンディングに出してみる

新し物好きやメディアの人間にも注目されているクラウドファンディングで応援数を見ることができます。

●販売予測ソフトを使用する

なかには無料で使えるものもありますので、試用してみてもいいかもしれません。

● Twitter や YouTube チャンネルに投稿してみる

これもチャンネル登録者やフォロワーが一定数いるチャンネルで露出するか、あるいはユーチューバーに紹介を依頼して反応を見ます。

●メルマガのタイトルに入れて紹介してみる

タイトルに特長を入れて開封率を見たり、商品紹介文のクリック率を見ます。一定数の読者がいるメルマガであることが必要です。

● SNS 投稿の傾向を AI で解析する

AIによる推定調査を提供するサービスが増えてきています。SNSに表れるキーワードや画像の傾向から市場性を判断するものです。

アパレルメーカーのSHEINは実際に採用しており、SNSにアップされている服飾やアクセサリーの画像をAIで解析して、トレンドになっている人気のデザインを割り出してから商品開発をしています。

●ネット調査を活用する

インターネット調査のコストが安くなってきたので、数万円だけかけて調査を実施するのも一つの方法です。

限られたターゲットの購買意向を知りたいときは、前提条件や質問項目で絞り込んで結果を得るという使い方ができます（例：「視力が0.1未満でコンタクトレンズを使っていない人」、「足底筋膜炎になったことがある人」のような）。

一般的には少数派の対象者であっても、多数のパネルを抱えている調査サービス会社であれば有意なサンプル数を集められるのです。

■リアル・対面で反応を調べる

マクドナルドの出店マップについて書きましたが、無印良品では「1万円」で出店地調査をしているといいます。これは出店を検討している地域をタクシーで回ってもらうというものです。このタクシー代が1万円なのだとか。

予算がなくても実践できるマーケティング調査ですね。

一方、「実験」と呼ぶのにふさわしい調査をしているのがフジッコです。

近年の少子高齢化で料理番組のレシピの量も変わりました。同社では、ターゲット層を集めてフジッコの商品を並べ、「あなたの一人前を取り分けてください」とお願いします。

すると、各個人・世代が考える一人前の分量を微妙に知ることができるのです。

●展示会での反応を見る

別の商材で出展をしたついでに新商品のサンプルを提示し、商品の評価や価格について聞き出すというものです。

●サンプリングしてみる

モニターとしてサンプル商品を渡し、意見や反応、また後日アンケートを返してもらうものです。

●専門家にヒアリングする

当該業界に知見や経験を有するキーマンから聞き取りをするものです。

●同業界の市場規模額から類推する

同カテゴリーの類似商品の売上を見る、売場での扱いをみる、Amazonの順位、レビュー数を見るなどです。

●フェルミ推定をする

フェルミ推定とは、実数の調査がむずかしいものについて、何らかの手がかりをもとに論理的に推論し、概算することです。

母数となる市場規模や見込まれるユーザー数に購入確率などをあてはめて類推します。

調査で顧客の「インサイト」〈本音〉を探りだす

ユーザーの深層のニーズを発見する

インサイトとは顧客が本当に望んでいる決定的なニーズのことです。

口では建前の要望を話していても、心の声は別のところにある、あるいは本人すら気づいていない購買欲求があったりします。

中高年の男性に「どんなカフェを選んでいますか？」と質問して、「安いお店」と答えたとします。

ところが、「では、過去1、2週間に来店したカフェを教えてください」と訊くと、実はおしゃれなカフェばかりに通っていることがわかったりします。

これなどは、オジサンがおしゃれなカフェを選ぶとは照れくさくていえないため、建前を話すのです。

「ダイエットしたい」という人は、単にやせたいのではなく、やせてキレイになり、異性に愛されて幸せになりたいというところが本当のニーズの着地点だというのはわかりやすいのですが、中高年男性のインサイトはなかなか読みにくいですね。

本人も気づいていないインサイトを抽出する

また、女性喫煙者にタバコを選ぶ基準について調査をしたところ、「低タールを選んでいる」、「細いタバコがよい」、「ニオイがつかないもの」などの結果が得られました。

回答のなかで「ニオイを気にする」のは本当のようなのですが、実際にどのタバコを選んでいるかを掘り下げて聞いていくと、「ガツン」と吸いごたえのある商品を好むことがわかり、「低タール」というのはどうも建前のようだということがわかりました。

さらに「細いタバコ」の理由を問うと「女性らしいから」と回答するので

すが、実際は「指がキレイに見える」ことから選んでいるとわかったのです。

インサイトを捉えて販促や商品開発に成功した事例を紹介します。

ライオンの洗濯洗剤「ナノックス」は、洗濯回数の多い日本では衣類の汚れ落ちよりニオイ落ちに関心が移っていることを発見し、伝えるメッセージを変えることでヒット商品になりました。

日清の「カップヌードルリッチ」は、フカヒレなど贅沢なカップ麺を食べたいというアクティブシニアの目立たないニーズに気づくことで、発売7ヵ月で1,400万食という大ヒットに結びつきました。

また、あるクルマメーカーがSUV（スポーツ用多目的車）ユーザーを調査したところ、90%以上が街中を走行していることがわかったため、「都会仕様のSUV」を開発しようとしました。

ところが改めて定性調査をしたところ、「(10%は）週末にはオフロードを走っている」、「なかなかオフロードを走れないが、その気分は味わいたい」という心理が判明し、従来通りのオフロード仕様で開発することにしたというケースもあります。

定食チェーンの大戸屋は「女性が気軽に入れるキレイな定食屋」をつくりたいと考えていました。インテリアをキレイにすることはとうぜんとして、さらにどうしたら女性に選んでもらえるのかを調査しました。

同社が多くの女性から意見を聞き、時間をかけてたどり着いたのは「女性は一人で定食屋に入るところを見られたくない」というインサイトでした。大戸屋が多店舗化に乗り出した当時は、まだ女性にはそういう心理があったのです。

では、「入るところを見られないお店」をどうやって実現するか。その答えは、「路面店ではなく、地下や2階以上に出店する」というものでした。

インサイトが読めなかったことは結果でわかる

反対に失敗例もご紹介します。私もかつてサントリーで担当していた「南アルプスの天然水」の事例です。

「い・ろ・は・す」に抜かれて2位ブランドとなっていた状況を打破するた

め、サントリーは消費者イメージ調査の結果を汲み取ってパッケージをリニューアルすることにしました。

調査結果で目立っていたのは「（サントリーが）自然環境に配慮した活動をしていることが伝わってこない」という意見でした。

そこで、森に暮らす動物たちのイラストをデザインした温かみのあるラベルに変更し、「未来へ森を贈ろう。Gift!」というキャッチコピーの黄色い首かけPOPもつけたのです。

その結果はどうなったでしょうか。同商品のシェアは約47%から38%へと10%ほど下落したのです。商品からは清流の透明感あふれるイメージがなくなり、店頭で商品を見つけられない人がいたこともわかりました。

イメージ調査の被験者たちは、環境見栄（P.123参照）を発動していたのではないでしょうか。「環境への配慮」をほめることで、自分たちもいいことをした気持ちになっていたのかもしれません。

次は、メキシコでのP&Gの失敗事例です。同社の洗濯洗剤はメキシコの富裕層向け市場では好調に売れていました。

そこで、さらに中低所得者層のニーズに対応しようと、半分の量で汚れが落ちる洗浄力の強い洗濯洗剤を投入しました。ところが、これが売れませんでした。

現地採用の社員に聞いてもわからなかった理由、そのインサイトとは、「汚れは泡によって落ちている」という固定観念が中低所得者層に強くあったという事実だったのです。

こうしたインサイトをつかむためには、本書冒頭で述べた、顧客のことを深く思いやること、そしてマーケティング調査の項目（P.126）で説明した行動観察が役に立ちます。

Marketing Practices

第 5 章

選ばれるネーミングを開発する

〜商品に目立つリボンをつける〜

Lecture 1 ネーミングをツールとして活用する

ネーミング効果によって売上を伸ばす

商品を構成する要素にネーミングがあります。多くの場合、商品開発の最終段階に社内スタッフが案を出し、バタバタと決めてしまうことが多いのではないでしょうか。

しかし、多くの購買行動がキーワード検索からはじまるいま、それはとてももったいない話です。ユニークなネーミングがきっかけで注目され、見出された商品や、メディアで取り上げられてヒットした商品は数多くあります。

いちばんわかりやすいのは、はじめはふつうのネーミングで発売されたけれども売れず、ネーミングを変えたところ話題になり、ヒット商品になった事例がたくさんあることです。

ネーミングで注目されて大ヒット商品へ

もっとも有名なのはレナウンの紳士用靴下「通勤快足」です。最初は「フレッシュライフ」というイメージ的なネーミングで発売されたのですが、想定ほどには売れませんでした。

そこでネーミングを変更したところ、ダジャレがおもしろいと注目を集めて雑誌やテレビ番組などでも紹介され、売上が3年後には15倍にまで増えました。

「モイスチャーティッシュ」(王子ネピア)は「鼻セレブ」へとネーミングを変えて大ヒット。雪印の「ストリングチーズ」は「さけるチーズ」へネーミングを変えて、こちらも人気商品になりました。

そのほか次ページの例でも、変更後のネーミングなら親しみがあるという人は多いのではないでしょうか。

ネーミングを変更して成功した例

- □「缶入り煎茶」⇨「お〜いお茶」(伊藤園)
- □「防風通聖散」⇨「ナイシトール」(小林製薬)
- □「小ネジプライヤー」⇨「ネジザウルス」(エンジニア)
- □「三陰交をあたためる」⇨「まるでこたつソックス」(岡本)
- □「優子」⇨「天使のブラ」(トリンプ)

各地の商工会・商工会議所へセミナー講師として出向いたときに、「この商品が売れないのですが」と相談を受けることがあります。多くの場合は、いわゆる6次産業で開発された地域産品などです。

そのようなとき必ず感じるのが、ネーミングがよくないことです。

ほとんどのケースで、何の商品かわからない、ひとりよがりのネーミングがつけられています。それはカッコよさそうだけれど、意味はわからないイタリア語風であったり、社長が好きな趣味のキーワードをつけたものだったり、関連性のないダジャレだったりします。

しかし、商標登録までされている場合も多く、そうなるとネーミング変更をアドバイスしても聞き入れられることはありません。

ネーミングをつけるときは、自分の趣味やセンスを忘れて、商品のメリットや特性がわかりやすく伝わるものにするべきなのです。同じダジャレであっても、商品のメリットやおいしさを強調するダジャレにするべきでしょう。

ネーミングは商品コンセプトを体現する

ネーミングをむずかしく考える必要はありません。商品開発をした段階では商品コンセプトを文章化しておくことが多いと思いますが、このコンセプト文を短くしたようなものでもいいわけです。**ネーミングには商品コンセプトを伝える役割があるのです。**

商品コンセプトには商品の価値や定義、差別化のポイントなどが含まれていると思います。カンタンにいえば「こんなときに役に立つ商品です」とか、

「いままでの商品とはこのように違います」などです。ていねいにいうなら次のようなフォーマットに書き表すことができます。

商品コンセプトの記述例

こんなときに こんな人が	こう使って	課題を解決します （おいしくします）

商品コンセプトは、1文で商品の価値、キモとなる内容がズバッと伝わることが使命です。

そして、そのエッセンスを短いキーワードに変えることができれば、もうそれはネーミングだといってもよいでしょう。

あたり前のことですが、パッケージ商品の場合はパッケージにネーミングが大きく載ります。すると、店頭の棚でも、ウェブショップのアイコンでも、パッケージ自体が広告となり、ネーミングはキャッチコピーの役割を果たしてくれるのです。

モノが売れないときの駆け込み寺

ネーミングには、ユニークな作成テクニックが進化する周期のようなものがあります。それは景気後退期にモノが売れなくなると、なんとかネーミングのチカラで売れないだろうかと工夫がなされるからだと思っています。

例えば、1982年の円高不況の頃には長い文章ネーミングが誕生しました⇨（例）資生堂「恋コロン髪にもコロンヘアコロンシャンプー」。

さらに、いわゆるバブル崩壊の折には日本語の漢字ネーミングが目立つようになります⇨（例）パナソニック「画王」、日本コカ・コーラ「爽健美茶」。

1998年の消費増税不況からITバブル崩壊にかけては記号ネーミングが多く見られました⇨（例）トヨタ「bB」、明治「LG21」、資生堂「Ag＋」、リクルート「R25」など。

そして、リーマンショックのあとはいよいよモノが売れなくなったのか、ストレートなそのまんまネーミングが出てきます⇨小林製薬「トイレ洗浄中」、桃屋「辛そうで辛くない少し辛いラー油」。

その後、増加したのが外国語風日本語ネーミングでした⇨コクヨ「ハリナックス」、明治「スッパスギール」、鎌田スプリング「フンデヌーク」。

このように、商品が売れないときの駆け込み寺がネーミングなのです。しかし、平時であってもネーミングのパワーを生かさない手はありません。

ぜひ、少しの時間と知恵を傾け、大切な商品に目立つネーミングをつけてあげてください。

なぜネーミングはメディアで紹介されるのか

あなたの書いたキャッチコピーがどんなにおもしろくても、メディアで紹介されることはなかなかないでしょう。なにしろキャッチコピーは営利組織が一方的に発信する売り文句なのですから。

ところが、ネーミングとなると話は別です。**おもしろネーミングは新聞や雑誌はもちろん、テレビ番組でも取り上げてもらえます。それは、ネーミングが消費者にとって買物情報であることが大きいのではないかと思います。**

私自身、大根の新品種にネーミングした「役者横丁」（JT）は朝日新聞の天声人語やトレンド雑誌の『DIME』などに載りました。キャッチコピーの作品ではありえないことだと思います。

愛知県の樹研工業という樹脂加工会社は、100万分の1gという超微細なギヤを射出成形する技術を持っています。この技術を開発したとき、同社はプレスリリースを配信したのですが、ただ作文をしたわけではありませんでした。

微細なギヤを成形する技術に「パウダーギヤ」というネーミングをして、プレスリリースを配信したのです。たしかに、100万分の1gのギヤはあまりにも小さくてパウダー（粉）のようです。

すると、そのギャップがおもしろいと感じた新聞や雑誌、さらにはテレビ番組までもが同社の技術を取り上げました。そのおかげで同社は認知度が高まり、全国はもちろん、海外からも引き合いが来るようになったといいます。

また、福岡にある筑水キャニコムという農機具メーカーは、製品に「草刈機まさお」や「芝耕作」などのパロティ・ネーミングをつけています。

同社が発表する商品名は日刊工業新聞社「ネーミング大賞」の常連となっており、テレビ番組でも紹介されるなど全国区の知名度を得ています。

同様に、ユニーク家電で知られるサンコーも「スイトリーナー」(水が吸える掃除機)や「後頭部ミラーれる」(後頭部が見やすいミラー)などの、わかりやすく、つい笑ってしまうネーミングを数多く発信しています。

プレスリリースに注力していることもあり、いつもメディアで目にしている気がします。

このように**ユニークなネーミングにはメディアを動かすチカラがあります。ぜひ、ネーミングをテコにしたプレスリリースを作成してみてください。**

Lecture 2 ネットで検索されるネーミングを作成する

ネット検索時代のネーミングとは

いまほどキーワードが重みを増している時代はありません。多くの購買行動は検索からスタートしますし、SNSでも対面でもクチコミが起きるときは言葉で伝えることになります。その言葉がキーワードであり、自社名や商品名であればありがたいわけです。

この事実からも、**"検索されやすい"ネーミングであることはとても重要**だとわかります。

一般にSEOというと、あるカテゴリーのキーワードで検索されたときに、自社サイトがなるべく結果ページの上位に表示されるように対策することを指します。カテゴリーとは、例えば「スマホ」や「バッグ」などです。

ところが、誰もがスマートフォンを所有しているいまは、指名検索の回数が増えています。**指名検索とは、固有の社名やブランド名などのネーミングです。**例えば、「iPhone」や「ソフトバンク」、バッグなら「吉田カバン」や「COACH」などです。

指名検索でこそ上位表示を狙う

カテゴリーで検索されたときに上位表示されることも大切ですが、注力をしたいのは指名検索されたときに自社サイトが上位表示されることです。

指名検索してくれる人は、買う気が満々の見込み客であるともいえます。ファン予備軍ともいえる人の検索結果に、きちんと説明できているページが上位表示されないのではビジネスとして成立しないでしょう。

加えて、**自社ネーミングで検索されたり、SNSで言及されたりすることをGoogleの検索エンジンは評価する**ので、自社サイトの表示順位を高めることにもつながります。とくに狙いたいのは、#（ハッシュタグ）をつけてSNSで投稿してもらうことです。

ちなみに、**自社商品などのネーミングで検索してもらったときに自社のサイトが何位に表示されるかは「検索順位チェッカー」で調べることができます**。実際にGoogleで検索してみるときは、Googleアカウントをログアウトするか、ブラウザのシークレットモードにしてから検索すると偏りのない順位で表示されます。

■指名検索されやすいネーミングにする方法

指名検索をしてもらうには、記憶して検索しようと思ってもらえる動機づけをする必要があります。そして検索結果では上位に表示されなければ意味がありません。

そのためには次のようなステップを意識して、条件を整えていくことが求められます。その条件について、見ていきましょう。

認知 ⇨ 記憶 ⇨ 入力／検索 ⇨ 上位表示

①認知される

ブログやTwitterなどのSNSで目に触れたり、広告やメディア紹介などにより、まずは認知されることが必要です。ある商品カテゴリーでデファクトスタンダードとなって認知が広がることが理想的といえます。

そして「検索してみよう」と思ってくれるかどうかも問題です。役に立ちそうな商品と認識されるネーミングであったり、クチコミで聞いた商品の背景にある物語に興味を持たれるような情報発信を心がけましょう。

②記憶される

記憶してもらうには、前提としてネーミングが読みやすいことが必要です。難読漢字（例・獺祭、吉四六）やアルファベット、記号（例・R$\frac{1}{F}$）を使用すると読みにくくなり、記憶もしてもらえません。英数字の0（ゼロ）とO（オー）、l（エル）と1（いち）とi（アイ）などは紛らわしいのでさけたいところです。

また、基本的にはシンプルで短いネーミングが理想です。長い文章ネーミングは個性的ではありますが、正確に入力してもらうことはあまり期待できません。

例えば、桃屋が「辛そうで辛くない少し辛いラー油」でブームをつくったとき、多くの人が「食べるラー油」で検索しました。ところが、その検索で1位に表示されるのは競合の「食べるラー油」というネーミングの後発商品だったのです。

③入力／検索される

何とか憶えて入力してもらっても、同音異義語の多い日本語では誤変換されることもあります。メジャーになっているネーミングなら、検索エンジンが気を利かせて「もしかして」と適切な結果を表示してくれますが、発売されたばかりのネーミングはそうはいきません。このときは日本語変換ソフトの標準変換であるほうが有利です。

④上位表示される

同名のネーミングがあっても、商品のカテゴリー（区分）が違えば商標登録はできます。ところが検索結果では直接の競合となります。同名のネーミングが人気商品であれば、検索結果の上位を占められてしまい、自社商品のページにたどり着いてもらえないかもしれません。

競合は商品ネーミングだけではありません。例えば、天気予報ができる湿度センサーの新商品に「天気予報」とネーミングした場合、ネーミングでの検索結果は天気予報サイトで埋め尽くされるでしょう。

あるいは、仮に細い折りたたみ傘に「ダイエット」とネーミングをすれば、検索してもらってもダイエット食品やダイエット器具、スポーツクラブなどの表示の中に埋もれてしまうでしょう。

こうしたポイントに留意してネーミング作成をおこなうことで、指名検索を増やし、生かすことができます。

デファクトを目指してブランドを育てる

もっとも強力な指名検索対策は、商品カテゴリーを代表して検索されるブランドになることです。

例えば、宅配便ではなく「宅急便」で検索される、スマホではなくて「iPhone」、温水洗浄便座ではなく「ウォシュレット」で検索される。

かつてなら、携帯音楽プレーヤーではなくて「iPod」、その前は「ウォークマン」でした。属する商品ジャンルの代名詞になってしまえば、多くの人があたり前のように指名検索をしてくれます。

そうなれば、ユーザーの心の中にしっかりと居場所ができることにもなり、ブランドの条件を満たすことにもなるのです。こうした**デファクトスタンダードといわれるネーミングになるためにはどうすればいいのでしょうか**。

いくつかのヒントをあげておきます。

〈1〉圧倒的品質を提供する

競合を寄せつけない、圧倒的な品質や機能を備えていれば、ユーザーから評価され、ファンを生むでしょう。そうすれば、ユーザーはカテゴリー検索をするかわりにブランド名で検索をしてくれます。

〈2〉新カテゴリーをつくる

前項のような圧倒的な品質を有することは容易ではありません。それよりも、1つのカテゴリーの先駆けとなる商品を開発・発売し、パイオニアになればいいのです。

こう書くと、「そっちのほうがむずかしいのでは？」と思うかもしれませんが、私が「ノートパソコン」のネーミングを提供した頃のエプソンは中堅企業でした。1機種のネーミングでしかなかったものが、その後にデファクトになったのはご存知の通りです。

新しいカテゴリーをつくることは、決して不可能なことではないと思っています。新基軸となる市場向けの商品ネーミングをするときにカテゴリーネーミングになるような案も検討してみてください。

〈3〉露出の機会を増やす

プレスリリースや有料広告によって、多くのユーザーの目に触れる機会を増やすということです。これはとても単純なことで、あなたの商品をメディアや店頭、街角で目にしたり、または友人や家族から話を聞いたりして興味を持てば、そのネーミングで検索してみようと行動してもらえるわけです。

チラシやパンフレットなどの印刷物、名刺に「『○○○』の名前で検索してください!」というメッセージを入れておくことも有効です。

手順にしたがって ネーミング案を出す

「型」を使ってヌケもれなくネーミングする

ネーミング作成は、商品企画が固まった段階からスタートすると十分な時間がとれます。ネーミング作成のダンドリを守って進めれば、作業もそれほどむずかしいことはありません。

まず、ネーミングコンセプトの確認やキーワードの抽出をおこないます。次に、本項で述べる性質のキーワードや発想の型を参考にして案出しをしていきます。

出てきた案を評価、選別し、類似ネーミングがあるかどうかをチェックします。最終段階としては弁理士に相談して商標を出願してもらう、という流れです。

次ページの作成手順のフロー図を参考にしてください。

ネーミングの基本は2語の組み合わせ

いちばんシンプルなネーミングの考え方としては、商品の性質や特長、メリットを表す形容詞や名詞をカテゴリー名に冠して「形容詞／名詞」＋「名詞」の2語からなるセットで作成するのが基本です。

料理名などでも、多くの場合はそのような構造になっています。

例えば、「天ぷらそば」や「甘辛炒め」、「野菜サラダ」など。「うな丼」や「オムライス」は一部をカットして、言いやすく憶えやすくしていることがわかりますね。

（例）「ストロングゼロ」、「ほっともっと」、「スマートニュース」、「丸大豆しょうゆ」、「超立体マスク」、「あんしんスマホ」

▎ネーミング作成の手順フロー

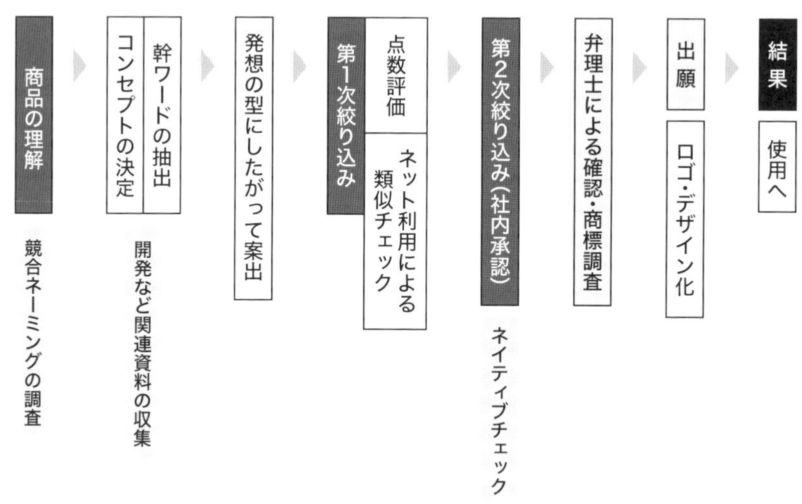

つまり、性質やメリットの言葉を商品カテゴリーや用途などと合体させればネーミングができるのです。そのため、**日頃から性質やメリットの言葉を集めておくことをおすすめします**。

性質、特長、メリットの言葉とは、例えば「高級・上質」や「強い」、「早い」、「〜がない」などです。ほかにも「大きい」、「カンタンな」、「美しい」、「安心な」、「賢い」、「持ち運べる」など、商品のすぐれた特長や性質、メリットを表現する言葉はいろいろあります。商品開発のコンセプトができた段階から言葉を集めはじめるとよいのではないでしょうか。

▎性質・特長・メリットの用語例

「高級・上質」…極上、極み、特選、金の、濃厚、五つ星、EX ほか
「強い」……ストロング、ハイパー、マイティ、タフ、アイアン ほか
「早い」……クイック、高速、ジェット、即、1秒、ダッシュ ほか
「〜がない」…カット、ブロック、ストップ、キラー、バリア ほか
「小さい」…ミニ、スモール、ミクロ、ポケット、ちょい、ベビー ほか
「軽い」……エア、ライト、フェザー、かる、ゼロ、スマート、紗 ほか

ネーミング作成の型を知る

ネーミングに活用する核となる言葉とは、商品のメリットを表すキーワードです。そこで、最初にネーミングに使えるメリットや特長のキーワードを抽出します。

そのキーワードに、発想の参考となる型を掛け合わせてネーミング案を出していきます。コピーライターのような言葉のプロであれば自由にアイデアが出るかもしれませんが、モレなくアイデアを考えるためには参考となる型があったほうがよいのです。

下記に12の発想の型をご紹介しますが、このほかにも他社のネーミング実例なども参考に発想を広げていってください。

発想の型12と実例

①ストレートでいく…明治「おいしい牛乳」、小林製薬「ポット洗浄中」
②カタカナ英語にする…キリン「キリンフリー」、「ヒルトップ」(社名)
③英語以外でいく…小学館「オッジ」、リクルート「じゃらん」
④ダジャレにする…不二家「シフォン主義。」、メトロ電気「隠れfan」
⑤カットする…アサヒ飲料「WANDA」、マクドナルド「スパチキ」
⑥語尾を変える…ライオン「ストッパ」、ピザ宅配「ピザーラ」
⑦合体する…ヤクルト「タフマン」、フランスベッド「転ばなイス」
⑧擬人化する…赤城乳業「ガリガリ君」、タイホー工業※「ふきとり名人」
⑨場所・色にたとえる…三菱電機「霧ヶ峰」、JR「みどりの窓口」
⑩接頭語をつける…エン・ジャパン「エン転職」、パスコ「超熟」
⑪接尾語をつける…ユニクロ「エアリズム」、任天堂「メトロイド」
⑫音感にこだわる…グリコ「ポッキー」、花王「キュキュット」

※現社名はイチネンケミカルズ

Lecture 4

戦略的にネーミングを発想する

ネーミングを省力化して商標登録する

どんな著名なブランドも言葉で認識され、言葉で呼ばれます。つまり、ブランドはネーミングそのもの。よいネーミングはブランドの条件なのです。

そのため、企業のなかにはネーミングの発信者が特定の企業とわかるように、企業固有の接頭語を活用することもあります。

例えばApple社はご存知の「i」です。iPhone、iPad、iTunes、iMacなどです。同様に、パナソニックはパナホーム、パナメディカル、パナケミカルなど「パナ〜」。東レはトレビーノ、トレシャワー、トレシー、トレロンなどの「トレ」です。

Amazonはエコードット、エコーショー、エコーオートなどのエコーシリーズを展開しています。こうしたネーミング戦略は、各企業のブランド戦略と密接に結びついているのです。

上の例を参考にして、**自社ブランドとひもづけて認識される「接頭語」を開発することも効果的だと思います。**

システムネーミングで省力化する

企業には社名があり、その下に事業ブランドがあり、さらに商品の集合体というべきファミリーブランドがあり、最後は単品ブランドがあるという階層を形成しています。

いずれも“ネーミング”であり、それぞれ名づけや商標登録（商号登記）が必要になります。けれども商品数が増えていくと、ネーミングして商標登録することがコスト的に重くのしかかってくることも事実です。顧客にとっても、記憶しなければならないのは一種の負担となります。

そこで、おすすめしたいのが「**システムネーミング**」という考え方です。

これは、**ファミリーブランドの階層に位置する名称には個性的なネーミン**

グをおこない、その下層に属する単品にはあえてネーミングしないというやり方です。

例えば、静岡・焼津には「焼津うめぇもん市場」という印象的な商標があります。ところが、このブランドに属する商品1つひとつには「さばみそ煮」や「まぐろカマ」のように一般名称がついているのみです。

それでも「焼津うめぇもん市場さばみそ煮」とつづければ、これは世界に唯一の商品名となって商標は守られます。

今後、どれだけ商品点数が増えても商標登録の手間やコストはかかりませんし、お客様も記憶しやすい。とても合理的なネーミング計画なのです。

▍焼津ブランドのシステムネーミング例

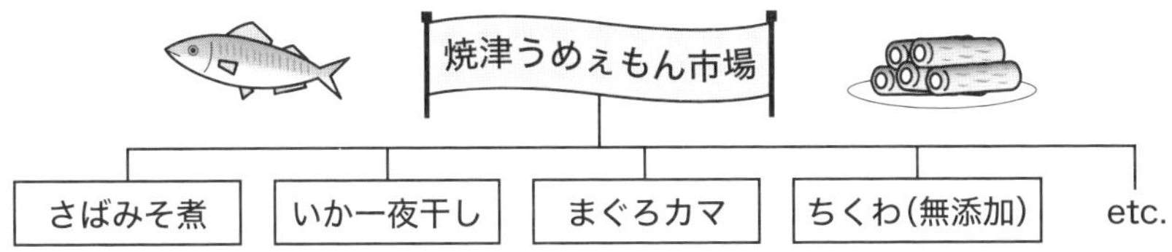

他社のシステムネーミング例としてはフジッコの「おまめさん」や「おかず畑」、「フルーツセラピー」などのファミリーブランドがあります。

おまめさんは登録商標ですが、その下には「やさい豆」や「こんぶ豆」、「黒豆」という一般名称がぶら下がっています。多くの商品を開発・販売する食品メーカーだからこその省力化戦略なのです。

■ 商標登録の知識を持っておく

他者の登録商標と同一、または類似の商標は登録することができません。

登録商標には3種の類似の観念があります。それは、**呼称類似（発音が似ている）**、**観念類似（意味が似ている）**、**外観類似（見た目が似ている）**です。

呼称類似は音が似ているということなのでわかりやすいですし、検索で調べることも容易です。観念類似では、「王様」と「キング」、「鉄腕アトム」と「アストロボーイ」が類似となります。

外観類似では、「アイラシク」と「マイラック」のように形状が似ているケースです。

また、一般的な言葉や、性質を表しているだけの言葉なので区別がつかない商標も登録できません。山田やスズキ、佐藤商店などのよくある名称、またアルミニウムに「アルミ」とネーミングするような普通名称、清酒に「正宗」のような慣用的に用いられている名称などです。

そのほかにも産地名や、性質などを表すだけの商標も登録できません。例えばアサヒビールの「スーパードライビール」がそうでした。「スーパー」に「ドライ」な性質を表しているだけだから、というわけです。そのためにビール各社が追随して同名の商品を発売し、ドライ戦争が起きたのです。

その後、各社が撤退してもアサヒビールだけが販売に取り組みつづけたので、識別性が発生したとして登録に至っています。

インターネットを使って簡易に商標の類似検索をできるのが、特許庁の「特許情報プラットフォーム J-PlatPat」です。

無料で類似商標を下調べすることができますが、検索方法で間違えてしまうこともありますし、他者の出願から登録までの期間もあるので参考にとどめておいてください。

特許情報プラットフォーム J-PlatPat　www.j-platpat.inpit.go.jp/

商標登録できないときはこうする

前項のような理由によって商標登録ができないケースは増えています。そんなときに、どんな対策がとれるかを紹介します。

① 2番目、3番目の候補案を登録する

第1候補のネーミング案が登録できないときは、2番目、3番目の案を登録します。そのためには、有力な候補案を3案ていどに絞り込んで用意しておくことが必要です。

②ネーミング案を少し変更する

例えば「ドムドムハンバーガー」というチェーン店名は、当初は「どんどん安く」から「ドンドンハンバーガー」と登録しようとしていました。ところがすでに登録済みであったため、「ドムドム」となったのです。

同様の事例では、アシックスが草鞋のように履きやすいシューズを「ワラジ」と登録できなかったので、「ワラッジ」と変えて登録しています。

ライオンの液体石けんは「キレイ」では登録できなかったので「キレイキレイ」に変更。焼き菓子の「きび党」は、「きび糖」が登録できなかったので漢字表記を変えました。

③既存商標を買い取る

登録しようとした名称がすでに商標登録されている、しかしその会社は使用していないという場合、登録商標の売却や貸与を打診する方法があります。登録している会社に使用の予定がないのであれば、知財の有効活用になるともいえますので、交渉の余地はあるでしょう。

④放し飼いで使用する

これは普通名称なので登録できない、というケースに限ります。登録できないことが確認できているのなら、他社も登録できませんし、また他社の権利を侵害するという可能性もありません。登録のコストもかからないということになります。

⑤イメージ想起させる

商品のカテゴリーによっては、効果・効能をうたうような名称が薬機法に抵触するため登録できないというケースがあります。この場合は、効果・効能をイメージさせるような表現を検討してみます。

例えば、「スリムドカン」（銀座まるかん）は、「スリム」でダイエットを、「ドカン」で何かが出てスッキリするイメージを感じさせます。しかし、具体的に明言していないので問題ないのです。

Marketing Practices

第 6 章

もっとも有利な価格に決定する

～戦略的に値づけをおこなう～

価格決定はマーケティングの中核と知る

「価格」という情報をコントロールする効果

価格戦略が重要、とはよくいわれることです。実際に**価格決定ほど企業経営の本質に近く、タイムパフォーマンスのよいマーケティング施策もないと思います。**

しかし、企業がはじめて自社商品を発売するようなときの値づけは両極端になってしまうことが多くあります。高すぎるか、安すぎるかのどちらかなのです。

自社商品のことを高く評価するあまり高価格に設定しすぎたり、「安くすれば売れるだろう」と考えて低価格寄りに設定するケースが目につきます。

最適価格に設定する

北陸のある県ではさまざまなブランドのさば缶がよく売れています。ところが、製造している工場はあるメーカーの1ヵ所だけで、じつは同じ原料のさば缶がOEM＊で製造、販売されているためすべて同じ製品だというのです。

そして、いちばん売れているのは、いちばん高い値づけをしている会社のさば缶なのだそうです。

＊OEM：相手先ブランド供給。発注元のブランドで代わりに製造して納品すること。

よい商品を開発することはとうぜんですが、市場に受け入れられるという根拠があれば、適正価格に設定することができるでしょう。

また、「よいものを安く」はすばらしい企業姿勢なのですが、それでは体力勝負になってしまいます。とうぜん、資金力に勝る競合に勝つことはできません。競合に勝つためには、商品がもたらすメリットで勝負しなければならないのです。

価格には「上方への硬直性」があり、あとから値下げすることは容易でも、上げることは困難です。少なくとも、安すぎる価格設定にならないように検討しましょう。支援先企業にも「低価格競争はしないでください」とお話ししています。

大手企業は広告宣伝費を見込んで値づけをしている

では、なぜ低価格にしてはいけないのか。その理由について考えてみましょう。

低価格にしてはいけない理由

1　利益を出しづらくなる
2　値引き競争になり会社が疲弊する
3　安モノを売る会社と思われる
4　客質が低下してクレームが増える
5　ほかに低価格が現れればお客様は去る
6　値下げをすると優良顧客が不満を抱く
7　適正価格で売る努力や工夫が生まれなくなる

〈1〉利益を出しづらくなる

大手企業の販売価格には広告宣伝費や間接部門の経費も折り込まれています。中小企業は多くの広告宣伝費をかけることはないとしても、商品の単純な原価で価格を決めないほうがよいでしょう。

なかには、自社技術に高く売れる差別化点があることに気がつかず、値引き要求に応じつづけている会社もあります。

（例）Apple社iPodの例　販売価格199ドル
利益60ドル（率30%）　マーケティング費用41ドル
組み立て費用8ドル　液晶・電池36ドル　フラッシュメモリー54ドル

〈2〉値引き競争になり会社が疲弊する

よく会社のウリを「QCD」とすることがあります。Q（品質）やD（納期）

でムリをすることも負担ですが、C（価格）でムリをすれば社員への給与に響いたり、仕入れ先の価格をたたくことにもつながってしまいます。

また、安く買いたたくことが仕事である購買部、資材購入課と付き合うよりも、技術を見込んでスペックインをしてくれる設計・開発担当部門とお付き合いをするほうが社内のモチベーションや技術開発力も高まるでしょう。

〈3〉安モノを売る会社と思われる

日本には「価格の高いものは価値のあるもの」と考えている人が多くいます。そうした人たちにとっては「価値の低い商品を販売する会社」と見られてしまいます。

かつて、定価や希望小売価格の表示があたり前だった頃は、その金額がその商品の価値でした。いまはオープン価格があたり前になったため、目利きのできない人にとっては、「安いものは価値のないもの」なのです。

〈4〉客質が低下してクレームが増える

低価格での取引を優先していると、品質はともかく価格さえ安ければいいと考えるお客様とのお付き合いが結果的に増えてしまうことになります。価格のみにこだわるお客様は、なぜかクレームや理不尽な要求をしてくる傾向があるものです。

群馬県の中里スプリングでは、尊大すぎる態度をとったりムリな要求をする失礼な会社は取引を切ってよいことになっています。

売上が減った分は、社長自身が新規開拓をして埋め合わせをするそうです。これこそが「健康経営」だといってよいのではないでしょうか。

〈5〉ほかに低価格が現れればお客様は去る

低価格を武器にすれば販路を広げられると、多くの会社が考えているかもしれません。しかし、低価格に釣られて発注する会社は、翌年にはさらなる値引きを求めてくるものです。価格だけを理由にして選ばれるほどむなしいことはありません。

一般商品でも、バーゲンハンターのようなお客様は、低価格で買いに来て、より安い価格を提示する店舗を見つけると何の未練もなく去っていくものです。

それよりも、あなたの会社の商品や技術を評価して発注してくれる会社と付き合うほうがよほど幸福ではないでしょうか。

〈6〉値下げをすると優良顧客が不満を抱く

価格が下がるのはお客様から見ればよいことなのですが、「では、いままでの価格は何だったのか」と不信感を持つことにつながります。

価格戦略がしっかりできておらず、(いっときのマクドナルドのように) 価格が上がったり下がったりしていると、せっかくのファンも逃げ出してしまいます。

長期顧客を優遇する施策はあってもいいですし、量産効果が出たことで価格が下がるような場合は説明をすれば喜ばれるでしょう。

反対の事例としては、携帯各社は長期愛用ユーザーより他社からの切り替えユーザーを優遇しています。これはユーザーのロイヤルティを毀損する施策です。いくら大金をかけてCMでブランディングをしても、「自分のためのキャリア」としての愛着がわかないことになりかねません。

〈7〉適正価格で売る努力や工夫が生まれなくなる

お客様が、おカネを払わずにはいられない価値を生み出す努力をしてこそ、企業が存在する意味が生まれます。

低価格勝負は規模で勝負する大企業のフィールドであり、中小企業が戦いを挑む土俵ではありません。

■値を下げるより知恵を出そう

人は、高価格品を買うときは、高くても信頼できる店で買おうとするものです。逆に、低価格の生活必需品を買うときは、あれこれ安い店を探し、はじめての商品でも買おうとします。これは価格弾力性*とも通じる話です。

定番以外のディープな品ぞろえや、マイナーなメーカーの商品を扱っているなど、他店にない買物ができれば値引きをせずに売れるはずです。

＊価格が安くなると需要が増える商品を価格弾力性が高いという (P.173参照)。

こども食堂のように、価格が安いことで社会事業となっているようなケースもあるでしょう。しかし、一方でこんな事例もあります。

社会貢献のつもりで低価格の玩具をつくりつづけていたあるメーカーは、創業社長が高齢化したのちに、そのような価格では誰も事業承継をしてもらえないと気づいたのです。そのため、結局は子供たちにおもちゃを届けつづけることができなくなってしまいました。

つまり、適正な利幅をとることは、ビジネスをつづけていく上でも大切であり、ひいてはお客様のためにもなるというわけです。

ということで、**どれほど困っても、値下げは最後の手段。最初は売れたり、感謝されたりしても、低価格はすぐに慣れてしまうものです。**

一度下げれば上げづらく、「知恵を出すより値を下げよう」という、安きに流れる体質が染みついてしまいます。

〈事例１〉粗利80%をとっても喜ばれる？

利益率の高さで知られるキーエンスの価格決定のルールとはどのようなものでしょうか。

シンプルにいえば、商品がもたらす顧客にとっての受益額を折半する、という値づけです。

例えば、原価が10万円の商品であっても、顧客が100万円のコストダウンができるとなれば（100万円÷２=50万円）ということで、売価は50万円（粗利率80%）となります。

〈事例２〉燃費カットはありがたい？

コマツのハイブリッド油圧ショベルは、本体価格は割高なのですが燃費を40%もカットできます。当初は日本で売れるだろうと予想したのですが、実際に売れたのは中国でした。

中国ではユーザーコストの７割が燃料だったので28%ものコスト削減になったのです。しかし、日本では人件費がコストの７割を占め、燃料費は１割だったため、４%程度のコスト削減にしかなりませんでした。

販売価格は、ユーザーの運用コストの中身によって高くも安くも感じられるというわけです。

値上げの必要性と効果を知る

値上げで価値を高める

では、あなたの会社の商品を値上げするとしたらどうなるでしょうか。

その商品の価格弾力性による大小の差はあっても、売上高への影響は必ず出るものです。

1,000円の商品を例にとり、利益金額がどう変化するかを試算してみましょう。※価格弾力性の解説（P.173）も参照してください。

▌（例）価格 1,000円の商品を10%値上げするとどうなる？

〈商品Aの試算〉
販売価格1,000円
（材料費300円 製造費300円 ほかに固定費300万円）
商品Aが1万個売れるとき、売上合計は1,000万円
・原価600万円と固定費300万円を引くと、営業利益は100万円

10%値上げ（販売価格1,100円）し、売上が10%減少（9,000個）した場合
・売上合計990万円 原価540万円と固定費300万円を引くと、
営業利益は150万円　……利益は1.5倍に

・売上が20%減少すると営業利益100万円で変わらず
・30%減少しても、固定費が50万円下がれば営業利益は100万円

値上げにより売上機会が減少しても、必ずしも減益になるわけではないことがおわかりいただけたでしょうか。

売上が減って業務が減少すると、１つひとつの顧客対応が上質化し、値上

げを納得してもらえることにもつながります。

一般に、抱えている顧客の件数と値上げや価格転嫁の容易性には相関関係があり、顧客件数が少ないほど値上げがむずかしいとされています。

■値上げのメリット

では、値上げをおこなうメリットにはどのようなものがあるか、考えてみましょう。

1　高いので質がよいものと思ってもらえる
2　お客様は気に入った商品を買いつづけられる
3　仕入れ先にも適正な利益をとってもらえる
4　粗利を宣伝広告費に使えば売上が伸びる
5　高い給料を払えれば人材管理がラクになる

これらは低価格にするデメリットをひっくり返したものなので、理解してもらいやすいと思います。

ビジネスが永続性を持てるなら、ファンの人はいつまでも使いつづけることができます。きちんと給料を払えれば優秀な人材を確保しやすくなりますし、退職者も減るでしょう。

原材料費の国際的な高騰やインフレ、それに伴う人件費の高騰などは不透明な部分であり、コントロールができません。そうした状況下では値上げせざるをえません。

なかには価格はそのままで内容量を減らしたり、材料品質を落としたりしていわゆる「ステルス値上げ」をおこなう会社もあります。

これは、一度は購入してもらえても、SNSなどで容易に共有されてしまう環境もあり、長期的な視点から見ると企業姿勢を疑われることになるケースもあるので注意が必要です。

■価格で話題になる戦略

「日本一高い玉子」という売り文句を聞いたことがあるでしょうか。

玉子の差別化には鶏の餌や育て方、料理用途限定などをあげることができますが、この場合は「価格」なのです。もともと玉子は高額ではないので、1個1,000円くらいで日本一の価格になります。

価格の裏づけは必要ですが、日本一と聞いたお客様はとにかくすごいのだろう、味はどうなのだろう、と思いを巡らせることでしょう。

そして、商談相手の手土産にすれば印象は強いし話が弾むだろう、と考えるかもしれませんね。

あるいはお弁当ではどうでしょうか。例えば、「特別な日に食べたい最高の味わい弁当」とネーミングするなら、その価格は1,500円くらいでは「最高」とは思ってもらえないでしょう。やはり20,000円くらいの値づけをしてはじめて話題になり、メディアで紹介されます。

ただし、話題になるためだけに価格を上げることは正当なビジネスとはいえません。値上げにはきちんとした理由があるべきです。

そして、値上げをしても買ってもらえるように売るための努力をするとともに、自社の商品を選ぶべき理由を研ぎ澄ませていくことが必要です。

Lecture 3 6つの志向で価格決定を考える

商品に適した値づけ法を選ぶ

価格決定には、いろいろな考え方の方向性、志向性があります。志向性とは利益率や顧客心理、競合などをポイントとするものです。

どの視点を大切にして価格設定するかという優先順位をつけて考えていくことになり、価格決定のアプローチはまさに企業姿勢そのものかもしれません。では、戦略的に価格を決定するための6つの志向を紹介します。

1／原価志向

もっとも標準的な価格決定法です。仕入れ価格に上乗せしたり、得たい利益から逆算して価格を決定する考え方です。

〈1〉コストプラス法

仕入れ価格、製造費、人件費、配送費などの原価コストに一定の利益額を上乗せして決定します。積み上げ式といってもよく、多くの企業で選択されている価格決定法です。

〈2〉マークアップ法

仕入れ価格や製造費などのコストに、一定の率で利益を上乗せして決定するものです。自社のルールとして20％欲しいとか、この業界の標準は15％だ、という基準をあてはめたりします。

〈3〉ターゲットリターン法

全体的な事業規模の想定から、目標とする投資収益率に見合う利益を確保できるように決定するものです。例えば流通業と金融業を比較してみると、投資利回りに対する期待値が大きく異なることがわかると思います。

2／ニーズ･心理志向

顧客が商品に対して抱く価値観や、タイミングによって異なるニーズの強さを反映して価格を決める考え方です。

〈1〉知覚価格法

商品に対して消費者がどれだけの価値を感じるかに基づいて決定します。前項の積み上げ式に対して、知覚で決めるものといってよいでしょう。

例えば、樹脂糸でつくる高反発エアマットレスの原価が数百円であっても、得られる快適な安眠は高価格を払うだけの価値があるわけです。客観的に商品の絶対的価値を知ることができれば、それを勘案して設定することもできます。

〈2〉ダイナミック・プライシング法（差別価格法）

顧客層、場所、季節、時間帯によって設定するものです。以前からあるのがエアコンの販売価格が初夏に高くなり、秋に下がるような季節価格です。

近年では、プロ野球球団のおよそ半数のチームが観戦チケットにダイナミック・プライシングを採用しています。

その他の例としてはホテルの宿泊料金、航空機の運賃などにも適用されています。「空席」があってもなくても固定費が変わらない性質の商品において、いつ、どのような価格で販売すると収益額が最大化するかを、AIなども活用して設定します。JR東日本では割安なオフピーク定期券を導入し、従来の定期券は値上げしています。

〈3〉心理的価格法

□ 慣習価格

顧客層が「こういう商品の価格はこれくらい」と認識している水準に合わせて設定するものです。

□ 名声価格

ラグジュアリー・ブランドなどが、そのステータスを保つために高価格設定にするものです。かつて高価格であったスコッチウィスキーは贈答品として選ばれていましたが、価格が安くなったことで別の高級商品に取って代わられてしまいました。

□ プライス・ライニング

商品をグレード別の価格帯に分けてゾーニングを設定するものです。例えば、100円ショップと300円ショップ、ウナギを松・竹・梅で価格を分けるようなことです。

よく知られているのは、800円のAランチばかりが売れて1200円のBランチが売れないというとき、1500円のスペシャルランチをつくると、極端を回避したい顧客にBランチが選ばれるようになるという効果もあります。

□ 端数価格

スーパーや通販の商品で980円など大台を超えない価格設定をするものです。心理的にお得感を持たせる効果があるとされています。

■ 3／競争志向

市場における競合の価格水準や、同様の価値を代替できる商品を意識して価格を考える方法です。

〈1〉実勢価格法

直接的に競合する商品の店頭価格を踏まえて価格を設定するものです。競合商品との機能差やブランド認知度の違いなども考慮して決定します。

〈1-2〉プライスリーダー追随法

実勢価格のなかでも、とくにリーダー的な企業の価格を意識して設定するものです。携帯電話市場ではソフトバンクが価格設定を変えると、少し時間をおいてauやDoCoMoが同様の変更を実施してその差を吸収するということがよくおこなわれていました。

〈2〉代替価値価格法

商品の提供する価値（メリットや利便性）を代替できる別の商品やサービスの価格を参照して価格設定するものです。

例えば、移動するということでいえば電車、クルマ／シェアリングカー、タクシー、自転車／レンタサイクル、さらに打ち合わせ先への移動に限定すればZOOMなどのビデオ会議や電話も代替と考えられるかもしれません。

〈3〉入札形式法

公共事業など請負契約による受注金額が入札で決定される際の価格設定法です。最安値が選択されたり、発注者が想定する価額の付近で選択されたりする場合があります。

■ 4／販促志向

〈1〉ロス・リーダー価格法

採算を度外視した低価格を設定し、顧客を呼び込む手法です。

コンビニチェーンの「おにぎり100円フェア」やドーナッツチェーンの「○○ドーナッツ100円」などのような特別価格を打ち出すことによって、ついで買いや来店習慣へと導こうとするものです。

〈2〉EDLP法

EDLPとは「エヴリデイ・ロー・プライス」であり、年間を通じて変動しない低価格を約束することで顧客との信頼関係を構築するとともに、販促費を節約する手法です。

米国の小売業最大手ウォルマートがはじめた販売方針で、スーパーにつきものの「特売」をおこないません。特売がなければ広告もチラシも不要であり、特売品を大量に調達する苦労もありません。

〈3〉ハイ＆ロー価格法

EDLPとは反対に、チラシで告知する特売品を設けたり、月間奉仕品などについては価格を下げ、また元に戻すなどのオペレーションをおこなうものです。スーパーとしては伝統的な手法であり、日本でも多くの店舗、チェーンが採用しています。

〈4〉キャプティブ価格法

主製品は安い価格に設定して顧客を取り込み、消耗品で利益を得る価格設定のことです。カミソリのホルダーを無料で配布し、替え刃を高めの価格に設定して成功したジレット社の事例から、ジレットモデルとも呼ばれます。

いまは家庭用プリンタ本体とインク、ウォーターサーバーと飲料ボトル、また携帯電話の購入代金と通話料などに活用例を見ることができます。

〈5〉バンドル価格法

複数の商品をまとめて販売することで割安な価格を設定するものです。

典型例としては、ハンバーガーチェーンのセットメニューがあります。顧客にとって合計価格はお得なのですが、原価の安いドリンクをセットにすることで店舗側は利益率を高めることができます。

不人気なソフトウェアやゲームを、人気のタイトルと抱き合わせ販売することで在庫を一掃しようとする場合もあてはまりますが、行きすぎると顧客からの不興を買います。

また、店舗自体が“バンドル”状態になっているのがドラッグストアです。食品や飲料、菓子などをライバルの量販店より安い価格にして集客し、利幅のとれる医薬品、化粧品の販売で回収するという戦略になっています。

〈6〉プロモーション価格法

キャンペーンなどに参加することで特別な割引が受けられる価格設定で

す。潜在顧客に対してキャンペーンコードやクーポンを発行し、購入を促すものです。プレミアムグッズなどをもらえる場合もあります。

〈7〉現金割引価格法

現金払いなど、自社にとって有利な決済方法の顧客に対して割引を設定するものです。クレジットカードの決済手数料や現金化まで日数がかかることをきらう店舗などで実施されます。

〈8〉まとめ買い割引

まとめて購入すると割引価格になることを提案するものです。客単価を上げて売上金額を高めるための方策です。

■5／商品ライフサイクル志向

商品発売からのライフサイクル上で、どの段階に位置するかを考慮して価格設定をおこなう手法です。

〈1〉導入期

□ スキミング価格法

商品発売初期に高価格とすることで早期の投資回収を狙う考え方です。

スキミングが意味する"上澄み"とは、新基軸の商品に興味を持ちやすいイノベーターや富裕層を指します。

スキミング価格が成立するためには、次のような条件が必要になります。

- 技術革新が早い分野である
- 商品が差別化できている
- 競合・代替品がない、または新規参入が起きづらい

しかし、新基軸の商品であるからといって高価格に設定しすぎると、「魅力的な市場」とアピールする結果になり、多くの新規参入者を呼び寄せることにもつながりかねません。ほどほどの価格であることが"参入障壁"となるケースもあるのです。

□ ペネトレーション価格法

商品発売初期に低価格にすることで新規参入を阻止するという考え方です。ペネトレーションとは"浸透"を意味し、早期に市場への浸透を図ることでシェアを確保する考え方です。

キャッシュレス決済の市場が立ち上がったとき、破格のキャンペーンを実施することでシェアを拡大する戦略をとったPayPayなどの戦い方も同様の

事例といえます。ペネトレーション価格を採用する前提としては次のような条件が考えられます。

- 革新的な商品とはいえない
- 新規参入が予想される
- 大量生産が可能である
- 価格弾力性の高い商材である

以前にマーケティングを担当していたカシオ計算機では、斬新な製品に想定よりも安い価格設定をして大ヒットに導き、量産メリットを享受するとともに、新規参入者を足止めするという戦略が奏功していました。

プロダクトライフサイクルと価格戦略

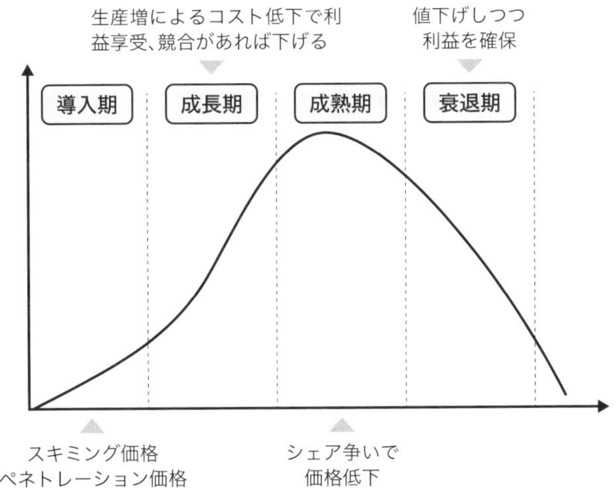

〈2〉成長期

□ コスト逓減価格法

商品の生産が軌道に乗ることによって製造コスト低下がもたらされた場合、その利益を享受しつつ販売価格を逓減させていく考え方です。

市場に競合商品や代替商品がなければ値下げをしない選択肢もあります。

〈3〉成熟期

□ シェア維持価格法

市場が成熟する段階で類似商品が現れてシェア争いが起きた場合などに、シェアを確保するために値下げをおこなうやり方。前項の成長期に見るような生産効率の向上があれば、それを値下げ原資とすることができます。

〈4〉衰退期

□ 利益獲得価格法

衰退期を迎えた商品において、市場からの退場を視野に入れつつ値下げをしていくやり方です。

衰退期の商品は認知拡大のための広告出稿や生産設備の拡充に新たな投資が発生しないため、販売個数は少ないものの利益率は高いこともあります。その利益額を値下げの原資としつつ、終末の利益額を最大化する戦略です。

■ 6／その他

- □ リースやレンタル価格の設定。これにより支払いの敷居を下げたり、固定資産税ではなく経費で計上できるようにする
- □ フリーミアム価格（ゲームなどで基本部分は無料、その他は課金になる）
- □ 定額制、サブスクリプション
- □ ポイント付与による実質値引き
- □ 仕入れ先（メーカー）の希望販売価格に沿って設定
- □ 組合販売など、個々に購入した場合より割引をおこなう（団体割引）
- □ PB（プライベートブランド）を相場より安く、利益の出る設定にする
- □ 店舗内ラインナップでの位置づけを考慮して設定する
- □ 量販店や市場（いちば）での対面販売による交渉値引き
- □ 再販売価格維持。文化の発展・流通や、消費者に不利益をもたらさないように定められた「法定再販品目」（書籍、雑誌、新聞、音楽ソフトなど）
- □ アイドルタイム（遊休時間。飲食店では来店客が少ない時間帯）のみ使えるコーヒー割引券は、いわばお客様に価格を選んでもらうシステム

多くの場合は、以上のパターンで価格決定されることがほとんどです。次項からは、さらに深掘りした価格決定のあり方について説明していきます。

最適価格を利益変化から決定する

価格弾力性から最適価格を導き出す

価格弾力性とは「ある商品の販売価格が変動したとき、それによって需要がどのくらい増減するかの度合いを数値化したもの」のことです。

価格弾力性が大きければ値下げによって需要が増えると考えられ、小さければあまり変わらないとされます。

数値は計算式によって求められ、計算結果が1を上回ると「価格弾力性が大きい」とされ、1を下回ると「小さい」と評価されます。

例えば、天ぷら油や洗剤のように買い置きができる商材は価格弾力性が高くなる傾向が見られ、反対に携帯キャリアなどスイッチングコストが高い商品、サービスでは価格弾力性が小さくなる傾向があります。

▍価格弾力性の計算方法

価格弾力性＝需要の変化率（%）÷価格の変化率（%）

〈計算例〉

高級食パンの価格を500円から400円へと値下げした（－20%）。

売上個数が100個から110個へと増加した（＋10%）※絶対値で計算。

10%÷20%＝0.5

⇨1を下回っているので、価格弾力性は小さいといえる

価格弾力性が大きい商品例：天ぷら油、洗剤、不動産、宝飾品、自動車

価格弾力性が小さい商品例：医薬品、ガソリン、携帯キャリア、PCソフト

価格弾力性をどう生かすか？

価格弾力性が大きい商品は、値上げを慎重におこなうべきであり、反対に値下げをすれば売上増加の効果が見込まれるということになります。

また、価格弾力性が小さい商品では、値下げをしても売上増が期待できないことを考慮するべきということになります。

つまり、価格弾力性という指標を参考にして価格設定をおこなうとともに、値引きセールをおこなうときには対象商品を選ぶときの基準にすることができるのです。

最適価格を導き出す考え方

価格弾力性が大きい商品では販売価格を安くすると多くの個数が売れることになりますが、1個あたりの利益は小さいため利益の総額は大きくなるとは限りません。

一方で、利益を大きくするために販売価格を高くした場合は、1個あたりの利益は大きいものの販売個数は少なくなるため、やはり利益の総額は大きくなりません。

利益の総額が最大化する価格は、上記の両者の中間に位置するはずです。これを、グラフで見てみましょう。

▌利益変化から最適価格を知る

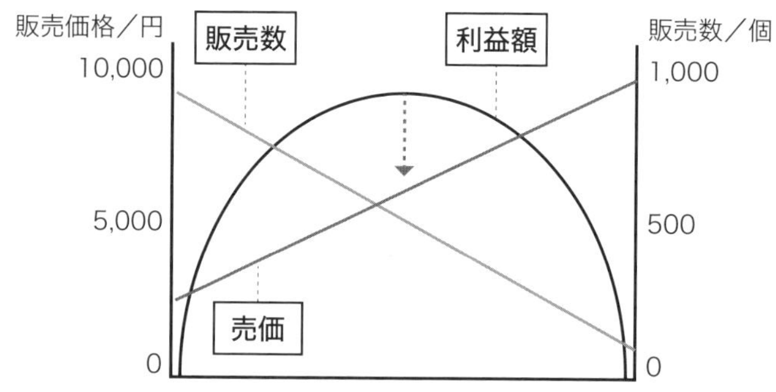

前ページのグラフを見ると、販売価格（左の軸）が上がるのにつれて販売数（右の軸）は反比例して下がっていきます。それによって発生する利益額は、左から右へ進むにしたがって増加し、あるポイントを超えると下落していく「アーチ型」になることがわかります。

利益額を表すアーチ型のラインの、もっとも高い場所が利益総額の最大化するところであり、そのとき（真下）の金額（このグラフでは6,000円付近）こそが理想的な販売価格であることがわかります。

こうした考え方は、政府がどれくらいの率で関税や消費税をかければよいかを検討する際に活用することもあるようです。商品価格決定においても、AIなどの導入も併せておこない、利益を最大化することができるわけです。

最適価格を「PSM分析」から推定する

感覚感度測定により受容価格帯を把握する

PSM分析（Price Sensitivity Measurement）とは、購入者の販売価格に対する感覚から、受容価格帯を解析する手法です。まず、顧客に次のような4つの質問に回答してもらいます。

Q1　あなたはいくら以上だと「高い」と感じますか？
Q2　あなたはいくら以上だと「高すぎて買えない」と感じますか？
Q3　あなたはいくら以下だと「安い」と感じますか？
Q4　あなたはいくら以下だと「安すぎて品質に不安がある」と感じますか？

顧客にとって価格とは「支出の痛み」です。その痛みを知ることから価格設定をおこなうということですが、第4章のマーケティング調査の項目でも書いたとおり、顧客はなかなか本音を教えてはくれません。

そのため、こうした調査は他の施策と併せておこなうことで参考とするのがよいでしょう。

顧客の感度で価格設定するPSM分析

PSM分析は、「**価格感度測定**」とも呼びます。調査結果の例を視覚化すると、次ページのようなグラフとなります。

グラフに見える4本の曲線は、先の4つの質問に対する回答者数の割合を表しています。4本の線が交差するポイントが、それぞれ価格に対する性質を表します。

まず「**下限価格**」とは、顧客が「安すぎて品質が心配」と感じはじめて買わなくなるポイントであり、販売側もセール価格として設定したとき数量は増えても利益は出しづらい価格となります。

PSM分析の結果を見える化すると

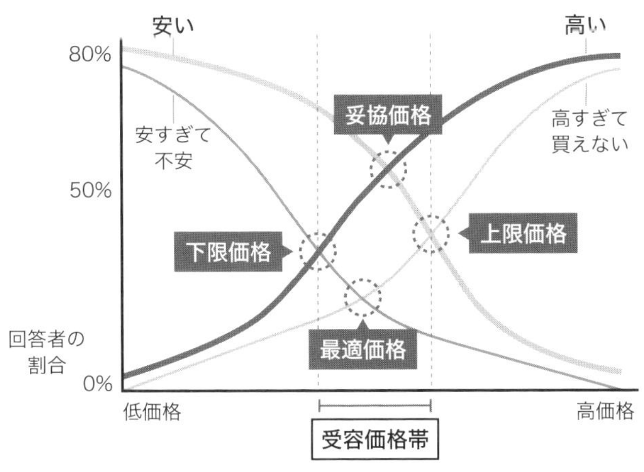

「**最適価格**」は、顧客の「高すぎる」と「安すぎる」という心理的抵抗感が最小になるポイントです。顧客にとっては買いやすい価格ですが、販売側はここで採算がとれるかどうかの検討が必要です。

「**妥協価格**」は、顧客が「これくらいは仕方がない」と受け入れるポイントであり、トップシェアを握っている販売者はここに落ち着くことが多いとされます。

「**上限価格**」は、どれほど品質がよくても、これより高いと購入されづらくなるポイントです。何か特別なプレミアム性があるか、まったくの独占市場でなければ成立しない値づけであるといえます。

PSM分析は顧客視点での価格検討に効果的であるといえます。ただし、原価コストを考慮しない価格が導き出されることもあるなど、実施できない結果に落ち着くことも少なくありません。

また、具体的な価格を提示して「この価格だとあなたは買いますか？」とシンプルに訊ねて調査する方法を「**CVM分析**」(Contingent Valuation Method) と呼びます。

こちらは販売側と顧客との接点を見つけることができる調査であるといえるかもしれません。

「プロスペクト理論」から価格を考える

「期待価格」を動かして価格決定する

人は買物をするとき、商品価格に対する自分なりの基準点や相場観を持っています。提示された価格がそれより安ければ「おトクかもしれない」と思いますし、高ければ「これを買うとソンをするのでは」と警戒をします。このような**基準価格のことをリファレンスポイント（参照点）と呼びます。**

損失を多大に感じるリファレンスポイント効果

リファレンスポイントでは、損失を実質より強く受け止める心理的傾向があることがわかっています。

これは行動経済学で「**プロスペクト理論**」と呼ばれるものです。

例えば、1,000円の値下げをした場合、値下げ後に安く買えた人は喜びますが、自分の購入後に値下げがあったことを知った人はそれを大きく超える不満を抱きます。

プロスペクト理論と参照価格

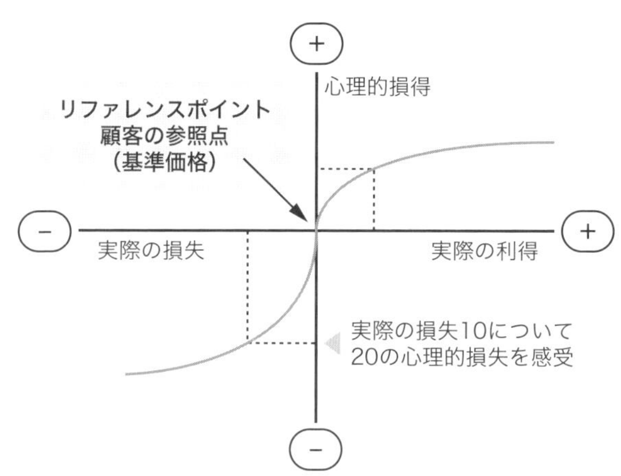

カンタンにいえば、「現実の損失と心理的に受ける損失は異なる」ということです。前ページの図を基に説明します。

例えば、パーティのビンゴ大会で1,000円もらえたときは「1,000円分」のうれしさがあるとします（実際の利得＋10は心理的には＋10）。

ところが、別の日にポケットの1,000円を落としたことに気づいたときの落胆は「2,000円分」にも感じられるというものです（実際の損失－10は心理的には－20）。

リファレンスポイントを価格決定に生かす

では、価格を決定する際にリファレンスポイントをどのように活用すればよいのでしょうか。ぜひ次の3つの方法を参考にしてください。

▶リファレンスポイントを知る

顧客が抱く相場価格を前項までの方法で把握していれば、その範囲内で値決めをおこなうことができます。結果として、受け入れられやすい価格決定ができることになります。

また、その価格内に収まる仕様で商品企画を考えることもできるでしょう。

▶リファレンスポイントをズラす

オプション選択や価格設定を複雑にすることで、価格の高低を感得しづらくするものです。

携帯キャリアの料金プランは、複雑化することで顧客にリファレンスポイントをつかみづらくさせる効果を生んでいます。

一般商品でも、セット価格や消耗品の分離、リース価格、保証期間延長プランの設定、サブスクリプション価格の提示などでリファレンスポイントとの比較をしづらくすることができます。

▶リファレンスポイントをつくる

従来にない商品の場合は、比較する対象がないため「言い値」となることがあります。

エナジードリンク（レッドブルなど）のような新基軸の商品は、市場投入されたときの価格を見て顧客も「そんなものか」と思うしかないのです。

また、テレビ通販番組での誘導はどうでしょうか。

例えば、掃除機の機能性を紹介したあとに、ゲストに「これは高いのでしょうね！？」や「以前、私は5万円で買いました」などといわせ、高めのリファレンスポイントをつくります。

そこへ、「ただいまキャンペーン中ですので39,800円です！」、さらに「でも、下取りする掃除機があれば1万円でお引き取り」、加えて「いまなら布団用ノズル、充電台もおつけします」、「1時間以内のご注文で送料が無料!」と畳みかけることでリファレンスポイントと販売価格の間を広げていき、お得だと思わせるのです。

こうして考えると、「**価格は情報**」なのだということがわかってきます。

例えば、お手軽なフレンチとして店舗展開している「俺のフレンチ」では、メディア取材などを通じて「食材コストの比率が高い」とアピールをしました。

これにより、立ち食いスタイルの割にメニュー価格が高くても（これはお買い得なのだ）と信じさせることに成功しています。

また、ライザップのダイエットプランが「結果にコミットする」ことについても、料金の高さという側面は見逃せません。「この高価格だから効果がある」という説得力につながっているのです。

「高いから売れる」という現象を「**ヴェブレン効果**」といいます。これは価格決定6つの志向で説明した名声価格とも共通するものです。

＊行動経済学についてはP.344も参照

Marketing Practices

第 7 章

流通チャネルを決める

～商品をどんな経路で購入してもらうか～

Lecture 1

流通チャネルを戦略的に決定する

→ どの流通販路を選択するべきか

流通チャネルとは、商品が製造者から消費者に渡るまでの経路のことで、各業界において、もっとも効率的にユーザーの手に届くよう構築されます。

インターネットの普及は、さまざまな商品がネット通販で購入される機会を増やしました。その結果、代理店や問屋が"中抜き"されたり、店舗で下見をしてネットで購入するショールーミングが目立つようにもなっています。それでも、問屋には総取引数を減らす効果があり、ファイナンスやリスク分散の役割も果たしているのです。そうしたメリット、デメリットを勘案して流通チャネルを選択します。

▍商品流通を効率化する問屋制度

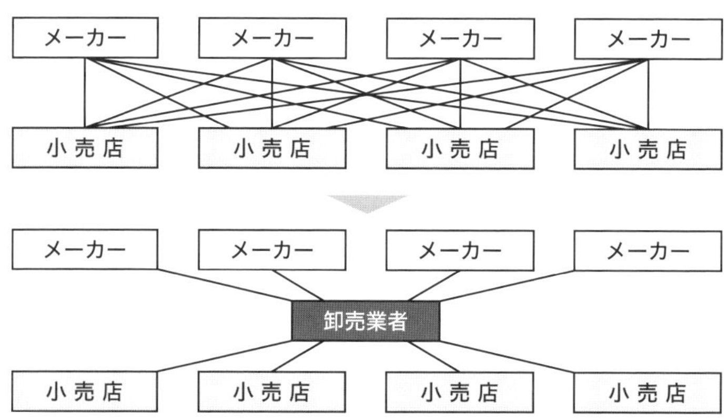

流通チャネルの選択は販売戦略である

サントリーの別事業として1925年にスタートしたスモカという会社では、広告クリエイターの鬼才、片岡敏郎が流通チャネルをとても重要視していたことがわかります。彼は、全国で定価販売ができ、代金回収がしやすい流通販路はどこかをまず検討し、たばこ店に着目します。そして、このルートで売れる商品は何かと考えて商品開発したのが、タバコのヤニとりに特化した歯磨き粉だったのです。

商品開発よりも先に流通ルートを計画するというのは極端な話です。しかし戦後、同商品が衰退していった原因も、独占禁止法の施行により販路の集約ができなくなっていったことだったのです。

また、スーパードライでビール業界をひっくり返したアサヒビールは、それまでの市場観念とは異なり、「鮮度＝うまさ」を強調する訴求戦略をとりました。その戦略を実現するため、流通チャネルもコンビニと酒類量販店という短時間で消費者に届くルートに集中し、大きな成功を収めました。

流通チャネルの選択は販売戦略である

インターネット通販は、1990年代にパソコンソフトや航空チケットからはじまりました。Amazonも、スタートは書籍や音楽CDソフトなどでした。つまり、送料が安く、どこで買っても性能や価格が変わらない商材が対象だったのです。

次は店頭で買いづらいもの、コンプレックス系や重量が重い商品でした。

例えば、育毛養毛シャンプーの「スカルプD」は、当初はネット販売に集中していました。

こうした商品は、近所や女性がレジを打っているような店舗では買いづらい人もいます。かといって遠くの店舗で買うには、水物商品なので持ち帰るのには重い。つまり、通販・宅配に向く商品なのです。

一方で、服飾は生地に手で触れたり試着をしてサイズを確認してから購入したいという顧客層は少なくありませんし、野菜や刺身などの生鮮品などは近所の店舗で買うことがまだ一般的です。

ただ、Z世代の登場によりスマホで洋服や靴をカンタンに購入したり、生鮮品をネットスーパーで注文して数時間後に配送してもらうという消費形態も増えています。

アパレルもネット接続の高速化やPC液晶の高精細化を受けてネットで購

入されるようになっていきました。決め手は、ZOZOサイズのようにメーカーによってまちまちなサイズ感を統一して提示したり、返品自由の仕組みをつくったりすることでした。

ユニクロでは、さまざまな身長体型の社員やモデルが着ている写真や動画をアップすることで着こなしの体感を提示しています。レビューでも、サイズ感を書くようになっています。ネット通販に向いていないとされる商品カテゴリーも対策次第なのです。

流通チャネルの「3流」と各特性による選択要因

メーカーが消費者へダイレクトに販売する形式を、「**直接流通チャネル**」と呼びます。一方、中間に卸売業者や小売業者を介在させる形式を「**間接流通チャネル**」と呼びます。

間接流通チャネルは、広範囲の消費者に効率よく届けることができるため多くの商品において主流となっています。

流通の主な機能には次の「3流」があります。

（1）商品の流れである物流
（2）代金の決済にかかわる商流
（3）情報の流れであるデータ流

消費の形態や商品の特性、求められる機能によって、最適な流通チャネルのあり方が決まります。次にあげる観点から流通チャネルを検討、選択していってください。

①顧客特性

販売しようとする商品の潜在顧客はどこにどれくらいいるか、に着目して判断する考え方です。顧客層が限られた地域や業界に集中しているのか、全国に分散しているのかによって、流通チャネルに求められる性質は変わってきます。

一般に、BtoBに比べるとBtoCの商材は不特定多数の顧客に販売することが多いため、流通チャネルは広域、煩雑にならざるをえません。

海外へも販路を広げるなら、現地に代理店などの仲介業者を置くか、越境ECで販売するかなどを検討することになります。

また、顧客視点から流通チャネルを見た場合、商品が必要になったときにいつでも購入できる、入手できるという「空間的・時間的利便性」を満たしてほしいというニーズがあります。

さらに、サイズやカラーリングなどが選択できる「品ぞろえ」、商品に合わせて必要になる「付随サービス」が得られること、そして目的としている体験や感動が得られること、が満たされれば流通チャネルの機能としては十分であるということになります。

▌流通チャネルの長さを選択する

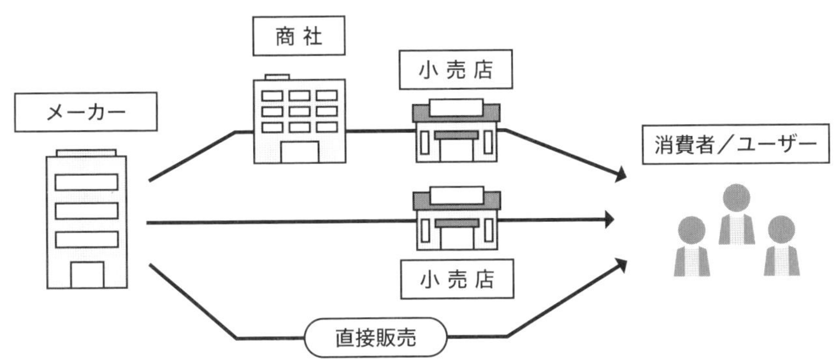

②商品特性

低価格の商品を大量販売するのか、高価格商品を少量販売するのかなど、商品の性質によっても流通経路は影響を受けます。単価の低い商品は広範囲の顧客に購入してもらう必要があるため、単価の高い商品に比べて多段階の流通チャネルとなる傾向があります。

また、家具のように大きくカタチがあるものか、パソコンソフトのようにデジタルでも送れるものか、あるいは常温物流なのか、チルド・冷凍物流なのかによっても異なります。

または、こだわって買われる買い回り品か、それとも最寄り品か、専門店でのていねいな説明接客が必要か不要か、なども流通チャネル選択に影響を与えます。

③自社特性

全国へ広がる営業部隊を社内に有し、直販体制を構築する体力があれば理想的です。顧客とダイレクトに結びつくことができ、価格コントロールも容易になります。マーケティング情報をリアルタイムに入手することも可能になるでしょう。

しかしその反面、営業対応や在庫保管、配送、集金、クレーム対応など、膨大な作業が発生する現実があります。情報システムや人材への手当てに経営資源を振り向けることも必要になります。中小企業がはじめて自社商品をつくって販売するようなとき、そうした業務やマンパワーを外注するのが代理店や卸問屋を挟むことだと考えることもできます。

④競合特性

競合企業と自社がどのような流通チャネルを採用しているかは、まさに競争力の差になります。顧客にとってより購入しやすい流通チャネル選択をすることができれば、それは差別化点の一つになるのです。

また、P.26で述べた「企業の4つの競争ポジション」から考えると、マーケットリーダーであれば店頭やECポータルなど顧客との接点を数多く押さえる戦略をとりますし、チャレンジャーやフォロワーはその戦略に合わせる一方で、リーダー企業のヌケやモレが見つかればそこを攻めることになります。

そして、マーケットニッチャーはそれまでの業界常識からは外れたユニークな流通チャネルを発見、開拓する道を進むことを考えるべきでしょう。

⑤流通特性

もっともユーザーに近い小売店などが、自社商品に十分な露出度とシェアをもたらし、売上を最大化してくれるかどうかは慎重に評価する必要があります。その流通業者が競合の商品に重点を置いて展開しているとなれば慎重にならざるをえません。

また、中間に流通業者が介在すれば、とうぜん各段階でマージンが発生します。これらの流通コストが適正であることが重要です。そうでなければ、自社に利益が残らなかったり、ユーザーの支払額が不当に高くなってしまいます。そのほかにも、自社に顧客のマーケティング情報を提供してくれるか、販売促進策に協力して一体となって推進してくれるか、また信用や財務体質は良好かなども注意すべき点であるといえます。

流通チャネルの長さと幅

流通チャネルには長さと幅という概念があります。

「長さ」とはタテ方向に介在する卸・小売業の段階数であり、前に述べたとおりです（P.185の図を参照）。一方、**「幅」とは階層ごとのヨコ方向に参加する卸・小売業の数**を指します。

流通チャネル政策の類型

開放的チャネル政策	できるだけ多くのチャネル、卸売業者に製品を取り扱ってもらう	
選択的チャネル政策	ある基準に基づいて流通業者を選別し、優先的に供給する	
独占的チャネル政策	チャネルの幅を限定し、限られた流通業者に専売権を与える（特約）	
直接的チャネル政策	ネット通販や訪販などにより直接、販売する	

流通チャネルの幅は、どのように流通チャネルをコントロールし、活用していくかという政策に関わるものです。流通チャネル政策は次のように分かれます。

①開放的チャネル政策

主に日用品や食品のような最寄り品など、あまりこだわりを持たずに近くの店舗で購入するタイプの商品に適しています。商品が並ぶ場所が多ければ大量販売に有利となります。

ただ、取引先が多いと得意先管理が煩雑になりますし、小売店側からの協力も限定的になります。

②選択的チャネル政策

例えば、化粧品や家電のように商品特性ごとに販売力を持っている量販店を選ぶケースです。商品説明にも慣れているので販売のための努力が容易になります。

その一方で、取り組む相手の系列の選択がうまくいかないと効率的な協力が得られず、成果に結びつきません。

③独占的チャネル政策

自動車ディーラーやガソリンスタンドのように、ほぼ系列化が進んでいる業態に多く見られます。ブランドイメージの管理やアフターサービスの提供も容易です。

ただし、特約を結んでいる店舗の数が少ないと、市場での露出度が限定的になり、認知度が上がらないこともあります。

④直接的チャネル政策

「長さ」の短いダイレクト販売とほぼ同じです。ポーラ化粧品やヤクルト専売所のような形態です。管理はたいへんであり、窓口も限定的となりますが、利益率は高くなります。

Lecture 2

インターネットに販路を求める

体力に合わせてEC通販に取り組む

自社商品の効率的な販路を考えるとき、インターネット通販は必ず検討対象にあがってくるものです。そのときに問題となるのは次の3つでしょう。

- 決済手段をどうするか
- 発送業務をどうするか
- 販売ページをどうするか

販売ページは企業ウェブ内にも設置できそうですが、問い合わせフォームから注文を受けて1件ずつ手作業で対応するのか、ショッピングカートを設置できるのかなどは悩ましいところです。

さらにクレジットカードなどの決済手段を自前で用意するのは容易ではありません。また、発送業務も場所や人手の問題があります。

コストと難易度順・ネット販路の構築

そこで、企業がはじめての自社商品を販売するような場合、コストや難易度が低い順にネット活用の手法を説明していきます。

〈1〉出品する

Amazonマーケットプレイスやモノタロウなどの通販ポータルに「出品」だけすることで、発送業務も代行してもらうものです。

Amazonや楽天に「出店」し、注文に応じて自社が発送することもできますが、相当なマンパワーが必要になります。

出品であれば、各通販ポータル会社の物流センターなどに一括で納品するだけで、あとは注文に応じて個別発送をしてもらうことができるのでとても便利です。

決済に関しても、通販ポータルが用意している決済手段を利用することができます。クレジットカード決済やポイント払い、通信各社の電子決済のほか、お客様が求める主要な決済手段は用意されており、それを利用することが可能です。

いわゆる代引きは減少しており、クレジットカードや○○pay、PayPalなどの利用が増えてきましたが、自社サイトにクレジット決済を実装するのはまだハードルが高いといえます。

〈2〉出店する

楽天市場やYahoo!ショッピングなどの通販モールにテナントとして「出店」するものです。

日々、通販モールには膨大な買物客が訪問するので、集客の手間がありません。そのため、出店の基本料金（Yahoo!ショッピングは無料）がかかるほか、売上に応じたチャージ料金が発生します。

また、楽天であればキャンペーン告知のメルマガが定期的に配信されるなどの施策も豊富ですが、キャンペーンの原資負担やメルマガ掲載の料金は別途、求められることが多いようです。

サイト構築は容易ですが、購入したいアイテム名でユーザーが検索をする結果に表示されるように説明テキストを最適化したり、ページ構成を考える必要があります。

〈主なECモール〉
楽天市場　Amazonジャパン　Yahoo!ショッピング
auPAYマーケット　Qoo10　ZOZO TOWN

〈3〉ストア構築サービスを利用する

ショッピングカートやクレジットカード決済などの機能を搭載した「ストア構築サービス」を利用するものです。

独自ドメインのショップを開店することができ、決済手段も利用することができます。ただし、集客については自分たちでの工夫が必要になります。

ストア構築サービスは多くの提供会社があり、料金プランはそれぞれに異なりますので、自社商品の性質を勘案して決めるとよいでしょう。

また、単品だけの通販をするような場合は、商品販売ページに決済サービスだけを利用するカタチもできます。

これは、自社でウェブページやLP（ランディングページ）など独立したページを用意して商品紹介を掲載し、クレジットカードや電子決済などがそろっている決済サービスを利用するものです。

▎主なストア構築サービス

〈月額費用有料サービス〉
makeshop、ショップサーブ、futureshop、カラーミーショップ、Shopify　ほか
〈月額費用無料サービス〉
BASE、STORES、FC2ショッピングカート、ゼロショップモール、stripe、イージーマイショップ、ネクストショップ、Ameba Ownd、Jimdo　ほか

〈4〉自社ECサイトを構築する

自社ですべての機能を搭載した通販サイトを構築するものです。

集客は自社でおこなわなければなりませんし、決済サービス各社との契約が必要であり、カート機能などもすべて装備するのでとてもハードルが高いといえます。ウェブページ作成の料金も100万円以上はかかります。

ただ、お客様のメールアドレスなどはすべて自社が独占できますので、将来的には目標としたい形態です。

最初はメジャーなECモールに出店することで集客し、リピート顧客には自社ECサイトでのみ使用できるクーポン番号を発行して誘引するやり方をとっている会社もあるようです。

Lecture 3

「オムニチャネル戦略」を導入する

時間や空間の制約を超えて購入機会を提供する

ネット通販の隆盛によって機会ロスを生じていると考えたリアル店舗の流通チェーンなどが取り組んでいるのが、「**オムニチャネル**」です。

オムニとは「すべて」という意味で、リアル店舗とネット通販とを融合させ、いつでもどこでも商品を手にすることができる体制を提供するものです。

なぜ、いまオムニチャネルが推進されるのか

Amazonを代表とするネット通販は、低価格と幅広く多岐にわたる品ぞろえ、そして24時間スマホからでもカンタンに注文できる利便性で取り扱いシェアを拡大してきました。

これに危機感を覚えたリアル流通チェーン自らがECサイトを立ち上げ、対抗しようというのがオムニチャネルです。

リアルとネットを統合しようとする考え自体は新しいものではありませんが、スマホとSNSの普及によってリアル店舗のショールーミング化が加速し、あらためて推進が叫ばれるようになりました。

そもそも顧客は店舗やECサイトを単独で見るのではなく、さまざまなチャネルを使い分け、渡り歩くようになっています。こうした顧客の行動に合わせ、販売チャネルを1つだけではなく複数を用意し、顧客が買いたいと思ったタイミングで購入できるような体制を構築すればいいというわけです。

また、IT技術の進化で顧客の行動を従来よりも正確に計測できるようになったことも1つの要因といえます。あるチャネルでの購買データをほかのチャネルでも活用することができれば、より的確な推奨情報を顧客に届けることができるのです。

以上のような消費行動の変化と、技術の進化を受けて、オムニチャネルが

注目されるようになっています。

オムニチャネルのメリットは、一つは機会ロスをなくすということです。欲しいと思ったらすぐにスマホで買える、あるいは洋服を買いに行ってサイズがなかった場合は、ECサイトから送ります、というわけです。

もう一つは購買シナジーが期待できるということです。セブン&アイでは「omni7」を展開し、ネットショップで注文した商品をセブンイレブンの店頭でも受け取れるようにしていました。

そうすると、店舗に来たついでに買物をしてくれるかもしれません。あるいは、ECサイトを見ている顧客へ、日頃の店頭での購買行動からレコメンド（おすすめ）商品を表示することもできるというわけです。

そして、発注や生産、在庫を一元管理できれば、欠品や不良在庫を減らしたり、効率化やコストダウンを図ることもできます。

▍オムニチャネル戦略の接点

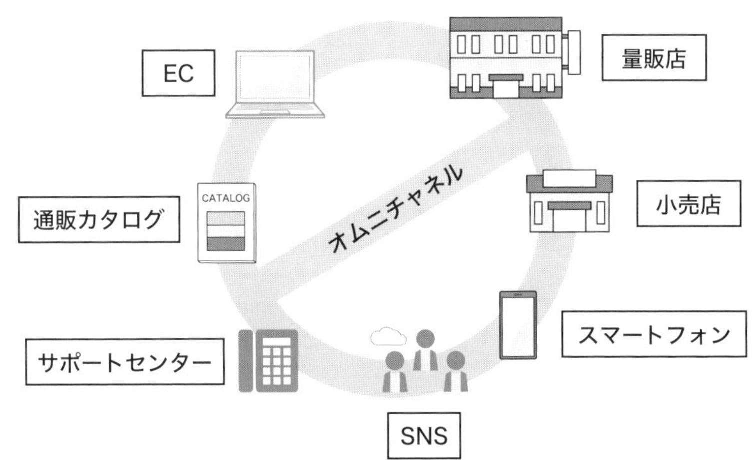

成功事例としては、無印良品のパスポートアプリがあげられます。在庫検索やクーポンの発行、ニュース配信、そして購入や来店でマイルが貯まるなど、実店舗への誘導ができているとされています。

また、米国のウォルマートでは、顧客はECで注文して、デリバリーではなく店舗でピックアップするというカタチで売上に貢献。とくに感染症の影響でさらに拡大しました。

■ショールーミングに対抗する

店舗で説明を受けたり、サイズを確認しておいて購入はネットから、という店舗の「ショールーミング化」が問題になっていますが、それを逆手にとるかのような店舗展開が目立っています。

中国のアパレルメーカー、SHEINはネット通販で急成長しましたが、直営店舗を日本の原宿に世界で初めて出店。しかも、店舗はショールーム機能のみで購入できないということで話題になりました。

ZOZO TOWNが初出店したショップも、常駐するスタイリストが似合う服を提案してくれるものの、購入はできません。服飾のECポータル大手として、洋服の素晴らしさを啓蒙して市場規模を拡大しようとしているのかもしれません。

また、シリコンバレー発で、日本では東京、埼玉などに数店舗を展開している「b8ta（ベータ）」は、スタートアップ企業などの新しい商品ばかりを陳列し、触って試用したり説明を聞いたりすることができるショップです。

これは売場の面積を企業に賃貸し、来店客の行動データを提供するというビジネスモデルで、商品を「買うこと」もできます。

いずれも、リアル店舗でなければできないことや、サービスを提供しています。リアル店舗にはリアルだからこその機能性があることを試している段階だといえるでしょう。

■海外へ販路を求める

被災3県のビジネスについて復興庁で話をしていると、インバウンドで落とされるおカネも大きいが、やはり製造業が雨の日も風の日も、感染症が流行しても生産をつづけた商品がコンテナに積載され、大量に世界へ販売されていくおカネのほうが大きい、という話題になったりします。

人口が減少していく日本市場だけを対象としていては閉塞感を免れません。

海外に販路を求めるなら、まずは現地視察や市場調査などからはじめる必要があります。市場調査では、欧米や東アジアはもちろん、どの地域にも日系の専門会社があります。

また、商社に持ち込んで販売してもらう選択肢もあります。三菱商事や三井物産のような大手以外に、得意地域を持つ中小の商社は無数にあります。

ただし、たとえ日本で人気の商品であっても、外国で売れるとは限りません。反対に、日本では見向きもされないけれど、ある国では熱烈にウケるということもありえます。いずれも、現地の文化や生活習慣を知らなければ判断はできません。

そもそも日本企業は、中国や韓国企業に比べて現地のニーズを汲み取ることがうまくない印象です。

家電でも、コンパクトなエアコンが好まれる日本に対して、中国では大きいほうが喜ばれます（見栄の対象）。カラーリングも中国では真っ赤や金色がラインナップされていないと選んでもらえません。

南アジアの国々では、売れ筋の冷蔵庫には必ず充電池やカギがついています（停電対策、窃盗対策）。

反対の立場から見ればわかると思うのですが、道の狭い日本では大きな車体のアメ車を買いたいユーザーは限られます。

いきなり現地法人をつくるのではなく、まずは越境ECモールに出品して様子を見るのもいいでしょう。それで本格的に進出したいとなれば、現地の展示会に出展をして来場者の反応を見たり、現地の商流を押さえている販売代理店を探したりするのです。

ジェトロに協力してもらう

ジェトロ（日本貿易振興機構）は世界中に支所があり、現地の情報を収集しています。

現地情報の提供や展示会・商談会への出展支援、スタートアップ支援など、さまざまな支援サービスが用意されており、その多くが無料です。

ただ、細かく具体的な現地データが欲しい場合や、展示会に出展する際のブース料は有料になります。

ジェトロのウェブサイトには活用した企業の事例も掲載されていますので、参考にしてください。

コラム

海外販売のむずかしさ

数年前、支援先のヘアケアメーカーが開発したシャンプーの販路を中国に求めたときのことです。

まず、国内にある商社（社長は中国人）と話をして、中国本土で販路を持っている会社を探してもらいました。

すると、最初に出会った会社がつながりのある会社を探し、さらにその会社が別の会社を探して、何とか百貨店グループの店頭で売れるというところまで漕ぎ着けました。

しかし、間に入った会社がマージンを100％ずつ（！）とっており、店頭に並ぶ頃には中国の富裕層でも買えないくらいの価格になってしまっていたのです。

100％のマージンとは、シンプルにいえば価格を２倍にしていくということです。

日本のメーカー400円→国内商社800円→中国A社1600円→中国B社3200円→中国C社6400円→店頭12800円!!

つまり､販路のツテを持たない人が「ツテがある､オレに任せろ」と間に入ってツテのある人を探し、そこへまたツテを持たない人が「知っている、オレに任せろ」と間に入ってくるのです。

その結果、国内サロン品質の高級シャンプーだけれども高くなりすぎてしまい、この話は流れてしまいました。間に入る業者が１社でも少なければ、店頭価格は6000円くらいなので、何とか成立したのではないかと思います。

Marketing Practices

第 8 章

プロモーションを実施する

～より多くの人に届く販路開拓をおこなう～

Lecture 1

販路開拓の効果を最大化する

「何を」「誰に」「どう売るか」を確認する

プロモーションによって販路開拓をしていくにあたり、もう一度、商品の真の価値とターゲットについて再確認をします。

「何を」「誰に」「どう売るか」――。既存品の新たな価値を発見したり、他社製の商品を扱うケースも含め、商品コンセプトを改めて洗い直し、現段階での現実的な価値提案のあり方を特定し、訴求する準備をします。

USPは何かを確認する

「何を」とは自社商品だけの購入理由となるUSP（ユニーク・セリング・プロポジション）です。独自のウリであるUSPは、顧客が「商品を選ぶ理由」でなければなりません。それをキャッチコピーやキービジュアルで表現することで、見込み客が商品を選びたいと感じるポイントです。

開発者が時間をかけたことや、とくにこだわってきた点、なかなか手に入らない材料であっても、それが購買意欲に刺さる要素でなければ成立しません。また、顧客が重視する要素であっても、競合商品でも訴求されているのなら、USPにはなりません。

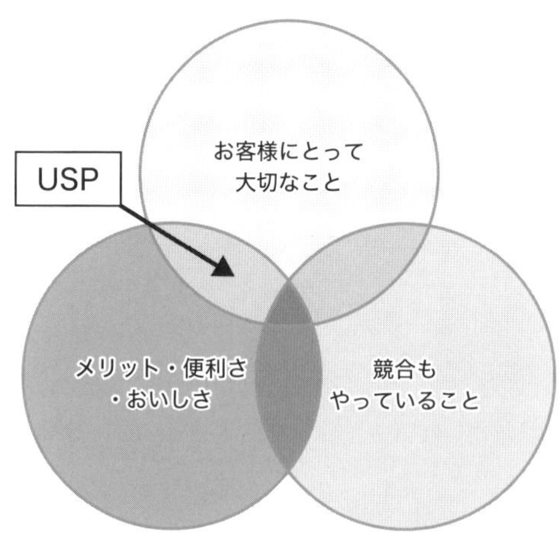

例えば、群馬のインソールメーカー、BMZ社の商品USPは「立方骨で足アーチを守り、姿勢を正すインソール」です。一般のインソールは土踏まずをクッションで持ち上げ、足アーチを維持しようとします。これに対して、BMZ社のインソールは足骨格の構造が「立方骨*」を基点としている事実に着目、ここを支持することで足アーチを守るという独自理論なのです。

そのため、「立方骨で足アーチを守る特許インソール」などのキャッチコピーで見込み客は他社商品との違いを認識します。

そして、これらのUSPによってもたらされるのが顧客価値です。

＊立方骨：足裏のやや外側に位置する四角い骨。ここに足骨格全体が寄りかかるような構造になっている。

本当の顧客価値を知る

マーケティングでは「顧客価値」という用語を使います。これは「顧客にとっての価値」という意味であり、企業に「顧客がどれだけ貢献してくれるのかという価値の総和」ではありません。

似た言葉である顧客生涯価値（LTV）とは「価値」の意味合いが異なります。私はこの点がどうも気になってしまい、口に出すときは「**顧客にとっての価値とは…**」といっています。顧客価値より、「**商品価値**」のほうがわかりやすいのではないかと思いますので、ここから先は「商品価値」を使います。

真の商品価値とは何か

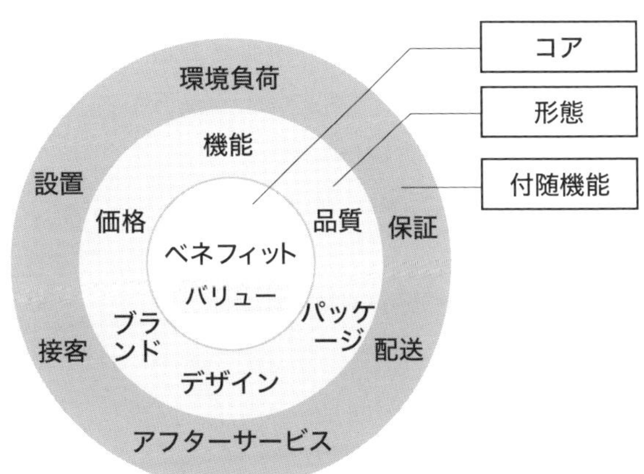

前ページの図に示した同心円は、商品やサービスが提供する価値です。

一般的に価値として認識されているのは、外側から2番目の円でしょう。機能や品質、デザインやブランドなどです。その外側の円は配送やアフターサービスなどになるので、やや付随的な価値となります。

そして、**商品価値のコアとなるのが中心円のベネフィットです。これは、機能や品質などによってもたらされる便益やメリットを指します。**

例えばクルマであれば、快適なドアtoドアでの移動だけでなく、「EVカーなので環境対応できてうれしい」、「テスラ・ブランドだから自尊心が満たされる」というようなことがあてはまります。

先にあげたインソールの例では、足アーチが守られることや足指が踏ん張れるようになる機能により、疲れにくく、また転びにくいという効果が生まれます。さらに、アスリートであれば疲労を抑えて記録が伸びたりしますし、足底筋膜炎など足の疾患は改善する効果があります。基本的にはこれらのベネフィットによって商品は選ばれ、買われるのです。

■真のバリューをつきとめる

さらに本書では商品価値を確固たるものにするバリューという概念を提案したいのです。これは人の本質的な欲求を満たすことのできる価値です。

例えば、ベルトコンベアの本質的な価値には何があるでしょうか。

ベルトコンベアには、運ぶものが周囲にこぼれたり、ベルトにこびりついて帰りのターンで床に落ちる落鉱という現象があります。

これを掃除する間も作業効率のためにコンベアを停めないことも多く、そのため年間に何十件かの巻き込み事故が発生し、不幸なことに何人かは大ケガをしたり、命を落とすこともあります。

そんな重大事故が起これば責任問題ですし、危険な職場を辞めようとする人も出るでしょう。

大阪のJRC社では、この落鉱防止のオプションを製造・販売しています。掃除自体を不要にするので、労災となる巻き込み事故を防ぎます。命の安全に関わる課題解決により関係者は安心することができます。これが本商品の本質的な価値なのです。

また、東大阪のハードロック工業はゆるまないネジを製造、販売していますが、この機能によってもたらされるのはメンテナンスコストの削減だけではありません。スカイツリーや巨大橋梁のネジを保守・管理するにはコストがかかるのはもちろんですが、担当者が高所に登らなければなりません。どれだけ安全に配慮しても高所作業は危険であり、誰でもさけたいものです。

ところが、ゆるまないネジを採用すれば、危険を冒すメンテナンスの回数を劇的に減らすことができるのです。これは、現場にとっても雇用者にとっても何よりの安心です。つまり、ゆるまないネジの真の価値は命の安全だといえるのです。

バリューへのアプローチ法

では上記のような本質的なバリューを知るにはどうしたらよいでしょうか。

一つには第4章（P.126）で述べたような観察調査が有効です。何件もの顧客のケースを観察することで発見に近づくことができます。そして、本項ではさらに考え方のフレームワークを示したいと思います。

商品のバリューを考える

① 商品のベネフィットは何ですか?

② お客様は誰ですか?

③ ライバルはどこ(誰)ですか?

④ 本当のバリューは何ですか?

⑤ それを明文化しましょう

マクドナルドを例にとって説明します。

①のベネフィットでは、おいしいハンバーガー（が食べられること）と回答したとします。

そして②のお客様を想起すると、若者やビジネスパーソン、家族連れが思い浮かびました。では、彼らはなぜ店舗に来てくれるのか？

いまはもっとヘルシーな食もあります。ゆったりとくつろげるソファの店舗もありますし、もっと低価格をウリにする業態もある。

そう考えると、③のライバルは同じハンバーガーチェーンだけでなく、ファミレスやコンビニエンスストア、持ち帰り弁当店、パン屋さん、食品スーパーなど、たくさんの選択肢が思い浮かびます。

それでもマクドナルドを選んでくれたのは、一つには短時間で手軽に空腹を満たせるから。または、マクドナルド・ブランドならどの店舗でも品質が一定で安心できるから。

あるいは、ハッピーセットのおもちゃを買ってあげて子供の喜ぶ顔が見たい。またはジャンクフードを食べる背徳的な欲求を満たしたい…。

お客様の立場や心境を思いやることができると、だんだんと内側にあるバリューのカタチが見えてきます。

もっとも内面にあるニーズがインサイトです。それらを仮説として、マーケティング施策を講じていくのです。

パナソニックの食器洗い機は、当初はストレートに「時短」の価値を訴求していましたが、反応がよくありませんでした。

そこで、「生まれた時間でお子さんをもっと愛してあげて」というトーンに変えたところ、販売が好調になっていったのです。

「時短できる」というベネフィットは事実です。しかし、手抜きやラクをする後ろめたさを明らかにしてほしくないというのが、隠れたインサイトだったのです。

■ USPとターゲットは不可分の関係

USPが定まると、ターゲットも決まります。反対に、ターゲットが決まると、USPも設定できます。両者は不可分の関係にあるのです。

「お客様は誰か」は、STP分析（P.62）のときもおこないました。それらも援用して再確認をしてください。

ターゲットを考えるとき、よく聞くのが「富裕層がお客様です」とか「女性に売っていきたいです」、「高齢者を狙っています」という、プロフィール属性によるざっくりとした選定法です。

しかし、価値観が多様化しているいま、一口に富裕層といってもいろいろな人がいます。

例えばプレジャーボートを売るときに富裕層なら買うだろうとターゲット設定をしたとします。

ところが営業をしてみると、聞かれるのは「スポーツはゴルフだけにしている」、「海に出るのは危険だ」、そもそも「体を動かしたくない」などといわれるばかりで一向に売れない。

富裕層ならおカネを持っているから売れるかといえば、そうでもないわけです。むしろ実際にボートを買うのは、中間所得者層だけれどマリンスポーツが好きで好きでたまらない人、収入の多くをマリンスポーツにつぎ込んでいるような人だったりします。

雑誌に広告を出すとしても、医師が読んでいる雑誌より、「KAZI」など海洋レジャーファン向けの雑誌のほうが効果的かもしれません。

あるいは、先ほどの富裕層でも、切り口を変えてみたらどうでしょう。

例えば、ボート遊びに取引先を招待することで商談が進む人に対して、または税金対策で高額なボートを購入・転売したい人に対して、川釣りにしか興味がない人に海釣りの魅力を伝えるなど、もいいでしょう。

■USPが刺さるターゲットへと絞り込む

商品が持つUSPも、ターゲットによってその価値は変わります。であれば、もっともUSPを重く受け止めてくれる層を見つけてアプローチするべきです。

例えば、新しく開発した鋼板のUSPが「サビにくい」ことだとします。これを幅広いターゲットに訴求しようとすると、一般の用途にそこまでの防錆性はいらない、価格が高すぎる、という反応になってしまいます。

ところが、海沿いのコンビナートやプラント、屋外で操業しているベルトコンベアなどは潮風による塩害で設備がすぐにサビてしまう悩みがあることがわかったとします。すると、こうした見込み客にとって「サビにくい」ことは何よりの価値であり、2～3割ほど価格が高くても、5年でサビはじめる設備が10年持つなら発注する理由になります。

自社商品のUSPを、もっとも価値あるものとして評価してくれるのはどんな分野のどんな顧客か。そう考えると市場の立ち上げもスムーズになるはずです。

顧客の意思決定を考える

購買者の購買に至る行動や心理のプロセスを表したものを購買決定モデルと呼びます。

かつては「**AIDMA**」(アイドマ)がメジャーでした。やがてインターネットの登場により、電通によって「**AISAS**」(アイサス)と定義されるようになりました。

また、そのほかにもAISAREやAISCEAS、DAGMARなどのモデルがあり、さらにこうしたモデルのプロセスを数値化して捉えようとするモニタリング項目としてのAMTULなどもあります。

私の考案したモデルとしては、「DESCOS」があります。商品が誰かの不満・不足を解決するものであるとして、SNSなどで偶然出会う、または検索をして出会う、次に同様の商品と比較・検討し、購入に至る。

AIDMA	
Attention	認知
Interest	興味
Desire	欲求
Memory	記憶
Action	行動

AISAS	
Attention	認知
Interest	興味
Search	検索
Action	行動
Share	共有

DESCOS	
Discontent	不満・不足
Encounter	出会い
Search	検索
Comparison	比較
Order	購入
Share	共有

そして、その体験をレビューやSNSに投稿するのです。

偶然に出会う機会が増えているのはSNSの時代だからこそ。とくにZ世代は新商品を知る場所として、InstagramやTwitterをいちばんにあげています。共有ののち、さらにリピートしてもらえれば理想的です。

こうした購買決定モデルを通じて、見込み客の購買決定要素(キー・バイイング・ファクター)を考えることが重要です。

また、こうしたモデルでは1回買うだけのプロセスしか把握できないことが指摘されています。そこで、**顧客の足取りをよりくわしくイメージするために活用できるのがカスタマージャーニーです。見込み客の思考と行動の具体的な接点を時系列で洗い出して分析。適切な場所とタイミングで、適切な情報を伝えられるように設計しようとするものです。**

カスタマージャーニーを描いてみる

一般的にはウェブ内での"旅"を想定するマップが多いのですが、あなたの商品の性質を考えて、必要であればアナログな接点も加えて考えてみてください。

ある会社のカスタマージャーニー

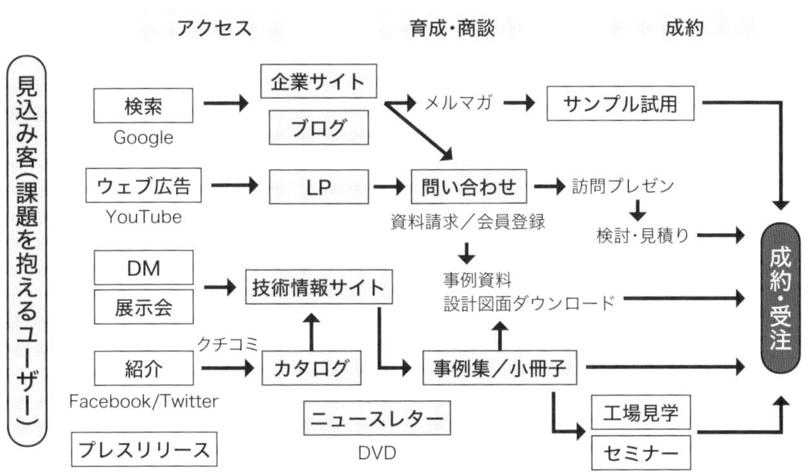

最終的に成約に至る前段階として多いのは何なのかをつきとめることができたとします。すると、その「前段階」へより多くの見込み客を進めることができれば成約数が増えるわけです。では、その段階へと多くのユーザーを誘導するにはどうすればいいか、と考えていけばよいことになります。

上の図はフローチャートになっていますが、心情や対策を記入することができる表組みタイプもあります。各段階での見込み客の行動と心情、それに対する課題と対策を記入することで、よりフレームワーク的に活用できるのがカスタマージャーニー・マップです。

カスタマージャーニー・マップをつくるメリットとしては、一つには**社内やプロジェクトスタッフ間で共通認識ができる**ことがあります。どんな経路で購買に至るのか、どこで離脱しやすいのか、全体像が見える化するのです。すると、その認識に基づいて**何をしたらよいかの検討が具体的になるため、施策が的外れということがなくなります。**

もう一つは、**顧客行動の多様化に気づくことができ、いままで意識してこなかったタッチポイントを発見する可能性もあります。**

さらにもう一つには、顧客になりきって考えないとマップはつくれないため、**顧客視点でコンテンツをつくり込む視点を得る**ことにもつながります。典型的な顧客の立場で考えるためには、ペルソナの設定をしておくとやりやすいといえます。

▍カスタマージャーニー・マップをつくる

フェーズ	認知	関心	比較	検討	発注
チャネル	検索・広告・展示会	企業サイト・YouTube	比較サイト・営業資料	他社サイト・セミナー	対面
行 動	検索結果の広告を見る	企業サイトで確認する	５社程度の資料を取り寄せる	見積りを検討し、予算を上司に確認	決定
心 情	こんな製品があるのか	うちの部署でも役立つかも	A社かB社がよさそうだな	どの予算で導入できるだろうか	うまく活用できるだろうか
課題と対策	接点が貧弱→認知してもらえる場を増やす	情報が不十分→単独の情報LPを制作する	決定力に欠ける→営業資料をテコ入れ	予算が課題→リース設定、低価格版の開発	１回のみで取引終了→買い増しの選択肢提示

Lecture 2

プロモーション計画を立てる

商品に最適なプロモーションを実施する

私がマーケティング業界に入ったばかりの頃は、「売れるためのウルトラC」というものがあり、それを見つけなければならないと考えていました。ところが、そんな特別な秘策などというものはなく、できる手法はすべて明らかになっているのです。

つまり、**できること、やるべきことを愚直に実践していくのみなのです。**たまにはTwitterでバズったり、展示会でメジャーな流通チェーンバイヤーに出会ったりする幸運に恵まれて売れることもあります。新しい手法を見つけて大成功したという話も聞きます。

でも、それも**あきらめずにさまざまな手法を試していったからこそ。行動の量が、幸運との出会いを早めてくれるのです。**2度や3度の不発であきらめずに、チャレンジすることの繰り返しを重ねていくしかないのです。

プロモーション手法を選択する

さて、前項までにつきとめたUSPとターゲットに向けてプロモーションを計画、実施していきます。

一般に、プロモーションミックスとされる施策には、次のような項目が含まれます。

- 広告
- 人的営業
- インターネット
- 展示会
- パンフレット／カタログ
- 販促キャンペーン

取引先や商品・サービス選定で何から情報を得るか

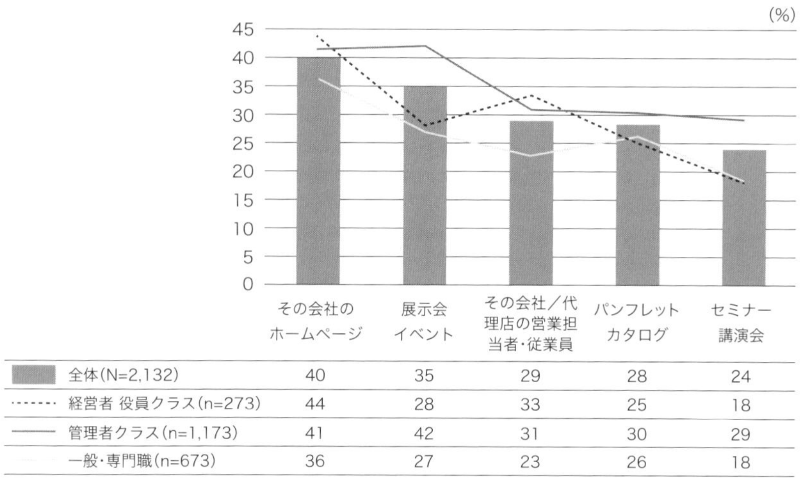

	その会社のホームページ	展示会イベント	その会社／代理店の営業担当者・従業員	パンフレットカタログ	セミナー講演会
全体(N=2,132)	40	35	29	28	24
経営者 役員クラス(n=273)	44	28	33	25	18
管理者クラス(n=1,173)	41	42	31	30	29
一般・専門職(n=673)	36	27	23	26	18

出典：日経リサーチ「B2B企業の購買プロセス調査」　※上位5項目を抜粋

調査概要
【B2B 企業の購買プロセス調査】
実 施 日：2020 年 5 月 8 日（金）～ 11 日（月）
対 象 者：民間企業に勤務（正社員）し、製品・サービスの購入担当者もしくは、自社製品・サービス、システムの開発、設計、運用のために、情報収集、起案、選定、決済に関与している方
対象商材：①電子部品　②生産工程機器　③8k ディスプレイを活用した各種システム　④5G、IOT 技術などを活用した情報システム　⑤自社システムに搭載するための AI 技術
回答者数：2,132 人
調査手法：インターネット調査

このほかにもイベントやプレスリリースの活用など、さまざまな手法が考えられますが、それぞれは重なり合っていますので*、まずは次の図のように大枠で理解しましょう。

＊展示会でもカタログは配布する、インターネットでも販促キャンペーンをおこなう、などのように。

顧客数で販路開拓手法を選ぶ

こうしたプロモーション施策の配分バランスを考えるうえで目安になるのが、顧客の性質と市場での商品の浸透度合いです。

まず、**対象となる顧客の数が多いのか、少ないのか。**

顧客や見込み客の数が多いとなれば、いわゆる“ロングテール”風のグラフになりますし、反対に顧客が業界大手の数社のみに絞られるような場合はヘッド部分がすべてとなります。

仮に顧客の数が多いとなればインターネットを活用する販路開拓法が主になりますし、顧客の数が少ないのなら人的営業が主になるのです。

▌販路開拓3分の計

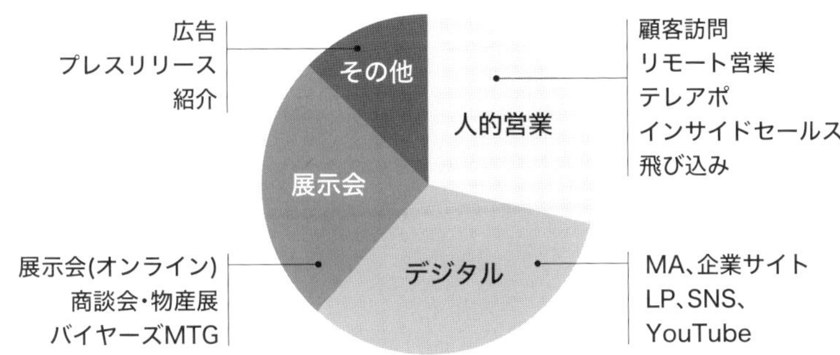

工具類の通販サイトとして知られるモノタロウは、設立当初は大手メーカー数社の工場を大口顧客にしようとするビジネスモデルでした。ところが大手の工場はすでに出入りの商社が定まっていることがほとんどで、販路開拓が進みませんでした。

その後、工具カタログでFAX注文をとる形式にするなど試行錯誤を経て、インターネットで町工場からの小口注文を受けるビジネスモデルへと転身した結果、ようやくブレイクしたのです。

私の支援先で顧客数が5,000社以上の企業がありますが、こうした顧客数では、インターネットを活用して顧客と接点を持つことが必須になります。

そして、**インターネットと人的営業の中間である顧客数に対応するのが、展示会活用です**。一定ていどの不特定多数の見込み客に対する新規開拓が可能になります。

自社の顧客に対するビジネスモデルのタイプによって、販路開拓手法のバランスを考えてプロモーションの配分を計画してください。

浸透度合いで販路開拓手法を選ぶ

商品の市場浸透の段階、つまり顧客層の購買意向がどれほど進んでいるかによって適切なプロモーション手法は異なります。また、個別の顧客がどの段階にあるかを明らかにすることで有効な手法が決まります。

商品が認知されていない段階では検索されることもありませんから、まずはニーズ喚起をおこなわなければなりません。その段階では、**プッシュとなる広告**が重要になります。

そして、検討、選択の段階になってくると、**具体的な販売促進キャンペーン**が有効になってきます。

さらに、最終的に購入する段階では**対面でのクロージング**がもっとも効果的であるということになるわけです。

以上のような局面も勘案して、プロモーションミックスを計画していくことになります。

プロモーション手法とコストの最適比率

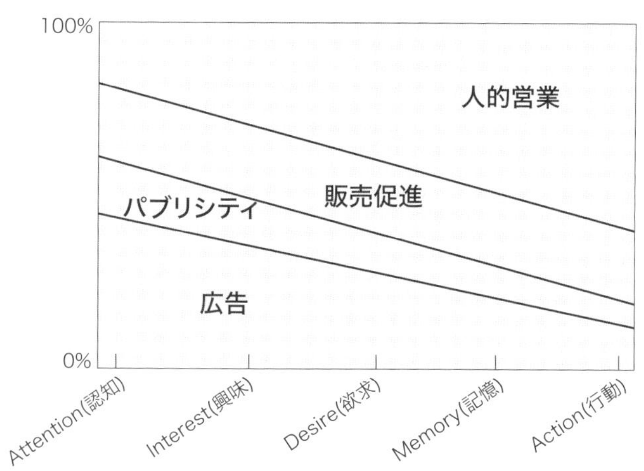

プッシュとプル手法を使い分ける

プッシュ手法とは企業側から積極的に売り込んでいくコミュニケーション活動を指します。

現実には、営業員のマンパワーを使って訪問営業をしたり、店舗に商品の取り扱いを要請していくことです。LINE公式アカウントなどでの通知もプッシュになります。

一般に、ブランド選好が高くない商品を売る場合や既存商品を売る場合はプッシュ手法が選択されます。店頭に並ぶような買い回り商品では、店頭に置いてもらったり、推奨してもらうことが重要になります。

そのため、量販店の家電や衣料品売場にはメーカーの“応援さん”が派遣されており、自社商品をさりげなく推奨してくることがあります。また、パソコン購入と同時にネット接続プロバイダと契約すると、販売奨励金を背景にディスカウントがあるなどのオファーを提示されたりもします。

一方、**プル手法とはマス広告などでニーズを喚起して、ユーザーのほうから指名買いをしてもらえるよう促すコミュニケーション戦略を指します。**

プル手法は、逆にブランド認知で購買が決まるような商品にあてはまります。例えば、クルマや化粧品など、テレビCMなどでメッセージを届けて認知、記憶してもらうことで売れていくような商品です。

また、企業のウェブサイトや宣伝サイト、ブログなどは待ちの媒体ですからプル手法のアイテムです。Twitterなどはタイムラインに勝手に表示されますので、微妙なところです。

メルマガは送られてくるのでプッシュですが、ユーザーが配信登録を自主的におこなっているのならプル手法ともいえます。ウェブサイトへの問い合わせや資料請求に応えておこなう反響営業もプルであり、コンテンツマーケティングやSEO対策によってサイト訪問を誘引することも同様です。

プッシュ手法とプル手法は、顧客や商品の性質を考慮して、適宜、使い分けることが必要です。

ただ、両者を比較した場合、基本的には売り込みではなく、購入しようと探している見込み客の相手をするほうが効率的だといえます。

プッシュ手法は人的資源やコストもかかるうえ、近年は一方的な売り込みがきらわれているのはご存知の通りです。

コンテンツマーケティングなどにもコストはかかりますが、顧客のほうから探して検索してもらえるようなユニークでエッジの効いた商品開発に注力して需要を喚起するほうが効率的といえるでしょう。

マーケティング目標を設定する

ここまでで明らかになった商品の受容性やマーケティング戦略、プロモーション計画に基づき、「マーケティング目標」を設定します。

マーケティング目標は、「来期はもっとがんばろう」、「できるだけ利益率をアップしよう」などの抽象的なものではなく、数値化したものであるべきです。数値であれば、年度を越えて客観的に達成度を比較できるからです。

また、マーケティング目標は商品単体でも設定しますが、会社全体としての設定もおこなってください。会社全体で設定する際は、3C分析やSWOT分析などの結果も活用しておこなうとよいでしょう。

本質的な目標の土台は、商品によってもたらされる最終収益であるはずです。それを達成するために、利益額をいくらにする、売上高をいくらにするなどの中間目標を設定します。

マーケティング目標設定のルール

S：Specific（具体的な）
M：Measurable（測定可能な）
A：Achievable（達成可能な）
R：Related（上位目標と関連した）
T：Time-bound（期間を定めた）

具体的で測定可能な数値で設定することや上位の目標を実現するものであること、期限を定めたものであることは必須です。さらに、あまりにも非現実的な目標では現場のモチベーションが高まりません。

そして、定めたこれらのマーケティング目標を実現するために、細分化した目標を設定することをおすすめします。それらは「KPI」*であり、多くの好調企業が取り入れている指標です。

＊KPI　キー・パフォーマンス・インジケーター

Lecture 3 デジタルマーケティングで販路拡大する

デジタルマーケティングで引き合いを得る

効率的な販売促進を計画するとき、**デジタルマーケティング**の手法を外すことはできません。その全体像を下の図にまとめましたので、眺めてみてください。まず、マーケティングという大枠のなかにデジタルマーケティングが入ります。ここにはマーケティングオートメーション（MA）やビッグデータ、CRMなどが含まれます。

▌デジタル／ウェブマーケティングの全体像

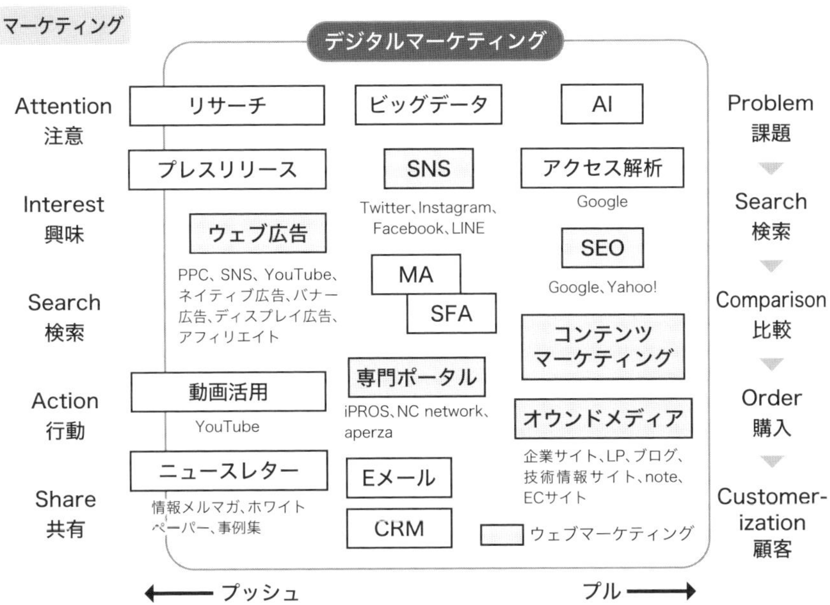

そして、**デジタルマーケティングの内側に、ウェブマーケティングが入ります。ウェブマーケティングとは、SEOやSNS、ウェブ広告などです。**

前ページの図の上方は顧客との出会いゾーンで、図の下へ行くほど理解されて購入に近づき、やがてロイヤルカスタマーとなってくれます。こうしたさまざまな項目を検討し、自社に適した手法を取捨選択していきます。

MAを使いこなす

近年、とくに導入する企業が増えているのが「MA」（マーケティングオートメーション）です。これは**顧客開拓のためのマーケティング活動を可視化、自動化し、効率を高めて営業活動をシステム化するものです。自社のウェブサイトを訪問してくれた見込み客（リード）をリスト化し、それぞれの購買意向に合わせた育成をおこない、成約へと段階を引き上げていきます。**

〈MAにできること〉

- ランディングページの作成
- リードのリスト化
- アクセスログの分析
- キャンペーン（シナリオ）の管理
- メールの自動配信
- リードの選別（ランクづけ）
- 成果のレポート機能　ほか

MAの段階

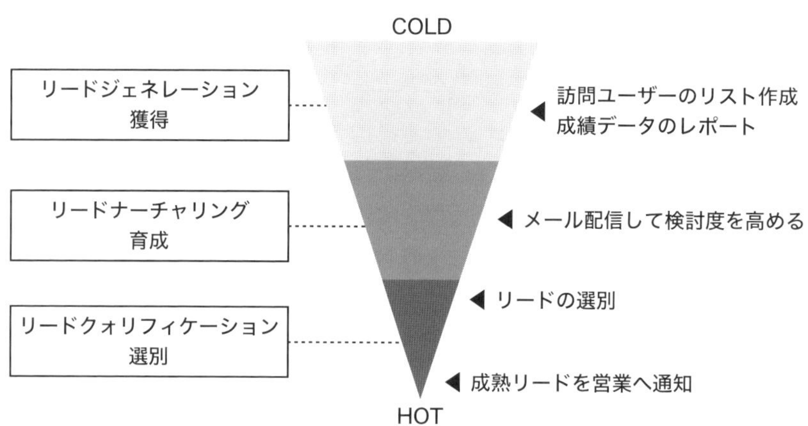

ポイントは、成熟したリードを人的営業に渡してインサイドセールスや営業支援システム、CRMソフトへとつなぐことです。先にマーケティングと営業の違いを述べましたが、まさにこの受け渡しが分岐点となります。

〈MA のメリット〉

①属人的ではない営業システムをつくれる
②マーケティング施策の効果が見える化する
③受注率・案件化率が底上げされ、均質化する
④別部門との連携が有効化する
⑤成約件数が増加して収益力が向上する

また、リードを獲得するためのウェブページやダウンロード用の情報コンテンツ作成に注力することにもなり、その検証も明確にできるため企業としての表現力、発信力が向上します。

▶主な MA ソフト

Salesforce、SATORI、b→dash、BowNow、List Finder、Marketo ほか

導入時の注意点としては、活用する担当者に十分な知識のあることが必要です。ITに精通しているだけでなく、営業の業務についても理解していないと有効なシナリオが作成できず、効果は半減してしまいます。

導入にあたっては費用対効果を考慮して判断しますが、基本機能が無料のソフトもありますし、月額料金はさまざまなので自社に適したスケールや機能を考えて選定しましょう。

MA ソフトには日本語表記の揺れの問題もあります。例えば、サイトウが「斉藤」、「斎藤」、「齋藤」、「齊藤」などと記入されたり、日本電気が日本電機、日本電器、日電、NEC、エヌ・イー・シーと記入されたりした場合、名寄せすることが困難で、リストが中途半端なものになってしまう可能性があります。

さらに、個人情報を把握されることを気にする風潮が一般的になってきています。そのため、MA でウェブ来訪者を紐づけるために利用するクッキーの許可をとることが求められるようになっています。これは、今後はきびしくなることはあっても、許容される環境にはならないものと考えられます。

そのような場合でも展示会やイベントで入手したリストや、利用の許可を得たウェブ訪問者のリストであれば問題ありません。逆に、訪問者が許可しても欲しくなるような情報を提示することが必要であるともいえます。

ウェブマーケティングで効率化する

→ SNSほかのウェブツールで販路開拓する

インターネットを活用するマーケティング施策は効率的であるとして、ほとんどの事業者が取り組んでいます。

そのためウェブサイトやランディングページの数が増え過ぎてしまい、もはやレッドオーシャンであるともいえます。新しい手法が生まれても各社が一斉に採用するので、すぐにまた横一線に並んでしまう印象もあります。

その環境では、SNSの活用にセンスを見せ、SEO対策に時間をかけ、"ファネル"*への流入を増やして顧客へと育成する。こうした実直なウェブマーケティングを重ねていくことが大切なのだといえます。

＊顧客が商品を認知してから購入に至るまでにふるいにかけられ、どんどん少数になっていく行動を図式化したもの

3つのメディアを活用する

3つのメディアとは、インターネット上で企業と顧客をつなぐ、**オウンドメディア、ペイドメディア、アーンドメディア**を指します。

ウェブメディアを3つに分類して位置づけ、育てて活用していくという考え方です。とくにSNSの拡散力が注目されたことを受けて生まれた考え方であり、日本では**トリプルメディア**、海外では**POEM**と呼ばれています（Paid、Owned、Earned＋Mediaから）。

- **オウンドメディア**……オウンドとは「所有する」という意味で、自社で所有している企業サイトやブログなどのメディアを指します。また、自社で開設したYouTubeチャンネルや、SNSアカウント、配信しているメールマガジンなども含まれます。広義ではカタログやパッケージ、自社店舗も入ります。企業から自由な内容を発信して信頼や理解の醸成を狙います。
- **ペイドメディア**……ペイドとは「おカネを払う」の意味であり、有料で露

出できるメディアの広告媒体を指します。ウェブではリスティング広告やバナー広告など、広義ではテレビや新聞、雑誌などの広告スペースも含みます。認知度向上、関心の喚起、集客などが目的となります。

- **アーンドメディア**……アーンドとは「獲得する」という意味であり、SNSやクチコミサイト、個人のブログ、そして新聞、雑誌ほかでのパブリシティ、紹介記事などが該当します。基本的には第三者が発信するため、企業側ではコントロールができませんが、幅広く拡散する効果があります。

3つのメディアは適宜、組み合わせて使うことで相乗効果を狙います。新規の販路を開拓するときはオウンドメディアとペイドメディアを活用することになりますし、既存顧客へアプローチをするときはアーンドメディアとオウンドメディアを活用するわけです。

それぞれの連携としては、まずペイドメディアで認知してもらい、次いでオウンドメディアで理解してもらい、アーンドメディアでファンになってもらう、という流れになります。

企業サイトを構築する

SNSを活用したり、広告を出稿して集客するとしても、まずは企業サイトを充実させたり、効果的なランディングページを作成してから、という順番になります。**ランディングページに魅力がないと、せっかく見込み客の流入が生まれてもザルに水を汲んでいるような状態になってしまいます。**

企業サイトに掲載する主なコンテンツ

- USPの表明：選ばれる理由／強み／得意技術・分野／ソリューション／コンセプト、ミッション
- 事例・実績：導入事例／加工事例／製品一覧／顧客の声・推薦／グッドデザイン賞受賞／ISO／情報動画
- 体制紹介：事業案内／特長・技術／生産設備／工場案内／スタッフ／企業物語
- 会社案内：企業理念／代表挨拶／組織・沿革／グループ会社／取引先／CSR

- ドアノブ（取引のきっかけ）：小冊子プレゼント／メルマガ登録／技術レポート／資料・サンプル請求／図面ダウンロード／無料診断／モニター募集／セミナー・勉強会／ステップメール／工場見学
- 問い合わせほか：フォーム／見積り／FAQ ／納品の流れ／サポート窓口／求人

企業サイトは、販路開拓だけでなく、求職者や金融機関などに見てもらい、信頼感を醸成するなどの役割もあります。そのため、なかには“ウェブ版の会社案内”となってしまっているケースも少なくありません。

そうならないために、企業サイトの改善ポイントをあげておきます。

また、オウンドメディアの果たす役割を分担することを考えるなら、販路開拓の目的に特化したサブドメインのサイトやランディングページを構築したり、知見を掲載して信頼とSEO対策、そして受注にも結びつけることができる技術情報サイトを制作することになります。さらに、DtoC（ダイレクト・トゥ・コンシューマー）事業であればショッピングモールに出展したり、自社でECサイトを立ち上げることも選択肢に入ります。

企業サイト改善のポイント

①ウリを明解に伝えるキャッチコピーとキービジュアル
②役立つ情報を発信するコンテンツマーケティング
③明解な図式・写真の多用、文字サイズ・行間・色
④動画コンテンツの掲載
⑤人気（ひとけ）の演出
⑥ユーザーの声掲載
⑦豊富な導入事例
⑧開発・企業の物語
⑨商品選択を容易に（ニーズから検索、一覧から選択など）
⑩デモ機貸与、ウェブで擬似体験、バーチャル工場見学
⑪ユーザーニーズを吸い上げられる会員組織
⑫SNSと連携（更新をTwitterで告知など）

ランディングページをつくる

「ランディングページ」(LP)は、出稿した広告などをクリックした先の着地(ランディング)ページであることからこう呼ばれています。

LPは、販売や集客の目的に特化したページであり、1枚ものでつくられることがほとんどです。通常のウェブページと比較すると長々とつづき、スクロールして見てもらうタイプのものが多い印象です。長文が読まれない昨今、そんなに長いLPは読んでもらえないだろうと考える方も多いでしょう。

北の達人コーポレーションの木下勝寿社長によると、「長いLPは最後まで見てもらえない。ただし最後まで読んでもらえると購入される率は(短いLPより)高い」とのことです。

LPの構成については業界や商品の性質によって異なりますが、課題を解決するタイプの商品を想定してフォーマットをご紹介します。

ランディングページの構成例

構成	
① **喚起** 商品でどうなるのか、ユーザーの変化をいう	① ターゲットに呼びかける キャッチコピー 課題、悩みを提起する 「Aさんも困っていました」
② **結果** 商品がもたらす結果にフォーカスした表現 「使うとこうなります」	② 得られる解決策の発見、提示
③ **証拠** なぜその結果を得られるのかを実証する 検証実験、特許、数値的根拠、販売個数	③ 効果の証明、実証データ、 価値ある情報
④ **共鳴** レビュー、体験 「ほかの人・会社も結果が出ています」	④ 愛用者、お客様の声
⑤ **信頼** 受賞した、取材・特集された、権威者の推薦	
⑥ **ストーリー** 感情に触れる物語、開発のドラマ、失敗談	
⑦ **クロージング** いま買うべき理由、特典	⑦ 行動しない場合の不利益 期間限定のオファー 注文、申し込みの説明 購入ボタンは3ヵ所以上(上中下) 反応がわるければ表現を変える
⑧ **P.S.** 返金・返品保証、リスク回避 「セットで買えるチャンスは今回だけ」	

次に、LPの事例をご紹介します。企業ウェブサイトも同様ですが、LPもとうぜんのことながらレスポンシブデザイン*にします。ウェブでの通販サイトについては流通チャネルのP.189をご参照ください。

* スマホやタブレットなどパソコン以外のデバイスで表示したときも見やすい最適なレイアウトに変換されるための技術。Googleの検索アルゴリズムが高く評価する。

▌ランディングページの例

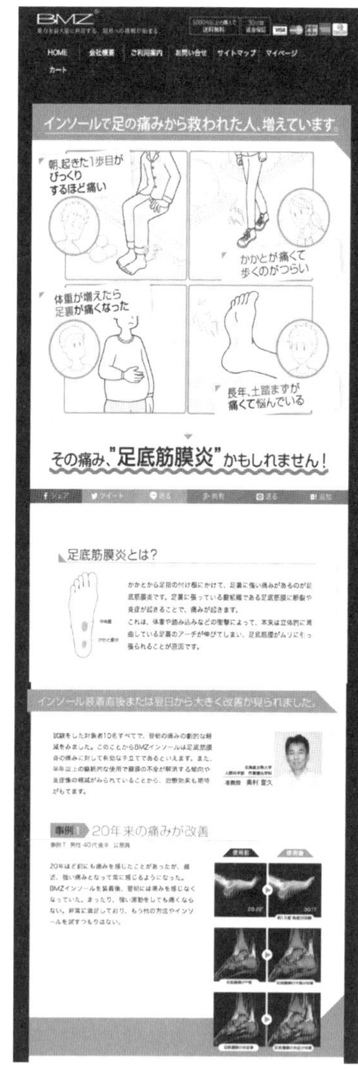

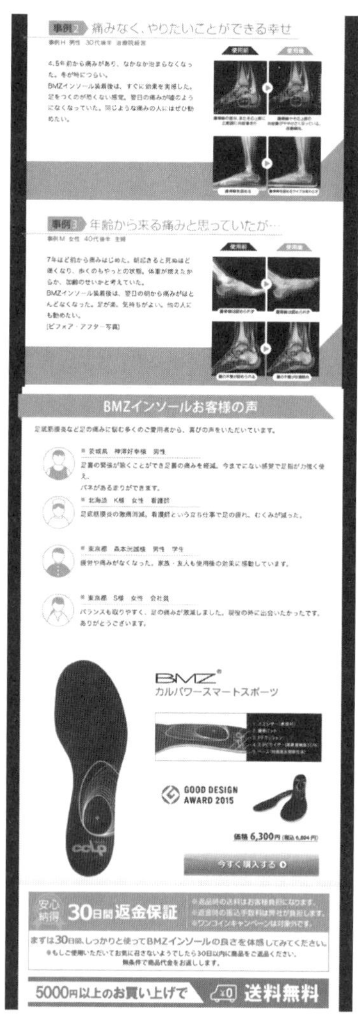

（写真提供）株式会社 BMZ

コンテンツマーケティングで見つけてもらう

サイトの有用性を訪問者に認識してもらい、Googleの検索エンジンにも評価してもらって検索結果の上位に表示されるように内容を充実させることを**コンテンツマーケティング**と呼びます。

かつては、SEO対策としてキーワードのみを羅列したり、ページ数ばかり増やしたりするような、その場しのぎの手法も多かったのですが、いまではGoogleの検索エンジンが賢くなって通用しなくなりました。結果的に「本当に役立つウェブページをつくる」ことこそが、もっとも効果的なSEO対策だといえます。

コンテンツマーケティングが注目されているのは、企業からのプッシュとなる売り込みがきらわれる時代になり、興味を持った見込み客のほうから訪れてもらえるプル手法への転換が必要だからです。広告出稿から顧客育成へ、または狩猟型から農耕型への移行ともいえるでしょう。

ほかのウェブ施策との比較

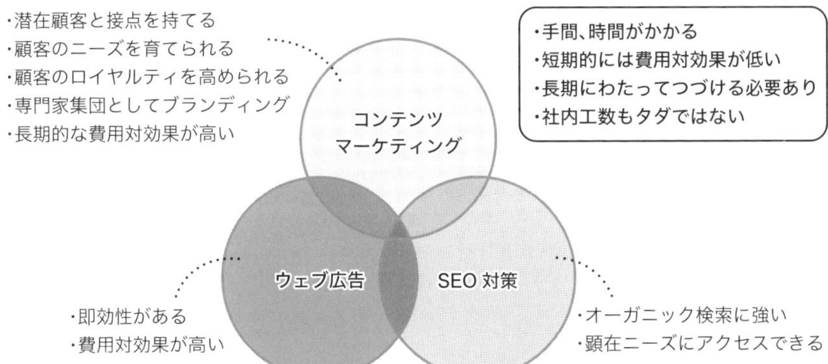

・潜在顧客と接点を持てる
・顧客のニーズを育てられる
・顧客のロイヤルティを高められる
・専門家集団としてブランディング
・長期的な費用対効果が高い
・手間、時間がかかる
・短期的には費用対効果が低い
・長期にわたってつづける必要あり
・社内工数もタダではない
コンテンツ
マーケティング
ウェブ広告
SEO対策
・即効性がある
・費用対効果が高い
・オーガニック検索に強い
・顕在ニーズにアクセスできる

役立つウェブサイトとするためには、獲得したい対象者は誰か、その人たちは何を知りたいのか、何について検索するのかなどを考慮し、発信すべき内容を明確にすることが必要です。発信は、自社のサイトやブログなどに最新情報や技術解説のような内容を毎日更新していくことでも可能です。

また自社サイトとは別に、専門性の高い情報を集積して閲覧者が長く滞在してくれるような役立つサイトを構築し、そこで発注も受けつける、いわゆる技術情報サイトを立ち上げるやり方もあります。

コンテンツマーケティングの手順

内容

・ユーザーの興味を理解する
・競合のコンテンツを分析する
・狙うべきキーワード、コンテンツを設計する
・有益な記事を書く
（技術情報・解説、先行事例、分野展望、FAQなど）
・狙っているキーワードを織り込んだ文章にする
・できるだけ頻繁に更新する
・順位などをチェックする
⇨ Googleアナリティクス導入

場所

SNS　ブログ
メルマガ
情報サイト
LP　動画
広告　イベント
プレスリリース

技術情報サイトと呼んでいいコンテンツマーケティングのサイトを見ていると、「再研磨ドットコム」や「絞り加工ドットコム」、「難削材プレス加工ドットコム」など、分野が非常に絞り込まれていることに気づきます。

いずれも、技術解説やコスト削減などのノウハウ、事例集、用語集などがていねいに綴られています。課題を抱えて検索し、たどり着いた見込み客にとってはたいへん役に立つサイトでしょう。

なかには「タオルのお困りを解決します」というようなソフトな製品の技術情報サイトもあります。また、ベルトコンベアのメーカーが発信している「コンベア技術セミナー」のように、ベルトコンベアに関する一通りの技術を講座のようにして学ぶことのできるサイトもあります。

いずれも、**訪問した見込み客は「ここまでくわしいノウハウを持っているのなら、この会社に依頼しよう」となるわけです。情報発信という意味では、会社や創業者の物語、商品開発の苦労話なども読んでもらえるコンテンツということもできます。**企業の物語については第10章のP.311をお読みください。

SNSで価値を拡散する

SNSは、TwitterやInstagram、LINE、Facebookなど個人がつながれるサ

ービスです。とくに若年層では、ユーザー同士の交流というよりも、情報収集や検索ツールとしてもSNSを利用していることが目立ちます。

つまり、企業が商品の魅力を発信する目的でうまく活用することができれば、コストをかけずに多くのユーザーにアプローチでき、効果的に情報を拡散することが可能になるわけです。

そのため近年は、SNSアカウントをつくり、多くのユーザーにアプローチするマーケティングツールとして利用する企業が増えています。また、各SNSツールには利用者に年代別の傾向があるため、自社のターゲットに合わせて選択すれば効率よく見込み客に情報を伝えたり、ファンづくりができたりするのです。当面、注力しておきたいSNSの特性を見ていきましょう。

- **Twitter**：140字以内のつぶやきを投稿。利用者には10代、20代の若年層が多い。不特定多数との接触ができ、拡散力が高い。
- **Instagram**：主に写真を投稿するサービス。女性ユーザーが多いとされるが、近年ではユーザー数が拡大し、男性も増加している。
- **Facebook**：実名登録制で、中高年層やビジネスマンの利用が多い。企業はFacebookページを作成することで見込み客へアプローチできる。
- **LINE**：もっともユーザー数の多いサービス。そのためLINE公式アカウントを利用している企業も多い。
- **TikTok**：タテ型のショート動画に特化したサービス。利用者は10代、20代が中心。TikTokerとタイアップする企業も多い。

  参考：TikTokクリエイティブセンター ⇨バズっているショート動画の参考事例とそのアナリティクス（クリック数など）を閲覧できるサイト
- **YouTube**：世界最大の動画投稿サイト。利用者数は非常に多く、YouTuberとして高収入を得る人も話題になっている。

  参考：SAMUNE ⇨YouTubeのサムネール画像を集めた参考サイト

今後も新しいSNSが登場したり、衰退したりしていくと思います。あとから考えると、いずれのSNSも早期参入したアカウントが成長していますので、ダメもとではじめておくのがよいかもしれません。

主なSNS年代別利用状況

【2021年度】主なソーシャルメディア系サービス／アプリ等の利用率（全年代・年代別）

	全年代 (N=1,500)	10代 (N=141)	20代 (N=215)	30代 (N=247)	40代 (N=324)	50代 (N=297)	60代 (N=276)	男性 (N=759)	女性 (N=741)
LINE	92.5%	92.2%	98.1%	96.0%	96.6%	90.2%	82.6%	89.7%	95.3%
Twitter	46.2%	67.4%	78.6%	57.9%	44.8%	34.3%	14.1%	46.5%	45.9%
Facebook	32.6%	13.5%	35.3%	45.7%	41.4%	31.0%	19.9%	34.1%	31.0%
Instagram	48.5%	72.3%	78.6%	57.1%	50.3%	38.7%	13.4%	42.3%	54.8%
TikTok	25.1%	62.4%	46.5%	23.5%	18.8%	15.2%	8.7%	22.3%	27.9%
YouTube	87.9%	97.2%	97.7%	96.8%	93.2%	82.5%	67.0%	87.9%	87.9%

（出所：総務省）

街の印刷会社の製品がバズった

東京の下町・北区にある有限会社中村印刷所では、社員発案の水平開きの方眼ノートを開発、特許も取って生産をしていました。

しかし思うようには売れず、会社には数千冊の在庫の山が。それを知った開発者の孫娘である女子高生がせめてもの宣伝になればとTwitterでつぶやいたところ、そのツイートがバズり、「これ欲しい」、「どこで買えますか？」と大反響になったのです。

その後、生産が追いつかないくらいの受注があり、技術を評価したショウワノートがジャポニカ学習帳などで引き継いで生産することになりました。

１つのツイートがきっかけとなり、よい商品が評価されて拡散したわけですが、これは幸運が重なった結果といえます。何でもTwitterでつぶやけばヒットするわけではありませんが、こんな夢のような話もSNSがなければ起こりえないわけです。一縷の望みを託してみたい気にはなりますね。

一方、バーガーキングは過去のツイートにリンクを張るキャンペーンを2019年にはじめました。対象はインフルエンサーたちが2010年にしたツイートです。このことを疑問に感じた多くのTwitter民がその分析や感想をツイートし、拡散もされました。やがてこのキャンペーンの真意がわかりました。同チェーンが2010年に発売したファンネルケーキフライの復活販売をするにあたり、「2010年のモノの中には価値あるモノがある、あなたのツイートやファンネルケーキフライもね」というメッセージだったのです。

Facebookページは目的を明確にする

企業がFacebookを活用するときに作成するのがFacebookページです。ヘッダ部分をカスタマイズすると自社サイトのようなイメージになり、友人・知人のつながりをテコに拡散してくことができます。

実店舗があるビジネスならチェックイン機能を使ってキャンペーンなどと連動させることも可能です。**通常の活用方法は企業からの情報発信やユーザーとの交流ですが、より目的を明確化すると効果も高まります。**

●自社商品の活用法提案の場にする

食品や化学素材、デバイスのメーカーが、自社素材や部品の有効な活用法やレシピを紹介、使用範囲を広げたり、ニーズを喚起したりすることができます。

●アイデアを募る場にする

上記とは逆に、食品やお菓子、玩具、ゲームメーカーなどが新しい商品化のアイデアをユーザーから募る場として活用できます。

●顧客満足度を高める場にする

例えば操作がむずかしい機械や質問が多い複雑な商品の場合に、書き込まれた質問へ即座に回答するユーザーサポートなどをおこなうことができます。

また、Facebookは実名登録であることを利用し、旅館やホテルが宿泊客とひもづけてデータベースに移管し、宿泊に対する評価をどう投稿しているか、日頃はどんなテイストを好むかなどを反映させて顧客サービスの質を高めているケースもあります。

●カウンセリングの場にする

化粧品や美容室などで、ユーザーの肌質や髪の状態に適した商品アイテム選びをお手伝いするなどカウンセリングをおこなうことができます。

●ユーザー同士交流の場にする

クルマやバイク、プラモデルのような趣味品で、ユーザーがどのようにカスタマイズして楽しんでいるかを写真で投稿してもらい、盛り上がる場を提供することができます。

Instagramでインフルエンサーを活用する

Instagramは女性のユーザー数が多く、写真中心なのでとくにビジュアル系の商品に有効とされてきました。しかし、近年では男性のアクティブユーザーも増えており、目的、年代を問わず活用に値するSNSとなっています。

そのため、Instagramのインフルエンサー（多くのフォロワーや拡散力を持つユーザー）を起用してマーケティング施策をおこなう企業が増えています。インフルエンサーのおすすめする商品を実際に購入した経験があるという人は4割近くにのぼるというデータもあります。そこで、具体的にインフルエンサーマーケティングについて説明します。

大切なことは、インフルエンサーがどこまで商品のことを理解してくれるか、どんな紹介のストーリーを描けるか、ということです。それを受ける導線をどのように設計し、離脱の少ないLPを組み込めるかがカギとなります。そして、もっとも重要なことは、施策によってどれだけの商品が動いたかということです。

インフルエンサーに支払う料金はフォロワー数で決まります。ただし、フォロワー数の多さとリーチ数は必ずしも一致しません。リーチ数とは投稿を見たユニークユーザー数のことです（インプレッションは単純な表示回数）。

▎費用対効果の計算例

- 料金例
  フォロワー１人あたり0.5円～２円
  （エージェントなどを経由するとプラス１～２円の手数料）
- 例として２人のインフルエンサーを比較
  Aさん　フォロワー10万人　⇨リーチ数２万人
  Bさん　フォロワー３万人　⇨リーチ数４万人
- 費用対効果
  （フォロワー１人あたり１円で発注の場合）
  Aさん　10万円÷２万リーチ＝　１ユーザー到達あたり５円
  Bさん　３万円÷４万リーチ＝　１ユーザー到達あたり0.75円

コストパフォーマンス測定の基本はリーチ数なので、左ページの計算例では1リーチあたりの単価で6倍以上の差がついたことになります。

もちろん、そのリーチによって商品が売れることが目的ですが、認知してすぐに購入とはなりませんし、フィードにはURLを張れませんので正確な数値を追いかけることは容易ではありません。

また、以上のような有料での依頼のほかに、インフルエンサーにDM（ダイレクトメッセージ）で連絡して商品を無償提供し、「よかったら紹介してください」とする**ギフティング**というやり方もあります。

Instagramのインフルエンサーマーケティングを積極的に取り入れている中国アパレルメーカーのSHEINは、さまざまな施策を試しています。

若年層を中心に売れている米国にはもっとも注力しており、著名アーティストのケイティ・ペリーを起用しているだけでなく、フォロワーの少ない一般人も大量に採用しています。

これは、一般ユーザーに無料特典を提供することと引き換えに拡散を促し、各国ごとで異なる感性に刺さるプロモーションを「代行」してもらうという戦略なのです。

LINE、その他のSNSを活用する

LINEはどの年代においてもユーザー数が非常に多く、受信すると既読にしなければ気になってしまうこともあり、情報発信の到達率が高いSNSです。

LINE公式アカウントをつくると、登録者への一括メッセージ配信やクーポン配信、ショップカード機能などを利用することができます。店舗系や個人ビジネスでの利用にも向いています。

SNSでは唯一のプッシュ型であり、メルマガと比較されることもありますが、開封率の高さは比較になりません。

ただ、公式アカウントに登録してもらうまでのハードルも高く、TwitterやInstagramのように気軽にフォロー、というわけにはいきません。けれども、だからこそ配信情報にも興味を持ってもらえるといえます。

そのため、**ほかのSNSからLINE公式アカウントへと誘導して登録してもらうという流れをつくることが重要です。**

LINEも含めたSNS活用のポイントとしては、継続することが大切であるといえます。まずはビジネスの内容や、ターゲットに合致しており、かつ継続することができるSNSを選んで取り組んでいくことを心がけたいところです。

また、SNSのデメリットをあげると、もともと強いブランド力がなければフォロワーを増やすことに時間がかかる点があります。

そして、投稿内容にはセンスも必要であり、共感できる投稿や気持ちのこもった投稿であればエンゲージメント*も多くなりますが、そうでないとインプレッションも増えません。万一、炎上が起きれば放置することもできませんし、ビジネスにとって大きな影響があります。

＊エンゲージメントとは、顧客からの深い結びつきや行動がある状態。Instagramでは「いいね!」や「コメント」、「保存」などのアクション。

動画やショート動画を活用する

文章があまり読まれなくなったいまは、1〜2分の動画をパッと観てサクッと理解しようという人が増えています。そのため商品の魅力を伝えるうえでも、動画活用は重要度を高めているといってよいでしょう。

YouTubeに置かれた動画のタイトルやタグはGoogle検索にもヒットして、上位表示されます。YouTubeは、じつはGoogleに次いで検索回数が多いサイトですし、SEO効果も狙うことができるわけです。

動画のコンテンツとしては、商品紹介、会社・工場案内、事例紹介・顧客インタビュー、セミナーなどが主なところです。

動画なので、会社や店舗の雰囲気や、社長など登場人物の人柄も伝わります。企業サイトや展示会のブースでも流すことができ、活用法はいろいろです。まずは100動画を目指してチカラを入れてみてはいかがでしょうか。

次に、伝わる動画のつくり方をご説明します。

私が動画コンテンツを企画するときは、4コマ漫画のように絵コンテを描くようにしています。そのためには、まずどんな目的で、どんな要素を入れるかを書き出します。

コンテンツ例

商品紹介動画	企業紹介動画
ユーザーの課題提示	技術・製品紹介
▼当社の解決策	▼工場・設備紹介
▼実施（使用）シーン	▼会社の歴史
▼ユーザーインタビュー	▼企業理念
▼メリットの整理	▼技術者紹介
▼購入方法	▼社長挨拶

動画の冒頭には、つかみになるようなメッセージや事例を置くと視聴意向が高まります。

1本の動画に商品紹介と会社案内と工場案内を、というように詰め込みすぎると伝わらなくなります。内容を絞り込み、長さも2分ていどにおさめましょう。また、オフィスで視聴することも多いので、BGMや大きな音声は入れないほうがよいでしょう。その代わりに、音声を出さずに観ても意味がわかるように字幕を入れておきましょう。

動画作成のポイント

- コンテンツは1項目に絞り込む
- 目的と内容を決めて絵コンテを描く
- 長さは2分ていどまでにする
- 冒頭につかみを入れる
- 音楽は入れない
- 字幕を入れる
- カッコいい画像処理はなくてもいい
- 静止画のスライドショーでも可
- 参考例はYouTubeにたくさんある

静止画だけで自作してもいいですし、iPhoneで撮影しても画質的にはまったく問題ありません。自分のスマホで撮影し、無料ソフトで編集すれば大丈夫です。

外注したいときも、動画作成・編集を請け負う人はクラウドソーシングにたくさんいます。編集のみ外注でも、企画からまるごと広告会社や動画制作会社に発注することもできます。クラウドソーシング発注のコツはP.267を参照してください。

動画といえばYouTubeなのですが、近年はTikTokのようなショート動画が盛んになってきています。そのため、「縦型ショート動画」のフォーマットがYouTubeやInstagram、Facebookにも登場しています。

いずれも、再生回数は普通の長さの動画よりもひとケタ上です。

数十秒のショート動画で「コミュニケーション」するというのは、非常に現代的なつながり方ですね。

メルマガを活用する

いまでは古くなった感のあるメルマガですが、依然として売上をつくるためのツールとして注力している会社は少なくありません。企業から情報をプッシュ発信するためにも、何らかのメディアは必要であるといえます。

しかし、メルマガで売ろうとすればするほど売れず、購読を解除されてしまう。反対に、売ろうとしなければ売れる。

——何とも逆説的ですが、売り込み情報にしても、お客様にとって買いたいモノのおトクな情報が来るのであれば、むしろ歓迎されるはずです。

お客様の視点に立ち、お客様の状況を心配、改善する姿勢をまっすぐに出すことができれば成功するのではないでしょうか。

ここでは、どのようにメルマガを発信するかについて説明します。

まずは配信目的を明らかにすることです。

基本は、潜在客や他社の客を見込み客や新規客へと誘引してリピート客に変え、安定得意先へと育成することが目的となります。

①配信目的（例）

- 顧客との接点拡大、LTV（ライフタイムバリュー＝顧客生涯価値）の最大化
- 商品情報の周知、販売促進

- 顧客育成、啓蒙
- 顧客の悩み、課題に応える

⇨共感・共有・拡散（Sympathy、Shear、Spread）

調査によると、配信形式は「HTMLメールがよい」が65%、「テキストメールがよい」が35%。また、画像のあるメルマガは、ないメルマガよりクリック率が42%高くなるというデータがあります。

②配信形式
- HTMLメールか、テキストメールか
- フォーマットを決めておく
  （例）〈 件名　あいさつ　本文　後記　奥付〉
- 本文に個人名挿入
  ⇨気持ち悪いと思う人もいる、入力エラーに注意
- メール内リンクの遷移先を適切化する
  ※よりくわしく⇨ブログ、技術情報サイト、LP、企業サイト、ECサイトなど
- バックナンバーはウェブに蓄積していくとSEO対策になる

配信頻度が高すぎると購読解除の原因となります。また、配信するほうも相当な手間がかかります。そのため、支援先企業には「月2回ていどが適切なのではないか」と提案しています。

配信日は、週明けの月曜日と週末の金曜日は読んでいる時間がとれないため、1週間の中間がよいといえます。

③配信頻度
- 週1回（月金を除く火水木のいずれか）、月2回、月1回など

※適切なのは月1回～2回

※配信日は「火・水・木」が最適

（毎日の配信は、配信するほうも負担がかかり、顧客にとっても煩わしい）

④配信内容

- 顧客、担当者が「おカネを払ってでも読みたい」と思える内容
- 顧客の生活やビジネスに役立つノウハウ、新情報
- 顧客事例
- 商品に関連する知識・解説・背景、役立つ情報
- 技術の裏づけ、エビデンス、権威の推薦
- 質問を取り上げて答える　Q&A
- セール情報、アウトレット商品情報、おトク情報、サンプル品やモニター募集
- イベント、キャンペーン
  (例) ○○へご招待、賞品・情報冊子プレゼント…
- 企業の物語、理念、商品開発ストーリー
- 展示会の出展予告、報告
- 新製品のニュース、お知らせ
- セミナー、勉強会の告知　動画リンク
- スタッフのウラ話
- 社長の考え方、こだわり・企業姿勢の訴求、啓蒙
- 季節ネタ（受験、GW、お盆、台風、季節の味覚、積雪…）
- 編集後記（社内のこと、個人的なこと、メルマガ担当者のプロフィール・近況）
- 顧客の声紹介（編集後記内で毎回1件ずつ、など）

意外と開封率が高いのは発信者の個人的な話がタイトルになっているようなときであったりします。私のメルマガも、身辺報告のタイトルは開封率が高いので、やはり人は人に興味があるのかと思ったりしています。

クラウドファンディングで認知を広げる

クラウドファンディングとは、ネット経由で多数の人から資金調達をおこない、商品開発や財源への協力をしてもらうものです。主なサイトとしてはCAMPFIREやMakuake、READYFORなどがあります。

使い方としては、「こういう商品をつくりたいので応援してください」と求

めると、共感した人が資金を提供。その金額に応じたリターンとして完成品が届けられたりします。

このように商品開発や社会事業などへの寄付を募ることが本来の目的ですが、プロモーションとして活用することもできます。

クラウドファンディングのサイトにアップされることで注目され、周知・宣伝することにつながります。支援者がサポーターとなり、拡散、宣伝してくれるのです。

▌クラウドファンディングの効果

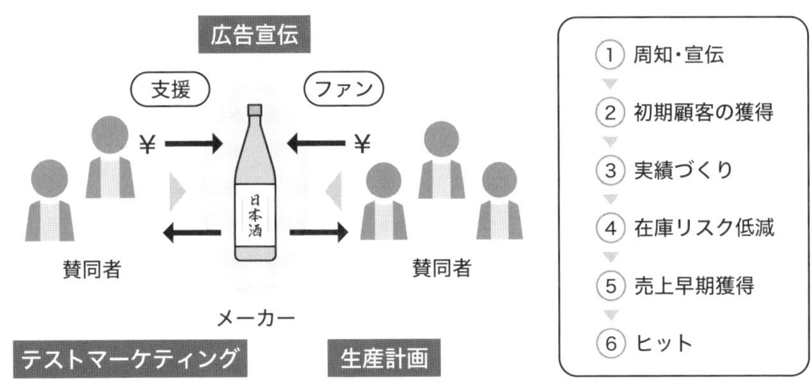

クラウドファンディングは試作の段階など生産前から初期顧客やファンを獲得することができ、売上予測やファーストロットの計画を立てたり、実績をつくることが可能になります。

また、メディアの記者もネタ探しの一環として閲覧しているといわれているので、新聞や雑誌で取り上げられるきっかけとなることもあります。

Googleビジネスプロフィールを活用する

Googleビジネスプロフィールは Googleが無料で提供しているツールで、Google検索やGoogleマップで検索されたときに表示される会社や店舗の情報内容を管理することができるものです。

会社やレストランの検索をしたときに、住所や電話、写真、営業時間、紹介文などが表示されたものを見たことがあると思います。これは見込み客に検索されたときに上位表示されることにもつながるため、**MEO（マップ・エンジン・オプティマイゼーション）**と呼ばれています。

Googleアカウントがあればビジネスオーナー登録をするだけで編集することができるようになり、誤情報などを排除できるので店舗ビジネスなどはぜひ活用したほうがよいでしょう。

▎Googleビジネスプロフィールでできること

- 無料でできる
- 企業・店舗情報、写真掲載
- ウェブサイトへ誘導
- 住所・電話番号掲載
- Googleマップに表示
- イベント情報の掲載
- Q&Aの掲載
- クチコミの掲載　など

専門ポータルサイトの活用

業界ごとに専門のポータルやマッチングサイトがあります。工業系や医療機器、建築関係ではイプロスが有名です。そのほかではEMIDAS（NCネットワーク）やアペルザもあります。

また、**最近よく見るのが、ある分野の企業、あるいは競合となる商品を集めて掲載し、各サイトへのリンクを張る比較サイトです**。運営者は、最初は掲載無料にしておき、有料登録をすると上位に掲載するなどのオファーをしたり、アフィリエイト収入を得たりするというものです。見込み客の流入が見込めるのなら掲載料を払うことを検討してもいいでしょう。

SEO対策を実施する

近年のSEO対策はコンテンツマーケティングが主であると書きましたが、それでもウェブサイトをリニューアルするときに制作業者に依頼したり、または社内で対策できることもあります。

SEOの精神としては、「Googleはズバリのページを検索者に提示したいのだ」という願望を理解することです。

ここでは、主なSEO対策について1つずつ説明します。

▍主なSEO対策

- 十分なキーワード出現率
- 質の高い被リンクを得る
- 更新頻度を高くする
- 十分なページ数を追加
- ワードプレス化
- モバイルフレンドリー
- 1ページ2,000字（できれば3,000～5,000字）以上
- 表示スピードが速い
- セキュリティ対応（https化）
- E-A-T（サイテーション〈言及、引用〉）
- YMYL（専門家の監修明記）

●十分なキーワード出現率

あるキーワードで検索されたときに上位表示されることを狙うには、そのキーワードがタイトルやキャッチコピー、本文に頻出するように書きます。

しかし、出現率が高ければいいというわけではなく、一般には4%を超えないほうがいいとされています。結局のところ、理想の比率をGoogleは明らかにしていませんので、類推の域を出ません。

●質の高い被リンクを得る

以前は別サイトからのリンクが多く張られていれば価値のあるサイトという評価でしたが、現在は価値の低いサイトからのリンクや、まったく無関係なサイトからのリンクは評価されません。

そのため「質の高い」サイトからのリンクを得るようにしたいのですが、これは相手のあることですからカンタンではありません。

●更新頻度を高くする

これは社内で情報ページをできるだけ高い頻度で更新をすればいいので、

実践できると思います。そのためには、ウェブサイトを制作するとき、制作会社に依頼してCMSを導入してもらうことが必要です。

「CMS」とはコンテンツ・マネジメント・システムのことで、無料のブログサービスなどのように、容易にページを追加することができます。これにより、このあとにつづく対策も実現できます。

●十分なページ数を追加

コンテンツの少ない、内容の希薄なサイトでは評価されないということです。ページ数は多いに越したことはありません。

●ワードプレス化

ワードプレスはCMSの1種で、ウェブページを記述するソフトウェアの名前です。Googleの検索エンジンにとって理解しやすい形式であるといわれ、このソフトで制作しておくとSEO対策上、有利になります。

●モバイルフレンドリー

先にレスポンシブデザインと書いたことと同じです。スマートフォンで閲覧するときに見やすく、操作しやすく表示されるサイトであることを指します。

現在のあなたの会社のサイトがモバイルフレンドリーかどうかは下記のサイトで確認することができます。

https://search.google.com/test/mobile-friendly

● 1ページ2,000字(できれば3,000～5,000字)以上

前項を満たすため、ページ数を増やさなければならないとして1行だけのページを量産するウェブサイトが多く現れました。

それでは意味がないとして、今度は1ページあたりの文章量が十分になければならないとなりました。1ページ2,000字以上であればよいのですが、これは多ければ多いほどよいようです。

●表示スピードが速い

これは訪問者にストレスを感じさせない、快適なサイトであるべきということです。速い表示を実現するためには、画像データや貼りつけた動画を軽量化するなどの対策を制作会社にとってもらう必要があります。

●セキュリティ対応(https化)

セキュリティ対策をしておくということです。SSL／TLSプロトコルを利用したセキュアなSSL通信の暗号化方式によりセキュリティ対策済みのウェブサイトのURLは、「http」から「https」へと変わるので一目瞭然です。

あなたの会社のサイトも確認してみてください。

● E-A-T（サイテーション〈言及、引用〉）

「E-A-T」とは、E：専門性（エクスパティーズ）、A：権威性（オーソリティティブネス）、T：信頼性（トラストワーシーネス）のことです。そのサイトの運営者が専門家であり、権威を持ち、信頼性があれば、表示順が上がるということなのです。

例えば、個人のコンサルタントのウェブサイトでいえば、博士号をとっている、書籍を出版している、優秀な大学を卒業している、政府系の仕事をしている、などでしょうか。

加えて、サイテーションというのは、SNSなどで言及、引用されているサイトかどうかです。E-A-Tの判断材料の一つとされています。

● YMYL（専門家の監修明記）

「YMYL」は、Your Money Your Lifeのイニシャルです。つまり、「あなたのおカネ、あなたの命（健康）」ということで、投資や健康・病気関連の情報サイトはきびしくチェックしますということです。

これは、健康関連の情報サイトで、オカルトめいた不適切な情報をアップして炎上した事件も関連しているといわれています。

以上のほかにも細かなSEO情報はあるのですが、それはウェブサイト制作会社に任せて、社内でできる範囲に限って対応していくのがよいでしょう。

また、Googleによりアルゴリズムのアップデートは頻繁におこなわれますので、今後に出てくる新しい傾向にも注目していきましょう。

Lecture

展示会で顧客と出会う

展示会出展の効果を最大化する

効率的に販路開拓ができるとしてウェブサイトに傾注する企業が増えていますが、そうした状況だからこそ**リアルで話すことができる展示会が価値を持ちます**。

ウェブからの見込み客は見積りだけが目的だったり、商談の途中からメールの返信が来なくなるなど信用ができないという声も聞きます。

何より、ウェブページの数が幾何級数的に増加している現状では、もうインターネットで発見してもらうことが困難になっているのではないかと感じてしまいます。

そのため公共による企業支援でも、結果につながる販路開拓の手法として展示会の出展サポートや助成金が増えているのです。

展示会出展、９つの効果

①ネットの時代だからこそ、直接会うことで商談が加速

ウェブサイトは効率的に販路開拓できるツールですが、訪問者は集めなければなりませんし、一方的な説明になるむずかしさがあります。

これが展示会のブースであれば、相手のニーズを聞き取りながらメリットを強調したり、似ている成功事例を話したりすることができます。

また、対面して顔を合わせているからこそ、信頼感も醸成され、商談が加速することもあるでしょう。

②特定の商材に興味のある見込み客と出会える

特定の商品や加工サービス業にとっては、値下げ要求のきびしい購買部と取引するよりも、技術力を認めてもらって最初からスペックインしてくれる設計部や開発部と取引をしたいところです。

展示会とは、そうした設計・開発部門の担当者がよい技術を求めて１人で来場する空間。本来の見込み客との出会いがあります。

また、ニッチな商品のユーザーや、どうやってアプローチできるのかがわからない業界においても展示会は接点になります。

例えば青森県の空気清浄機メーカーは、新幹線車内用の機器を納品していますが、これは「鉄道技術展」という展示会がきっかけであり、また高速道路サービスエリアの機器は「ハイウェイテクノフェア」に出展したときの出会いがきっかけでした。

③技術・サービスが見える化して明解に伝わる

展示ブースは社長や担当者が臨場しており、実物や実機など商談の舞台装置がそろった理想的な空間になっています。

目の前で商品に触わってもらい、試用・体験してもらうことで、納得してもらうことができるでしょう。すると、スーパーセールスパーソンがいなくても、メリットが十二分に伝わるのです。

④試食・試販、マーケティング調査の場になる

食品関係の場合、ウェブやカタログを見るだけでは話がなかなか前に進みません。やはり試食をしてもらうことで商談は加速します。

また、マーケティング調査をズバリの見込み客を集めておこなうとなれば時間も費用もかかります。ところがブースでは興味を持った見込み客へ気軽に質問ができます。「気になったブースはありましたか？」、「この商品を改善するとしたらどこでしょう？」など。それも追加コストはゼロなのです。

⑤費用対効果は思ったより高い

展示会への出展を躊躇するいちばんの理由は、おそらくブース出展料の高さでしょう。しかし、行政・自治体や信用金庫などが主催する展示会もあり、低コストで出展ができます。

敷居の高い本格的な専門展であっても、都道府県や商工会議所からの助成金が使えたり、あるいは共同出展に参加することも可能です。出会った顧客のLTV（ライフタイムバリュー＝顧客生涯価値）を考えると費用対効果は高いといえます。

⑥主催社が集客する未知の層にアプローチできる

主催者が出展者に対して展示ブースを販売できるのも、多くの来場者を集められるという背景があるからです。

そのため、主催者は保有リストにメールを送ったり、招待状を郵送したり、有料の広告なども出稿して懸命に来場者を集めてくれます。

だからこそ、出展しなければ出会うことがなかった多くの見込み客との接点を持つことができるというわけです。

⑦強みを総括した立体的なブランド構築の機会になる

商品カタログや会社案内をつくり直そうと思っても、なかなか進まなかったりします。ところが展示会に出展するスケジュールが決まってしまえば、さすがに制作せざるをえないという、いわゆる締切り効果が発生します。

また、コーポレートカラーなどC.I.ルールに則ったブースを設計することで、ブランド訴求の場にもなります。

新潟県・三条の諏訪田製作所では黒を基調とした展示ブースを出展しています。同社の社屋も黒、作業場も工場見学コースも黒なら、併設のアウトレットショップでよく切れる爪切りを買うと渡されるバッグも黒です。

これは、同社のコーポレートカラーが黒だから。しかも、なぜ黒なのかという理由がきちんとあります。同社はもともと鍛冶屋からスタートしています。鍛冶屋は、火の温度を見たり、火花がどこかへ飛んでボヤを起こしたりしないように、作業場を黒く塗るそうなのです。

つまり、同社のコーポレートカラーの黒は、そうした物語とルーツを持つものなのです。それを聞いてから黒いブースを見ると、また感慨も深くなるような気がします。

⑧テレビ、新聞に取材・紹介されやすい

展示会初日の午前中に来場すると、テレビクルーがカメラを担いで取材しているところを見かけます。

じつは、展示会の模様は一般のニュースやバラエティ番組でも紹介されるほど関心が高まっています。NHKの「首都圏ニュース」やテレビ東京系の「ワールドビジネスサテライト」、TBS系の「所さんお届けモノです！」、「がっちりマンデー!!」など。

ふつうにプレスリリースを配信するよりテレビ露出の確率はぐんと高くなるはずです。

最初から紹介するブースを決めて来場する取材班もいるのですが、その場合も事前に送ったプレスリリースの切り口が評価されてのことです。

⑨業界での存在感・信用力の強化

ある業界のキーマンが集まる展示会ですので、そこへ出展していれば業界

内での存在感が醸成されていきます。
「どこかで見た」という印象を積み重ねてこそ、認知度やブランドは構築されるのです。

展示会出展は準備が9割

●予算はかけなくていい

有名企業のブースは派手なデザインでコストがかかっていますが、来場者が誘引されているのはデザインではなく「社名」です。

美しい木工ブースの施工にコストをかけすぎると出展の損益分岐点が高くなり、何件かの商談を得られても赤字になってしまうかもしれません。

まずは基礎コマ*と呼ばれる必要最低限のセットを申し込み、社内でデザインしてネット印刷で出力したタペストリーを掲示すればいいのです。

＊基礎コマ：システムパネルで立て込んだ壁と社名表示板に床はパンチカーペット、これに受付台と展示台、椅子、照明などがセット料金で提供されるもの。

●名刺は集めなくていい

通行する来場者に、慣れない声かけをするのはストレスです。しかも来場者全員に声かけをしたり、ノベルティグッズと引き換えに集めた名刺はどんな性質のものでしょう？　そのリストに営業をかけると、あまりにも反応がうすいことにガク然とすることもあります。

自社商品の見込み客は、来場者の中の数%ていどしかいないでしょう。大量の希薄なリストを得るよりも、興味を示してくれた来場者のみと名刺交換をする、いわゆる反響営業を展示会でもおこなうほうが効率的です。

●事後フォローは気にしなくていい

展示会は「出展して終わり」ではなく、会期が終了したあとのフォローが肝心だということは認知されるようになってきました。成約に至る商談のフォローはもちろん大切ですが、それ以上に重要なのが事前の準備です。

事前の準備ができていれば会期後のフォローはカンタンになりますし、会期中の運営もラクになります。

準備とは、来場者に気づいてもらえるブースをつくることです。そのためには、紹介する商材のUSPをキャッチコピーに書き、遠くからでも読める文字サイズでタペストリーなどに印刷して掲げておくということです。

■出展のダンドリを決める

展示会出展の準備、企画は次のような手順にしたがって進めていきます。

〈1〉考える

・「何を」紹介するか……どの商品、会社の価値、何がウリか？

・「誰に」訴求するか……ターゲットはどの分野、どの職級か？

⇨コンセプトとして文章化する

〈2〉決める

・展示会を選ぶ……ターゲットが来場する展示会は？

・キャッチコピーを書く……選ぶ理由をわかりやすく表現

⇨数値目標を設定する

〈3〉実行する

①実物の展示
②ツールの制作
③誘引の仕掛け
} 「3種の神器」

⇨商談・フォローする

〈1〉考える

まず**「何を」紹介するかですが、これは新商品や企業ブランドの、選ばれる理由となるポイントを明確にすることです。**

そして、**出展する要素は目玉となる1つに絞り込むことが必要です。**いくつもの要素を売り込もうとすると、1つも伝わらないという結果になります。どうしても複数を紹介するなら、8：1：1のようにメリハリをつけてください。

次に**「誰に」では、どの分野・業界の会社か、開発担当か、購買担当か、それとも今回は代理店を探したいのか、などターゲットを明確にします。**これによって出展する展示会も、メッセージ内容も決まってきます。

そして、以上の「何を」「誰に」から出展コンセプトを決めて明文化します。「何を誰に伝え、どうしてほしいのか」。これは、いま得たい結果から逆算して考えると書きやすいでしょう。

〈2〉決める

展示会を選ぶときは、狙う対象者が来場するかどうかをゼロベースで検討します。場合によっては、あえて定番をさけるのも一つの方法です。とくに最新技術を発表して競い合う「技術展」に出展しても商談につながりづらいこともあります。その場合は技術展よりソリューション展、つまり活用現場やユーザーに近い展示会へとズラすほうがよい結果につながります。

〈事例〉「ファッションワールド」のアパレル会場に撮影機材メーカーが出展
⇨じつは周囲は商品を撮影するニーズのある見込み客ばかり。

〈事例〉外食産業の展示会に動画撮影を得意とする広告会社が出展
⇨出展者も来場者も、シズル感のある食品の動画撮影を依頼したい見込み客が多数。

キャッチコピーは、抽出したUSPのポイントを明解に表現する1行を書きます。USPの見つけ方についてはP.198、キャッチコピーの書き方についてはP.280を参照してください。

ここまで決めることができたら、出展の目標を数値で決めます。数値で決めるのは、客観的に比較することができるからです。

数値でというと、一般には名刺の数とすることが多いと思いますが、名刺もその中身が重要だということは先述しました。本質的には、展示会で出会った会社との取引で1年以内に生まれた粗利益額なのですが、それでは話が長くなってしまいます。現実的な数値としては、商談発生件数、見積り・デモ依頼数などでしょうか。

〈3〉実行する

あとは、**実物・実機の展示、ツールの制作と掲示、そして誘因の仕掛けです**。実物・実機はそのまま出せばいいものでもなく、説明プレートなどを添えると親切です。また、商品が未完成や大きすぎる場合はサンプルや模型を展示します。IT系やシステムなど商品にカタチがない場合は模式図やシステム図を見せます。

▍展示ブースに掲示するツールの種類例（1コマ3m×3mの場合）

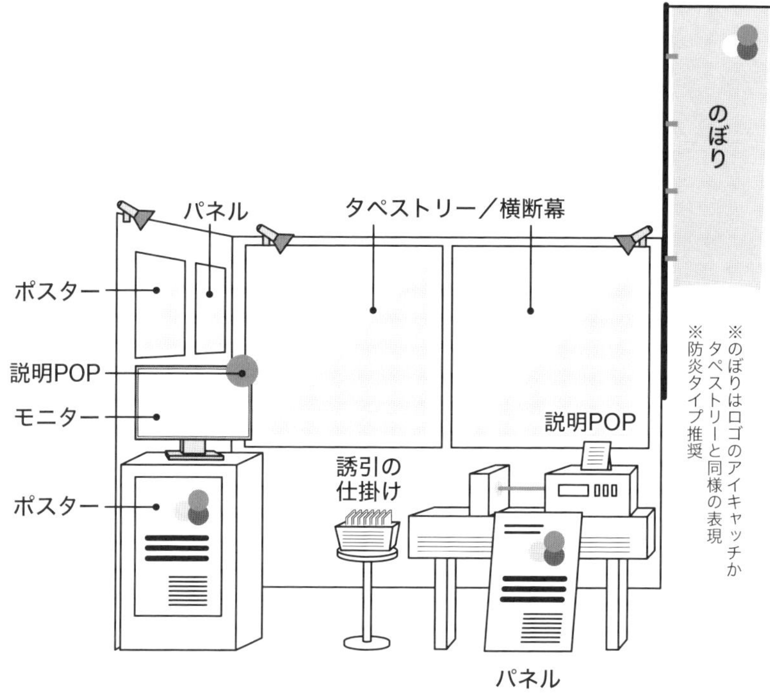

また、金属加工業などで自社商品がない場合は、許可をとって実物を置くか、一部をカットしたり架空部品を製作するなどします。その場合はビフォーアフターを並べて見せるとより効果的です。

ツールでは、パネルやポスターはサブ的な扱いとし、1.5～2メートル幅くらいのタペストリーや横断幕をメインに考えてください。そのくらいのサイズ感があると、キャッチコピーの文字サイズも大きくすることができ、遠くからの視認性が高まります。

私はよく1.8メートル幅（天地1.5メートル）のタペストリーを印刷しますが、ネット印刷の料金は1万4千円ほどです。タペストリーのデザインなどのキービジュアルのつくり方についてはP.264を参照してください。

誘引の仕掛けをつくる

ブースに立ち寄ろうかどうしようか迷っている来場者の背中を押すための、ちょっとした体験イベントを「誘引の仕掛け」と呼んでいます。

内容は、試用や体験、クイズなど。これによって人が滞留すると、あとから来た人も、通路の反対側のブースではなく、人の多いブースのほうを注目します。つまり、人は何よりのアイキャッチャーになるのです。

〈誘引の仕掛けの例〉

誘引の仕掛けの考え方は、ブースの「店頭」で、自社や商品の価値の一端をその場で手渡しするにはどうすればいいかというものです。

これまでで、いちばん感心した例は、蛍光管の飛散防止カバーをつくっているメーカーのブースでした。

蛍光管にカバーを巻いて待ちかまえた社長が、人が多く通りかかった瞬間に、その蛍光管をバリンと割るのです。

すると、来場者は、何事か！と思って振り向きます。すると、「飛散防止カバーで安心です、○○社です!」と呼びかけるのです。

- 体験／試用できる
- 実演／デモ／実証
- コスト削減診断
- 節電料金試算
- サンプル配布
- モニター募集
- ミニセミナー
- アンケート参加
- アトラクション
- 事例集／小冊子配布
- ミニコンサル／相談会

商談のフォローは、ブースでニーズの度合いを確認し、のちに商談に入るという2段階で進めます。ニーズの度合いはA・B・Cの3ランクなどに分類し、それぞれに異なる対応をします。

「**Aランク**」は、すぐに商談に入ればよいのでシンプルです。

また、「**Cランク**」は、将来的にはニーズが顕在化しそうだけれど、いまはその時期ではない、というような対象です。このランクは“育成枠”に入れ、メルマガやニュースリリースを定期的に送って忘れられないように細く長い付き合いをしていきます。

問題は「**Bランク**」です。ニーズがあるかないか、商談を歓迎なのか、敬遠なのか、この時点では判然としない対象です。

これは一斉送信メールではなく、個別メールか電話で確認をしていきます。そして、とくに取引すれば双方にメリットがあると思える対象は、5～10社ていどに限って提案営業をします。

このとき、相手企業のウェブやニュースリリース、新聞記事などを丹念に調べて、いまはどんな事業に取り組んでいて、どんな投資をしていて、どんな開発をしているかを調べていきます。

そして、そこへウチの商品をどのようにあてはめればよい提案（コストダウンや品質アップなど）ができるかの絵（未来像）を描いて、メールや電話で提案するのです。

それがズバリあたっていれば最高ですが、そううまくはいかないでしょう。しかし相手は、「ウチのことを特別に思ってくれている、提案はちょっとズレているが、情報交換をしてもいいかな」と考えてリモート面談をしてくれるかもしれません。

そこから、お付き合いがはじまることもあるのです。

■オンライン展示会で成果を出す

近年は、リアル展示会と同時にオンライン展示会が開催されることも増えています。**オンライン展示会は場所と時間の制約がありませんので、海外から来場してもらうことも、海外展示会に出展することもカンタンです。**

オンライン展示会は、展示会とウェブサイトのハイブリッドであり、両方のノウハウを求められるというむずかしさがあります。そのためか、オンライン展示会が商談に結びつく確率は、リアル展示会のほぼ3分の1です。

では、どうしたらオンライン展示会で成果を出すことができるかについて説明します。

オンライン展示会は、物理的なブース面積の差がないため、出展者のアピール度が横並びになるという公平な側面があります。しかし、それでも有名企業が強いという現実があるのです。

この場合の有名企業とは日立やパナソニックというよりも特定分野の有名企業であり、例えば半導体分野であれば東京エレクトロンやディスコ、信越化学などがそれにあたります。

来場者は、まずは自社の関連分野の有名企業を思いつくままに訪問します。そして次にどこを訪問しようかと考えたときに、検索やマッチングサービスを利用します。このとき、検索結果の上位に表示されるように対策をすることが重要です。

オンライン展示会4つの決め手

①検索対応を意識する
②キャッチコピーに注力する
③キービジュアルで勝負する
④コンタクトの仕掛けを用意する

展示会によって、検索やマッチングサービスの形式は異なりますので、まずは表示形式と検索の仕方を確認します。そして、自社の見込み客はどんなキーワードで検索するかを考えます。

検索ワードが明らかになったら、それらのキーワードをキャッチコピーや説明文に使用して、検索結果に上位表示されるようにします。

キャッチコピーは、見込み客が興味を持ち、問い合わせや発注をしたくなるメッセージにする必要があります。これは一方的な説明しかできないウェブサイトと同じで、表現力をより問われます。

また、キービジュアルはさらに重要であり、言葉を超えて一瞬で理解してもらえる、わかりやすい図解やシーンを見せることを心がけてください。

来場者は、来場登録をしたときに社名や属性を記入しています。そのため、出展者はブース訪問者のデータを自動的に入手することが可能です。そこは安心なのですが、来場者により強い印象を残すためには、できればチャットやビデオ会議、あるいは情報冊子PDFなどをダウンロードしてもらい、コンタクトしてもらう必要があります。

そのためには、ダウンロードしたくなるような、役立つ魅力的な資料を提供することが大切です。

Lecture

人的営業で販路を広げる

提案営業とインサイドセールスを極める

人的営業は、見込み客にも自社のセールスパーソンにも敬遠されています。また、感染症の流行を契機にZOOMなどを利用したリモート営業のスタイルが定着しました。そのため**今後の人的営業のあり方は、インサイドセールスやMA（マーケティング・オートメーション）の組み合わせ、あるいは濃密な提案営業へと二極分化していくのではないか**と考えています。

本項では、多少マーケティングからはみ出しますが、販路開拓のための営業について解説したいと思います。

提案営業で販路開拓する

提案営業とは、顧客が抱えている課題や問題点を把握し、それを解決する手法として自社の製品・サービスを提案していく営業活動のことです。ソリューション営業やコンサルティング営業もほぼ同じ内容です。

MAなどのデジタルマーケティング活動のほうが効率的という意見もあります。しかし、**インサイドセールスなどリモート営業での実施を含め、人的営業のメインは提案営業となるのではないでしょうか。**

ここではケーススタディとして、給与日本一でも知られるキーエンスをベンチマークし、その成功の要因を探りたいと思います。

キーエンスは情報機器や計測機器、自動制御機器、光学顕微鏡・電子顕微鏡などの開発および製造販売をおこなう会社です。本社は大阪で、東証プライムに上場しています。

キーエンスの社名は、「Key of Science」から命名されています。

キーエンスが勝てる3つの要因

キーエンスの強みは提案営業であると解説されることが多いのですが、他社とどう違うのかを分析した結果、3つの要因が導き出されました。それは、

「量」と「数」と「質」という3点でした。

キーエンスの強み　「量」と「数」と「質」

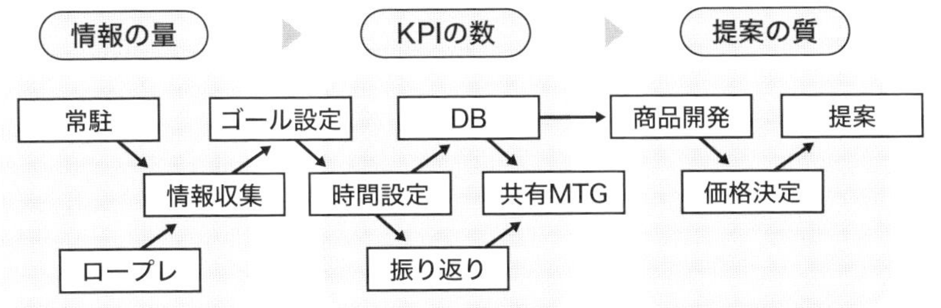

▶情報の量

社内データベースの活用や、ノウハウを共有する会議などを通じて、収集した顧客の情報を高度に蓄積している点です。

これは顧客企業に「常駐」しているといわれるほどの密着感、そつなく聞き出すテクニックを磨くロールプレイングなどが背景にあります。

主な活動は、商談でのヒアリングや現場調査、電話での追加質問などによる情報収集を徹底し、潜在ニーズをあぶり出すことです。

対象となる情報は、顧客の困りごと、設備の稼働状況、次期の投資情報ほか。顧客と対面している時間が多くなるよう、見積りなどの作業は別の社内スタッフに任せるなど工夫しています。

収集した情報は、顧客データベースや競合データベース、ニーズデータベースなどに投入して社内で共有。会議もおこなって立体的に活用します。

▶ KPIの数

KPIの会社といえばリクルートも思い浮かびますが、こちらも営業力が強い会社。KPIが両者の共通点であることから、これが重要なのではないかと気づかされます。

KPIはKey Performance Indicatorのイニシャル。段階的指標などと訳され、容易に達成できる目標を刻むことで進捗度を見える化し、最終目標を達成しやすくする取り組みです。これにより、属人ではなく組織としてノウハウを伝承していく体制が構築されます。

具体的には、まず商談ごとの目的やゴールを上司と定めます。顧客にどんなニーズがありそうか、その背景は何かについても話し合います。

また、商談中の過ごし方も定義されています。例えば新規顧客は「アイスブレイク10分／製品紹介20分／ヒアリング20分／次回商談の確認10分」で合計60分というように。

いずれのKPIも全社のランキングが週次で配信されるため、各人は達成へと努力することになります。こうした明確なゴール設定と目標達成により、営業活動の生産性を高めることができるのです。

▶提案の質

約4千人の営業員は顧客との接触から得たニーズをカードに書いて提出しています。ノウハウ共有のため、課ごとの週次ミーティング、事業部ごとの勉強会、全国エリア会議が開かれます。

このような膨大な情報を集約し、新製品提案書がつくられるのです。また、新製品を開発するかどうかの基準は細かく定められています。

▍新製品化する基準

- 情報から想定される潜在ニーズが社内の基準を満たしているか
- 必要とする顧客が多く市場規模が大きいか
- 世界初の技術、サービス、性能があるか
- 他社が数年は追いつけないか（技術、市場占有率、特許）

製品開発提案において、コモディティ化しないためには、「同じようなヒアリングをして、同じようなニーズを聞き、同じような商品をつくる」ことはしない方針としています。

▌（例）顧客のニーズ：蛍光顕微鏡の暗室での分析作業時間を短縮したい

〈一般的な提案営業〉

分析の速度を上げればいい

⬇

- CCDカメラのスペックを上げる
- 高速解析ソフトを開発する

〈キーエンスの提案営業〉

分析作業全体を捉える

⬇

暗室でなくても使えるようにすれば作業効率が高まる

⬇

- 測定部分だけを囲う

⬇

業界初「暗室」不要！

分析にかかる時間を10分の1に！

さらに、価格決定についてもユニークです。顧客の受益額から価格を決定するのです。

（例）顧客企業のコストを100万円削減できる製品（原価10万円）

コストダウンの成果を顧客と折半する

50万円で販売（粗利率80％）

紹介営業をシステム化する

紹介営業はリファラル営業とも呼ばれ、近年はあらためて見直されています。保険やクルマのトップセールスマンの話を聞くと、新規営業はほとんどおこなっておらず、紹介を受けた見込み客を回るだけで成約実績をあげているのです。

顧客や取引会社などからの紹介でおこなう営業はとても効率的ですし、一定の信用がある状態から商談に入ることができるので成約率も高くなります。しかし、積極的に依頼していかないと紹介は起こりません。

CRMのデータと連携して、ロイヤルティが高い顧客へ紹介の依頼をかけるなどの取り組みをおこなうことも有効です。

キーエンスも紹介を重視しています。ある部門に製品を納入したあとに、「ほかにお困りの部署はありませんか？」と質問するのです。

この場合、対象商品が具体的なので紹介がハマることも多いといえます。逆にいえば、「紹介してください」が不発に終わるのは具体性に欠けているからです。「こういうことで困っている会社を知りませんか？」というように、紹介先をイメージしてもらいやすくするのがコツです。

その際に必要となるのはフレーズです。**短くて明解なフレーズを一人歩きさせることで紹介が生まれます。例えば「×××を〇〇〇にできる商品」のようにキャッチコピーのようなフレーズとともに紹介を依頼するのです。**

こうしてピンポイントで依頼をすると、確率の高い紹介につながります。店舗などなら、名刺サイズの紹介カードを複数枚渡して配ってもらうやり方もあります。企業でもチラシを活用するのもよいでしょう。

全国の商工会議所、都道府県の振興公社などでは、百貨店や専門店チェーンのバイヤーとのマッチング会を開催しています。

東急ハンズなどのバイヤーにプレゼンできるミーティングもあります。また、100円ショップの商品開発チームやバイヤーがこちらからの売り込みに門戸を開放しているチェーンもありますし、先方から声がけされることもあります。

刺さる営業資料を作成する

対面であっても、リモート営業であっても、伝わる営業資料はとても重要です。オンラインで資料を共有する機会も増えましたが、その場合は画面に集中しますので、より資料の役割が高まります。

まずは準備として、わかりやすい営業資料をつくることからはじめましょう。

多くの一般的な営業資料は、次のような構成になっています。

• 会社案内、沿革	• 市場環境分析	• 課題の確認	• 商品特長
• 解決策	• 数字データ	• 詳細／条件	• 実績／事例

冒頭は、会社の紹介からスタートしています。前提として、会社を信用してもらわなければならないと考えるからでしょう。

しかし、顧客側にしてみれば、取引をするかどうかを決めていない段階では相手の会社の歴史や沿革には興味はありません。

まず**最初には、説明を聞きたくなる情報を置くべきです**。それは、理想的なゴールや、驚きの実例、信じがたいデータなど。つまり、冒頭で見せるのは衝撃であるべきなのです。

そして、「本当かな？」、「どうしてそんなことが可能なのか？」とショックを受けてもらい、**つづく根拠やエビデンス、事例へと集中力を高めてもらうという構成です**。

「これならウチにもいいかもしれない」と考えを切り替えてもらってから、最後のほうで会社案内を聞いてもらえばいいのではないでしょうか。

ちなみに、私の授業の冒頭はクイズです。毎回、マーケティングにまつわるクイズを出して回答してもらい、意外な正解でアタマを柔らかくする助けにしているのです。

営業資料はi-REEDでつくる

相手が興味を持ち、知りたいと考える順番を守り、興味をそらさない構成にすることが大切です。

それをフレームにした考え方が、「i-REED」です。

i-REEDによる営業資料の構成

- impact ………衝撃
- Reason………理由
- Evidence ……証拠
- Example ……事例
- Details ………詳細

さらにいうと、顧客企業内の部門によって求める価値は異なります。

そのため、いま攻めようとしているのはどの部門なのか、あるいはどの部門を攻めるべきなのかを検討したうえで、刺さる営業資料をつくらなければなりません。

部門別の求める価値

- 設計・開発…… 技術情報、VA・VE提案
- 資材・購買…… 価格・品質、安定供給
- 生産技術……… 生産性向上、技術情報
- 製造現場……… QCD（品質・価格・納期）、技術情報
- 保全部………… 短納期、緊急対応、設備耐久性

そのほかの資料作成の注意点としては、タイトル周りは目立つように濃い色を敷いて抜き文字を使う、書体はタイトルと本文で1種類ずつにする、一目でわかる図解にする、などの点に注意するとよいでしょう。

また、面談に際しては、トークスクリプトや想定問答も用意してください。

営業リストを入手する

近年は個人情報保護法のためにリストの入手がむずかしくなりました。かつては東京・新橋あたりに名簿屋というものがあり、さまざまなリストが販売されていたものです。

いまでも、Eメールなどでたまにリストの売り込みがあります。しかし、ジャストシステムが名簿を買ったらベネッセから流出したものだとわかっ

た、という事案もあったように、場合によってはトラブルに巻き込まれることもあるので注意が必要です。

営業リストとなる情報を入手する方法としては、自社サイトで情報冊子のダウンロード時にメールアドレスを登録してもらったり、展示会で名刺交換をしたりして適正に獲得するやり方があります。

対象分野が決まっていれば、その業界団体の名簿リスト、地域で絞り込むなら工業団地のリストを入手する方法があります。

そのほかでは、リスト収集ソフトでネットから抽出したり、場合によってはウェブサイトや電話帳からコピペすることもあります。

ある一定の条件を満たすリストを検索のテクニックによって集める方法があるのでご紹介します。

キーワードと一緒に、特殊条件を「inurl」で指定するやり方です。例えば、自社でセミナーを開催している会社を探して営業をかけたいときは、「株式会社　inurl:seminor」で検索します。

「inurl」は企業のウェブサイトの中で該当するページを指定しています。

別の例では、ある金融機関と取引をしている会社を探したいときは「○○銀行　inurl:会社概要」で検索します。

旅行会社が社員旅行を実施している会社に営業をかけたいときは、「社員旅行　inurl:recruit」となります。

この方法で、展示会に出展している会社、フランチャイズに加盟している会社、ある商材を扱っている会社なども検索可能です。

Lecture

広告を出稿する

有料広告ほかで認知を拡大する

広告の典型といえばテレビCMが思い浮かびますが、いまでは出稿総額でインターネット広告のほうが上回っています。

また、中小企業がテレビCMを放映することはコスト的にも考えにくいのですが、考え方によっては動画広告を多くの見込み客に観てもらう露出の仕方もありえます。

本項では、マス媒体、その他の媒体への広告出稿とその効果について説明します。

マス4媒体とその他の媒体

マス媒体とは、テレビ、ラジオ、雑誌、新聞の4媒体、および交通広告を指します。これらに加えて街頭広告、デジタルサイネージなどの店頭広告もあります。

マス4媒体はいずれも影響力が下がっています。テレビ視聴者も新聞購読者も減少していますし、雑誌の休刊も相次いでいます。ラジオ聴取者も漸減ですが、感染症禍などでアプリの「radiko」を含め若年層の聴取者が増えているとする報道もあります。

テレビでは民放各局が参加する「TVer」というアプリがあり、リアルタイム配信をはじめたことで再生回数は増加しています。まだ広告媒体としての存在感は大きくありませんが、今後はおもしろい存在になっていく可能性があります。

理由としては、中小企業や店舗が動画広告を制作する機会が増えているからです。自社サイトに動画を掲載するほか、YouTubeに動画広告を出稿するなど、情報量の多い商品を短時間に理解してもらえるメリットに着目しているようです。

一方で民放の何社かが取り組んでいるのが「**SAS（スマート・アド・セールス）**」です。これはテレビスポットCMを15秒・1本から購入、放映できる媒体枠です。

また、電通系の代理店は中小企業が少額からCMをオンエアできるサービス「**テレシー**」を開始。ラクスルの「**ノバセル**」は、テレビCMの制作、出稿計画、効果分析などのプラットフォームを提供するサービスです。

テレビの視聴率が下がれば媒体価値、つまり料金も下がるので、時間帯によっては出稿ができるようになっていくということもあるのでしょう。

そして、可能性として興味深いのは**プロダクト・プレイスメント**という手法です。

あなたはアメリカ映画で、なぜ主人公はいつもMacユーザーなのかと考えたことはないでしょうか。あるいは、主人公はBMWに乗り、悪役は○○○のクルマに乗っている、と感じたことはありませんか？

これらは、商品がストーリーに溶け込んで露出される、プロダクト・プレイスメントという広告媒体なのです。

日本のドラマでも、主人公の部屋に置かれた箱ティッシュ、飲んでいる缶ビール、使っているノートパソコンなど、その多くが広告案件です。

こうした出稿は中小企業でも可能ですし、商品の必要性によっては無料での露出もありえます。

台東区のプリンセスバッグは多くのドラマ撮影に協力してバッグを提供しており、社名がエンドロールに明記されています。これらは無意識の刷り込みという意味において、スキップされないCMであるといえます。

■ それでもウェブ広告がメインストリームへ

いわばプッシュ手法といえるテレビやラジオの広告と比べ、**解決したい課題を抱えて検索したキーワードに関連して表示される広告は、“いますぐ客”にクリックされる率が高いことがメリットです。**

また、Amazonの中で検索、表示した商品に関連した広告が表示されるのも、通販サイト内であるため購入行動により結びつきやすいといえるでしょう。

これに対して、TwitterやFacebookなどSNSのタイムラインなどに表示される広告は、ユーザーが「モノを買うつもり」で閲覧しているわけではないため、邪魔に感じられることも多く、クリック率も高くはありません。

それでも、地域やプロフィールを細かく絞り込んで出稿することができるので効率的ではあります。商品の性質によって向き不向きがあるので、最初に小さく試してみることをおすすめします。

ウェブ広告では、MAの項でも触れた、クッキーの問題があります。

クッキーとは、あるサイトの訪問者にサイト側から付与される識別番号です。この番号が記憶されているおかげで、目的のサイトにログインするときにIDやパスワードが自動入力されます。

問題になっているのは、A社サイトを訪れたときに、広告表示されているB社からもクッキーが付与されてしまう**サードパーティクッキー**です。ユーザーがさまざまなウェブサイトを回遊中にも、このクッキーが横断的に有効化されるため、「広告が追いかけてくる」リマーケティング（旧リターゲティング）広告の表示が可能になるのです。

いまはサードパーティクッキーは廃止になり、一般のクッキーも訪問者からの許可をとるようになっています。

ネット広告の種類と特徴

ネット広告のメリットは、商品に適合するニーズを持つ人や、絞り込まれたターゲットに向けて広告を表示できることです。そして広告費は少額からコントロールできますし、ほぼ成果と連動します。

デメリットとしては、近年は競合の多いキーワードのクリック単価が高騰していること、社内で運用する場合はキーワードに対する知識が必要というところでしょうか。

ふつうの媒体広告のように広告会社に委託をしてもよいのですが、月額10万円、20万円ていどの予算では、ほとんどが広告会社の手数料になるか、あるいは広告会社が真剣に提案をしてくれないということになります。

そのため、できれば社内で知識を蓄積し、失敗しながら出稿していくことがよいと思っています。

ネット広告の種類

①リスティング広告	⑥アフィリエイト広告
②ディスプレイ広告	⑦メルマガ広告
③リマーケティング広告 （旧リターゲティング広告）	⑧記事体広告
④ SNS 広告	⑨音声広告
⑤ YouTube 広告	⑩その他

①リスティング広告

PPC（ペイ・パー・クリック）広告とも呼ばれ、GoogleやYahoo!で検索した結果ページに表示されるテキスト広告です。クリックされたときに課金されますので、表示されただけではコストは発生しません。検索結果での上位表示を狙うことをSEO対策と呼びますが、そのための時間をかけられないときには有効な施策です。

②ディスプレイ広告

ポータルサイトやアプリなどを利用するときにページ内の広告枠に表示される画像や動画、テキストの広告です。バナー広告と呼ばれることもあります。表示されたときに課金されるインプレッション課金型と、クリックされたときに課金されるクリック課金型、成約になったときに課金されるコンバージョン課金型があります。

例えばGoogleに申し込むと、Googleがネットワークしている複数のサイトに表示されることになります。

すでに商品を探している見込み客というより、ニーズを喚起する目的に適した出稿形態といえます。

③リマーケティング広告（旧リターゲティング広告）

ユーザーが訪れたサイトや検索したキーワードに関連する広告を、別のサイトでも表示するタイプの広告です。

ニーズを持っていることが明らかなユーザーなので成約に至る確率は高いといえますが、サードパーティクッキーの問題があることは先に述べた通りです。

④ SNS広告

Instagramや Twitter、Facebook、LINEのタイムラインに表示される広告です。投稿のように見えることもあるためネイティブ広告と呼ばれます。

ユーザーの志向に合わせた広告を表示することができます。Facebookならビジネス系、Instagramならビジュアル、デザイン系などの傾向もあるので考慮に入れるとよいでしょう。

Twitterでは企業公式アカウント、プロモアカウント、プロモツイート、プロモトレンドなどの広告が利用できます。

参考：インスタ広告集めました。（@insta_adsquare）
　⇨Instagramに掲載されている広告表現例を見せてくれるコレクションのアカウント

参考：LINEクリエイティブインスピレーション
　⇨コスメや食品、ファッションなどカテゴリー別の広告表現、デザインテンプレートなどを集めたLINE社の公式アカウント

⑤ YouTube広告

YouTubeの本編動画の前後、途中に表示される広告です。情報量の多い動画コンテンツで認知を広げることができます。

⑥アフィリエイト広告

ブログなどを運営するアフィリエイターが商品を紹介、推奨し、それによって成約に至った場合に成果報酬を払う広告です。

⑦メルマガ広告

配信されるメルマガに挿入される広告です。

⑧記事体広告

新聞や雑誌などメディアのサイトで、記事のスタイルをとりながら表示される広告です。紙の雑誌などでもよく目にするものと同じ仕組みです。

⑨音声広告

Spotifyやradikoなど耳で聴く媒体向けの広告です。

⑩その他

アンケートのスタイルをとりながら、認知拡大やサイト訪問を誘引する広告もよく目にします。また、広告を見ると報酬がもらえるというタイプの広告もあります。

広告予算を決める

広告予算の決め方はいろいろありますが、一般的には次のような根拠により決定することが多いといえます。**支出する割合は商材の利幅によっても決まりますが、業界ごとの目安もあります**ので、合わせて参照してください。

①支出可能額による

自社で新製品などに最大限かけることができる予算に従う。

②販売額スライドによる

例えば、売上が10%増加したら、プロモーション費用も10%増加する。

③競合対抗による

類似製品を販売する競合と同等の費用をかける。

④シェア逆算による

市場シェアや広告の到達率を考慮し、それに必要な媒体計画などを立て、費用をかけていく。

⑤業種別の傾向を参考にする

中小企業全体の平均は売上の5～10%。BtoBは少ない傾向。新規事業は高率にならざるをえない。

業界別 広告予算の目安

業界	予算割合	業界	予算割合
自動車業界	2～4%	化粧品業界	6～10%
食品業界	1～5%	一般製造業	1～7%
健康食品	10%	住宅業界	1～7%
飲料業界	5～7%	精密機器	0.5～8%
化学業界	1%	製薬業界	5～10%
衣料SPA	2～7%	通販業界	9～20%
流通業界	1.5～4%	IT業界	8～30%
金融業界	1～8%	ゲーム業界	7～12%
商　社	1%	不動産業界	1～2%

広告効果の求め方

（1）売上効果

広告の実施によって、当該製品の売上高がどれだけ増加したかを測定することで確認する

- ウェブ広告であればコンバージョン数は明確
- その他は購買者へのマーケティングリサーチによる

（2）接触効果

広告の実施により、ターゲットがどれくらいその広告に接触したかを測定することで確認する

- インプレッション（表示回数）
- リーチ（到達率）※ユニークユーザー数
  フリークェンシー（接触率）※同じ広告を何回見るか
- GRP ／世帯視聴率 ⇨ 個人、コア視聴率（M1F1、M2F2など）
- 雑誌販売数、新聞発行部数
- カタログ配布数、名刺交換数

（3）心理効果

ターゲットが広告を視聴したことにより、製品の認知度や性能への理解度がどれほど向上したかを測定することで確認する

Lecture

販促ツールを制作する

社内でツール表現の方向性を考える

カタログやチラシ、会社案内のデザインは外部の広告会社や印刷会社に発注することが多いと思います。しかし、次の章で説明するキャッチコピーも同様なのですが、専門の広告会社に依頼したからといって最適な表現ができあがってくるわけではありません。

たった数時間の打ち合わせでは商品の重要なUSPや顧客の性質まではなかなか伝えることができないからです。

制作者にとっても、たくさん受けている仕事のなかの1社です。なかなかSONYやサントリーのように斬新な、あるいはおもしろくてすぐに伝わるようなクリエイティブ（広告表現）は出てこないでしょう。

やはり、**キャッチコピーもキービジュアルも肝心な表現の方向性は社内で案出しなければならないのです。**

そこまではやれないとしても、広告会社に適切な発注をおこなったり、出てきた提案の良否を判断するためにも、中核となる方向性は考えなくてはなりません。

制作が必要なツールを決める

必要になるツールは、ウェブサイトであれば企業サイトのトップページや商品紹介のページ、ランディングページ。紙のツールであれば、カタログ、パンフレットやフライヤー、折り込みチラシ、会社案内などでしょうか。

よくDMはムダ、という社長さんは多いのですが、例えば工場建築専門のファクトリア（タカヤ）は、DMのみで販路開拓をしています。2万通送ると、20～40件の反応があるそうです。もちろん、建築という1商談あたりの売上も利益額も大きいビジネスであるという条件はあります。

販促ツールの主な種類

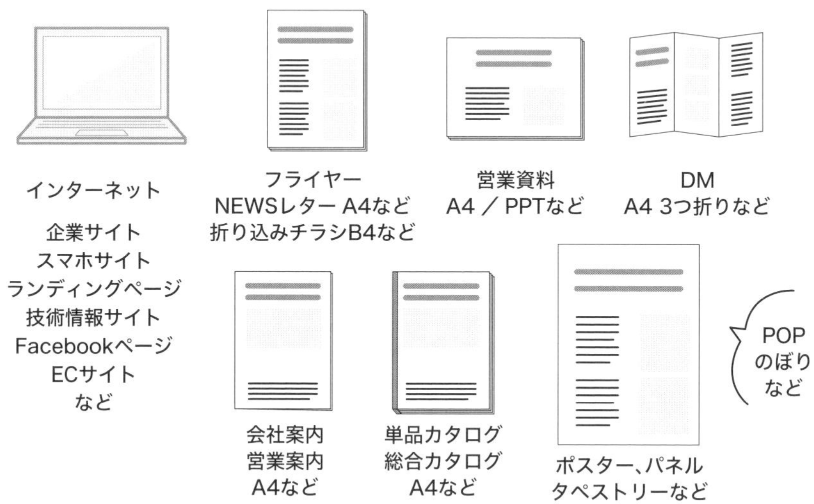

キービジュアルなら一瞬で伝わる

こうしたツールで表現する要素は、キャッチコピーとキービジュアルがメインとなります。

キービジュアルとは、クリエイティブのメインとなる絵柄のことです。

クリエイティブといっているのは、ウェブサイトやランディングページの上部に置かれた売り込みや説得、説明の広告的表現のことです。チラシやDM、カタログの表紙なども同様です。

クリエイティブ表現 = キャッチコピー ＋ キービジュアル

長い文章は読まれない時代であり、とくに若年層は動画でサクッと理解しようとします。しかし、さらに数分間の動画も見る時間がなくなり、一瞬で理解できるキービジュアルへと移行していくのではないかと考えています。

その重要な場所に笑顔のモデル写真を使用していては“商談”がはじまらず、コミュニケーション効率が落ちてしまいます。

ここで説明しているクリエイティブとは次のような内容です。

クリエイティブのイメージ

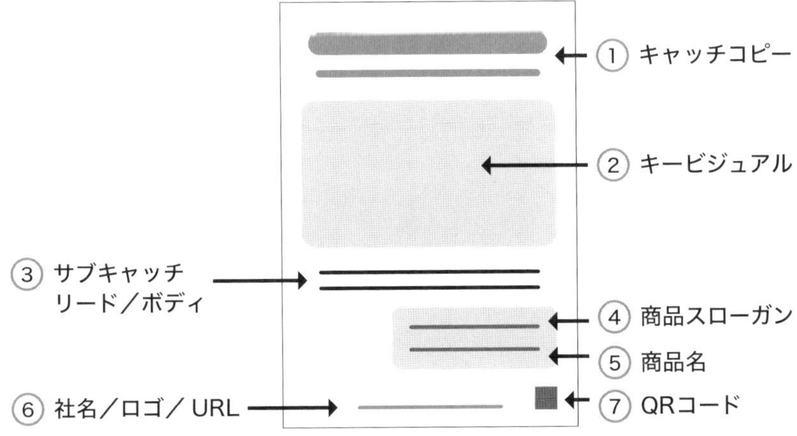

ポスターやA4フライヤー、タペストリー、ウェブのトップなど判型はともかく、基本となるのがこのような要素なのです。これが新聞などの折り込みチラシだと、具体的には次のように要素が増えます。

B4折り込みチラシの要素例

オモテ

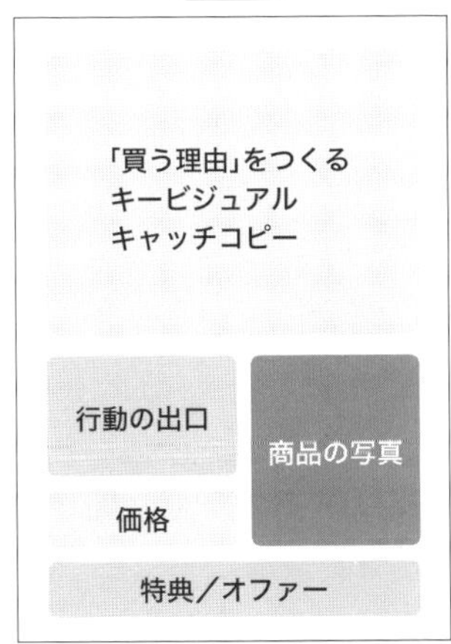

〈まず、競合の研究〉
どんな表現、訴求点？
どんな特典、オファー？

ウラ

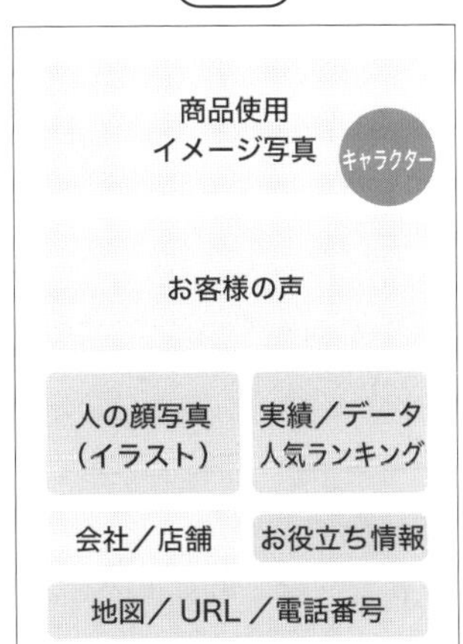

〈その他の表現も〉
物語など

キービジュアルを発想する

キャッチコピーについては次章で述べますが、ここではキービジュアルについて説明します。キービジュアルが秒で伝わるものであれば、商品のUSPを説明する助けになってくれます。

じつはキービジュアルの発想は容易ではなく、クリエイターにとっても苦手な作業です。そこで、どんな切り口で発想すればいいのかというヒントをあげておきます。すぐにはむずかしいと思いますが、伝えたいUSPを念頭にキービジュアルのアイデアを考えてみてください。

キービジュアル発想の13パターン

①本体やパッケージを出す
②使用シーンを表現する
③メリットを絵にする
（システムや仕組みを図解、マンガ化、グラフ化する）
④解決したシーンを見せる
⑤ビフォーアフターを描く
（商品のあるなしで、極端を見せる）
⑥ターゲットを出す（困っているシーンを見せる）
⑦比較する（サイズ、デザイン）
⑧たとえる
⑨文字やデータ数字などをビジュアルにする
⑩シズル感を伝える
⑪キャラクターを使う（擬人化する、案内役）
⑫使い方を説明する
⑬3Bを出す

それぞれ書いた通りですが、わかりづらい項目だけ説明します。

⑧の「**たとえる**」は、広告にはよくある手法で、快適なことを天国で表現したり、暑いことを砂漠のシーンで伝えるような見せ方です。

⑨の「**文字やデータ数字**」は、写真や図版がなく、文字が大きく入ってビジュアルの主役になっているというような表現です。

⑩の「**シズル感**」は、食品などのおいしそうと感じさせる写真表現です。プリンにカラメルがたらーりとかかっている写真などですね。

⑬の「**3B**」とは、昔から目を引くビジュアルのことで、Beauty（美女）、Baby（赤ちゃん）、Beast（動物）を指しています。

表現は商品によって変わる

大手企業の外食チェーンや冷凍食品の広告表現を思い出してみてほしいのですが、マクドナルドでもケンタッキーフライドチキンでも、冷凍餃子でも、多くの場合は家族の笑顔です。

つまり、〇〇〇を食べれば子供も喜び、パパとママも笑顔になるというわけです。これは究極の表現であるともいえます。

そして、差別化ができていない表現でもあります。差別化が必要な企業にとっては、別の道を行かなければならないでしょう。

また、**商品の性質によって表現すべきビジュアルの要素や趣きは変わります。イメージ訴求が重要な右脳商品（アパレル、宝飾、ブランド品、スポーツカー）などであれば、やはりイメージ寄りの表現になります。**

反対に、**左脳商品（家電、健康器具、パソコン）であれば、説得とエビデンスが重要になってきます。**また、生活消費財のような最寄り品では印象を強めて認知度を上げることが重要ですし、趣味品など買い回り品では権威者の推奨などが有効であるといえます。

クリエイティブを外注する

身近にクリエイターがいる方はいいのですが、そうでない場合は**クラウドソーシング**を使いこなすことをおすすめします。

かつて、クラウドソーシングには「プロになりたい」クリエイター志願者が集まっている印象がありました。ところが、多様な働き方が一般的になるなか、状況は大きく変わりました。

実力のあるデザイナーやイラストレーターが、地方でのんびり暮らしながらマイペースに仕事をこなしたいとして登録するようになったのです。

クラウドソーシングには、ランサーズとクラウドワークス、そのほかではココナラなどがあります。いろいろ使い比べてみてはいかがでしょうか。

ただ、デザイナーなどに仕事を発注し慣れていない人は、どうやって選べばいいのか困ることと思います。そこで、クラウドソーシングの上手な使い方のコツを、ランサーズを例にとって説明します。

まず、仕事の発注形態は2通りあります。一つはパッケージ式。もう一つは見積り式です。

パッケージ式では、スキルをパッケージ価格で販売している人を選んで購入、納品してもらいます。例えば、ロゴデザインを2万円くらいで依頼したいとすると、その価格でロゴデザインをパッケージ販売している人のメニューから選択して依頼するカタチです。

見積り式では、仕事依頼を投稿して応募（入札）を待ちます。そして応募のあった人の中から選び、発注して納品してもらいます。

選び方としては、いずれの方式でも各クリエイターの過去作品（ポートフォリオ）や実績と評価のレビューを確認し、似た業種の過去作品でよいものがあるか、自社のテイストと合うかなどをチェックします。

そうやって4～5人ていどに絞り込んだら、「まずは相談する」で相談をしてみます（無料）。これに対して3日間も返信が来ないような人は論外ですし、質問や相談にきちんと回答していない（コミュニケーションに問題がある）人も困ります。

一方、なかには質問にきちんと答えたうえで、さらに「こういうご希望があるようでしたら、このように対応します」などのように先回りして心配してくれる人がいます。あなたが発注するべき人はこの人です。

外注するにしても社内で挑戦するにしても、Googleで画像検索をして、広告表現の参考例を数多く見ておくとよいと思います。

「ウェブサイト　デザイン集」や「ランディングページ　参考例」などのキーワードで画像検索してみてください。

ふだんからたくさんのウェブサイトを見ているはずですが、自社サイトのデザインやトーンをどう考えるかという問題意識を持ったうえで見るデザインからはいろいろ学べることがあるでしょう。

プレスリリースを活用する

メディアで紹介される切り口を企画する

近年はプレスリリースの効果が広く知られるようになり、配信に取り組む会社が増えました。そのため、採用される競争率は高まっていると思いますが、今日もどこかの会社がメディアで紹介され、注目を集めています。

そうした会社はきっと、一度や二度ではあきらめず、何度も切り口を変え、こりずにプレスリリースを送りつづけた会社なのだと思います。そうすれば、いつかは取り上げられるのです。

本項では、そのタイミングを少しでも早められるようなノウハウをお伝えしたいと思います。

メディア紹介の効果は絶大

私の支援先で、もっともプレスリリース活用に成功している会社はフットマークです。同社は中小企業でありながら、広報担当が3人もいるのです。そして、毎日のようにテレビや新聞、雑誌、ウェブメディアに取り上げられています。

同社の会長は、「介護」という言葉を生み出した人。80歳を超えたいまでも、そのみずみずしい言語感覚には脱帽せずにはいられません。もちろん、同社は技術も素晴らしいものがあります。というか、技術や商品が素晴らしいから取り上げられるのですが。

つい最近も、「ランドセル症候群」というキーワードをテコに、テレビや新聞で紹介されていました。小学校低学年の児童の、教科書を詰め込んだ重すぎるランドセルを背負って登校することが身体の発育によくない、という警句とともに軽いリュックを提案しているのです。

プレスリリースの効果

1　集客・販路開拓に結びつく
2　会社・店舗の信用度が高まる
3　有料広告の出稿を抑えられる
4　ブランディングに貢献する
5　よい人材を採りやすくなる
6　ほかの媒体から取材依頼が来る
7　会社・商品・店舗のウリが見つかる

プレスリリースを配信することは原則的に無料ですが、集客や販路開拓、会社の信用についていえば、有料広告を出稿した場合の3倍以上の効果があるとされています。

それは、「**ウィンザー効果**」によるもの。**第三者による推奨のほうが信憑性を高く感じてしまう、という心理的な要因**です。ブランディングをおこなううえでもメディアでの紹介は効果があります。

また、副次的な効果ですが、自社や商品のUSPを教えてもらえることもあります。メディアの人たちは、いわば紹介のプロです。商品の近くにいすぎる自分たちでは気づかない魅力のポイントを探り出し、見出しにしてくれることがあるのです。

黄金のルートに乗って掲載される

まず媒体の事情ですが、いまはどこも予算不足、人手不足です。ところが一方で、ポータルサイトにチカラを入れたり、多チャンネル化が進んだりして、埋めなければならないスペースは増えています。つまり、現場スタッフはネタ探しに困っているのです。

このことは、いつも同じような会社が取り上げられていることの理由でもあります。ヨソが取り上げている会社や商品なら安心して取材できるのです。そのため、**ある1媒体が取り上げると、連鎖的に別の媒体でも取り上げられます。これはまさに黄金のルートです。このルートに乗ってしまえば、連続して掲載されることになります。**

スタートは敷居の低い業界紙や地方紙、テレビの地方局でいいのです。特定の業界紙や地方紙、NHKの支局は無名の企業にもやさしいと思います。そこからスタートして、順番にメジャーを目指せばいいのです。

プレスリリースを目にした記者が取材したいと考えたとき、記事検索データベースの日経テレコンなどで検索をしてウラをとろうとします。このときに、過去に日刊紙などに掲載されたことがあれば、検索結果にヒットします。

ところが、ヒットしないと「？」となって、別件に流れてしまうこともあるのです。ですので、まずはどこかに掲載され、記事検索でヒットすることが第一の目標になります。

▌黄金のルートはこう流れる

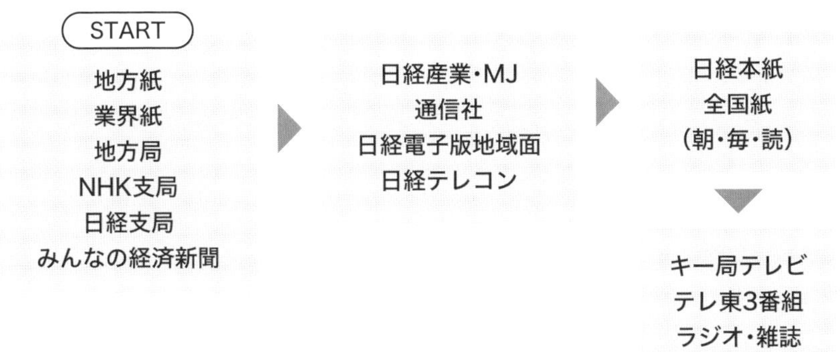

「新発売しました！」だけでは紹介されない

テレビや新聞の記者さんたちは、1企業の宣伝になってしまうことを警戒します。そのため、「新商品、出ました！」や「新サービス、はじめました！」だけでは取り上げようとはしません。

そこに、**何らかの社会的な課題解決や世相・トレンド（例えば少子高齢化や環境問題、ジェンダー問題、SDGs関連など）と合致するようなテーマ性がなければスルーされてしまうわけです。**

事例をあげます。東京・墨田区には小さな町工場が集積していますが、その工場のネットワークが取り組んでいるのが「配財プロジェクト」です。

これは、工場から廃棄される金属片や樹脂などを回収し、それで文房具などを工作するワークショップを近所の子供たちを集めて開催するというイベントです。「配財」とは廃材なのです。

この取り組みは、数えきれない回数、メディアで紹介されています。というのも、まさに社会問題にコミットしているからです。

まず、廃材を集めてアップサイクルしますから環境問題です。そして、近所の子供たちを集めるのは、下町とはいえ弱まりつつある地域の絆を強くすること。ものづくり体験の場を子供たちに提供するのですから、「ものづくり立国ニッポン」の将来を背負ってくれる次の世代を育てる——ということで、社会問題を解きほぐし放題なのです。

だからこそ、無数のメディアが取り上げてくれているのです。

顧客と社会課題を結びつけてみる

あなたの会社でも、本業を離れたテーマで何かできないでしょうか。

例えば工務店であれば、「父娘の蕎麦打ち教室」をやってみる。これは、日頃から会話も多くないであろう父と娘のコミュニケーションをつなぐという意義があります。

または、講師を招いて時短料理を提案する「つくりおき料理教室」を開いてみる。これも、忙しい有職主婦を応援するという社会の要請に沿った試みとして話題性があるといえます。

夏休みなどであれば、宿題の自由研究をサポートする木工教室を開いてみる。ふだんはデジタルゲームばかりの子供たちにものづくりの楽しさを伝えられますし、工務店の社業とも親和性があるものです。

記者の人たちは多忙なため、送られてきたプレスリリースを一目だけ見て決断します。そのため、まずはタイトルとサブタイトルが勝負であり、ここで「おもしろそう」と思ってもらえなければ本文の説明がいかに充実していても採用されません。

▍プレスリリースのフォーマット例

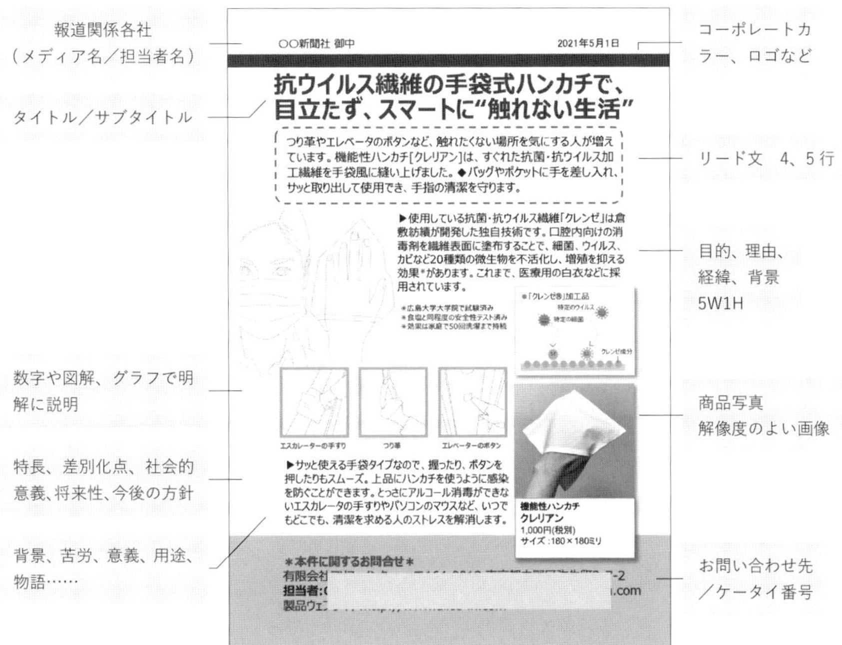

〇〇新聞社 御中　　2021年5月1日

抗ウイルス繊維の手袋式ハンカチで、目立たず、スマートに“触れない生活”

つり革やエレベータのボタンなど、触れたくない場所を気にする人が増えています。機能性ハンカチ[クレリアン]は、すぐれた抗菌・抗ウイルス加工繊維を手袋風に縫い上げました。◆バッグやポケットに手を差し入れ、サッと取り出して使用でき、手指の清潔を守ります。

▶使用している抗菌・抗ウイルス繊維「クレンゼ」は倉敷紡績が開発した独自技術です。口腔内向けの消毒剤を繊維表面に塗布することで、細菌、ウイルス、カビなど20種類の微生物を不活化し、増殖を抑える効果*があります。これまで、医療用の白衣などに採用されています。

＊広島大学大学院で試験済み
＊食塩と同程度の安全性テスト済み
＊効果は家庭で50回洗濯まで持続

▶サッと使える手袋タイプなので、握ったり、ボタンを押したりもスムーズ。上品にハンカチを使うように感染を防ぐことができます。とっさにアルコール消毒ができないエスカレータの手すりやパソコンのマウスなど、いつでもどこでも、清潔を求める人のストレスを解消します。

機能性ハンカチ
クレリアン
1,000円(税別)
サイズ：180×180ミリ

＊本件に関するお問合せ＊
有限会社 … -2
担当者: … .com
製品ウェ…

そして**全体もコンパクトに、A4で1枚ていどにまとめます**。記載する内容は上記の通りですが、わかりやすい図解や商品写真は必須です。写真の解像度が低いので取材をやめたことのある記者は6割以上にのぼります。

問い合わせ先はケータイ番号にし、早朝から深夜まで対応する覚悟でいてください。忙しい記者はメールよりも電話ですぐに話を聞きたがります。これに応えられないと、最悪の場合、別の取材先に話が行くこともあります。

また、媒体がテレビなど映像系の場合は「おもしろい絵が撮れる」ことが必須となりますので、「こういう撮影ができます」と明記したり、自身で前もって撮影した動画をウェブサイトやYouTubeにあげておくことも有効です。

■ モノよりコト、コトよりヒト

新製品に日本初や世界初、世界最小・最軽量など圧倒的な新規性があれば、専門・業界紙誌で取り上げられることは多いでしょう。けれども、一般紙ではなかなかそうはいかないことは先に書きました。

そこで、**むずかしい技術をそのままではなく、その背景の物語や、私たち**

の生活を具体的にどう変えるか、などをメインテーマにすると一般紙やテレビでも紹介される可能性が出てきます。さらに、企業としての使命や意義、社会課題の解決などに言及していくのです。

プレスリリースの切り口10のヒント

①優位性	日本初、世界初、日本一、最も〜、辛い、大きい、長い、高い、安い、史上最年少・最年長、最北端、ギネス、番付・ランキング、記録、最先端技術
②地域性	地方発、地元発、この土地ならでは、地域活性化、来訪者増、日本発が世界で人気、イベント・風習
③新規性	ニュース、初めて公開　新しい、新商品・サービス、時流、画期的、募集、プレゼント、新工場、展示会に出展
④継続性	○○年連続で達成、○○年ぶり、創業○○周年、記念日
⑤意外性	無価値が価値に、ビフォーアフター、ユニークネーミング、ギャップ、めずらしい・おもしろい話題（冬なのに氷！？）、調査・アンケート結果
⑥社会性	社会貢献、弱者救済、被災者保護、ボランティア、匠の技、老舗、節約、伝統工芸、介護、環境・省エネ、高齢化、少子化、高齢者雇用、農業、食の安全、ジェンダー、教育・育児休暇
⑦公共性	SDGs、産学官コラボ、国際的・グローバル化、ODA
⑧物語性	感動、元気、笑顔をもらえる、夢・未来、敗者復活・再生、心温まる話、社長の個性・奇行、事業承継
⑨季節性	四季の催事、年中行事、旬（収穫・漁）、季節限定商品
⑩切実性	避難情報、防災グッズ、助成金、難病、予防接種、知らないと困る情報

こうしたアプローチに転換することで、切り口がモノからコトへと変わります。商品や技術というハード（モノ）から、それによって人びとの暮らしがどう快適になるかというソフト（コト）になると、興味が湧いてくるのです。

さらに、その開発を担当した人物にスポットライトをあてる。二世経営者のプレッシャーと苦悩、変人扱いされていた人がブレイクスルーを起こす…。こうなると、**今度はコトからヒトへと焦点が移ります**。

かつての人気番組「プロジェクトX」も、情熱を持って技術革新に取り組む「人」が主役だったのではないでしょうか。

とくに地方媒体の人と話をしていると、「おもしろい社長がいるから取材した」、「ネタに困ったときはあの社長に連絡して何かないかと訊いてしまう」ということがよくあります。星野リゾートやアパホテルも、社長の考え方がユニークでおもしろいからマスコミ露出が多いともいえます。

▌プレスリリースの切り口　発想のホイール

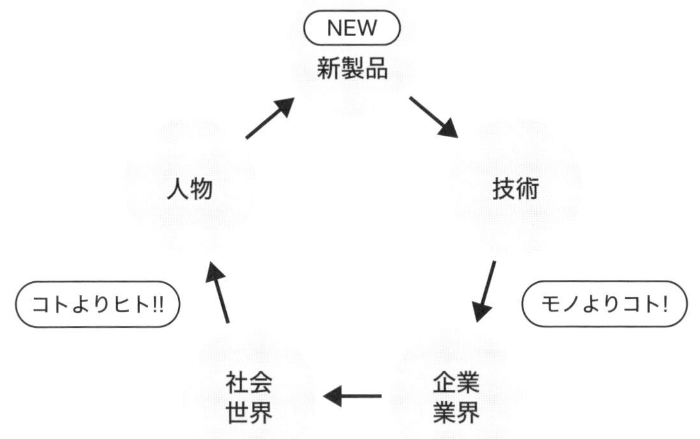

■プレスリリースの送り方

プレスリリースを送るには、主に次の6つの方法があります。

1．郵送　2．FAX　3．Eメール　4．電話
5．配信代行サービス・PR会社　6．記者クラブ

まず郵送は媒体やテレビ番組のコーナーやページ、担当者の個人名を調べて送ります。鮮明な写真も送れますが、あまり資料の枚数が多くても読んで

もらえません。

FAXは主に地方紙やテレビ局などですが、届いたFAXはアルバイトがまとめて棚に置き、それきりということもありますし、そもそもFAXは紙切れしているということもあります。

記者個人のEメールアドレスには無数のプレスリリースが届きます。開封してもらうには、目を引くタイトル（短くてわかりやすく、強いキーワードを含む）が必要です。

電話は、主に地方支社・支局などが対象です。電話でカンタンに説明をして確認をとってから本体（郵送やFAX）を送るということになります。

配信代行サービス・PR会社は、無料、有料があります。先に書きましたように一度はどこかの媒体に掲載されないと記事検索での検索にヒットしませんから、そこまでは有料プランを使ってみるというのも一つの方法です。

記者クラブは自社が所属する業界、または「○○経済記者クラブ」のような名称で、東京なら霞ヶ関に、地方なら市役所内や商工会議所内に置かれていたりします。最初に電話連絡を入れ、希望日時の48時間前までに予約をします。幹事会社に許可を得て申込書に記入し、記者会見を開くか、文書の配布のみかを選択して伝えます。会見を開く場合の時間帯は、13時から15時の間がよいでしょう。

狙いたいメディアのリストをつくっておく

どの紙面、番組に取り上げてもらえたら自社にとって最もよい影響があるかを考え、狙いたい媒体を日頃から決めておくようにします。そして、それぞれのコーナーのファンになり、どんなネタがどんな角度で紹介、掲載されているのかを研究するのです。

そうすれば自然とプレスリリースの書き方が最適化され、取り上げられやすくなります。

〈配信先候補〉

①業界・専門紙誌　②新聞社／通信社／経済紙／地方紙　③出版社
④記者クラブ　⑤ラジオ局〈番組ごと〉　⑥テレビ局〈番組ごと〉
⑦広報誌（自治体）、商工会議所（会報）　⑧ネットニュース
⑨地域コミュニティ紙（みんなの経済新聞）　⑩配信サイト

〈配信サイト例〉

- □ 共同通信PRワイヤー〈https://prw.kyodonews.jp/opn/〉
- □ PR TIMES〈https://prtimes.jp/〉
- □ @Press〈https://www.atpress.ne.jp/〉
- □ valuepress〈https://www.value-press.com/〉
- □ ドリームニュース〈https://www.dreamnews.jp〉
- □ デジタルPR platform〈https://digitalpr.jp/〉
- □ PR PRESS（女性に特化）〈http://www.prpress.jp/〉

取材対応の準備をする

いざ取材に来てもらったときに、万全の対応ができるように準備をしておきましょう。記者さんの質問はだいたいパターンが決まっています。これに応えられるように回答を考えておけばいいわけです。

記者の定番質問

①何の事業をしていますか？
②会社・商品のウリはなんですか？
（何が新しい？　いままでと何が違う？）
③カンタンにいうと？
（わかりやすく／くわしく教えてください）
④将来はどうなりますか？
（今後は、どんな展開になりますか？）

また、取材までの流れは、次のようになります。

プレスリリースに興味を持つ⇨企業サイト、日経テレコンでチェック⇨電話問い合わせ⇨取材決定⇨取材⇨掲載・紹介

さまざまな切り口、テーマでメディアで紹介された事例を次ページでご紹介します。

①デザインで取り上げられた

- 群馬・前橋の相模屋食料では、ガンダムのザクをパッケージデザインに使用した「ザクとうふ※」が話題になり、テレビでも紹介された。
- 東京・墨田区の菊川工業では、ソーラーLED街路灯の「エコアヴェニュー」のプロダクトデザインが展示会で目立ち、日本経済新聞本紙の一面に掲載された。

②物語で取り上げられた

- 福岡・博多のふくやでは、創業者の地域貢献の物語が紹介され、ドラマや映画にまでなった。

③SNS映えで取り上げられた

- 東京・墨田区のスカイツリーのオープン当時、近隣の天ぷら店で海老天を立ち上げた「スカイツリー丼」が出され、テレビなどで紹介された。

④経営者で取り上げられた

- 東京・大田区のダイヤ精機では、金属加工業の工場を娘が継ぎ、業績を伸ばしたことが話題になり、テレビで紹介され、NHKでドラマ化された。

⑤雇用で取り上げられた

- 岐阜・中津川の加藤製作所では、高齢者雇用に早くから取り組み、新聞などで取り上げられた。

⑥経営手法で取り上げられた

- 群馬・高崎の中里スプリング製作所では、「イヤな取引先は切っていい」というルールで注目され、メディアで紹介された。

⑦社屋で取り上げられた

- 京都・宇治のヒルトップでは、工場らしくないピンク色の社屋で目立ち、メディアで紹介された。

⑧オリンピックで取り上げられた

- 群馬・みなかみのBMZでは、商品を使用した選手が何人も冬季五輪でメダルを獲得し、注目されて紹介された。

⑨ネーミングで取り上げられた

- 福岡の筑水キャニコムは、「芝耕作」や「草刈機まさお」などのダジャレネーミングでネーミング大賞を受賞、新聞ほかで紹介された。

※企画商品のため現在は販売終了

Marketing Practices

第 9 章

キャッチコピーを書く

〜キーワードを武器にする〜

Lecture 1

キーワードの重要性を知る

→ かつてないほど言葉が大切な時代

購買行動の起点が検索となり、誰もが手もとにスマホを持っているいま、かつてないほどキーワードが重要になっています。

また、対面でクチコミが起きるときも、イメージをそのまま伝えることはできないので言葉で伝えることになります。言葉とは、まさにキーワードです。長い文章が読まれないのなら、短くて強いキーワードを上手に発信すればいいのです。

企業にとってのキーワードはいろいろあります。会社名、グループ名、事業名、ファミリーブランド名、商品ネーミング、キャッチコピー、商品スローガン、キャラクター名、企業スローガンなど。

■キーワードと“心中”してはならない

キーワードを狙っていくときに注意したいのは、キーワードと一緒に心中してはならないということです。

かつてのOA（オフィス・オートメーション）はITと呼び名を変え、その後ICTやIoTに寄り道をして、いまはDXとなりました。キーワードが変わっただけであり、DXの事例として紹介されているのはITの事例です。

ユニバーサルデザインは、インクルーシブデザインと名前を変えました。ユーザーに寄り添う姿勢が異なると説明されますが、本質はいままでも同じだったはずです。

北の達人コーポレーションの木下勝寿社長は、「コエンザイムQ10のようなブーム素材を前面に出す商品開発はしない、ブームが去ったときに商品も古くなってしまうから」と語っています。

ブームを象徴するキーワードに便乗していると、ブームの終焉とともに終了のイメージになってしまうこともありえるのです。

マーケティング用語についても同様です。「ニーズ」の意味はこうで、「ウォンツ」はこう違う、と定義したところで、それによってユーザーの気持ちが固定されるわけではありません。

内部的な用語など、どうでもいいのです。直接、顧客が目にするキーワードがすべてなのです。

キャッチコピーの役割を知る

本書では展示会での販路開拓も説明していますが、展示会出展も究極のところはキャッチコピー勝負です。奇抜なデザインやカラーリングで展示ブースが目立つとしても、ブースに立ち寄るかどうかを決めるのは壁にかけられたキャッチコピーなのです。

来場者は「派手なブースに入ろう」ではなく、「ウチの課題を解決してくれるブースを探そう」、「うちが付き合うべき会社はどこか」と会場内を歩いているのです。

よい出展とは、そんな人の心に刺さるメッセージを掲げることができているブースづくりで決まります。そして、オンライン展示会となると、キャッチコピーの役割はより大きくなるのです。

大手企業のテレビCMではイメージ的なキャッチコピーが使われていますが、それは全国店舗に売場を確保しているメーカーや、全国に販売店網を築いている会社だからこそです。私も、大手企業のキャッチコピーを書いていた頃はカッコイイ表現を書いたりもしていました。

しかし、キャッチコピーには具体的な役割があります。それについても説明していきます。

①認知してもらう

認知してもらうとはあたり前のようですが、**商品が売れない最大の理由は「知られていない」ということです。まずは、知ってもらわなければはじまりません。**

②メリットを伝える

通常、キャッチコピーは特長や機能を伝えるものと考えられることも多いですが、そうではありません。

キャッチコピーとは、特長・機能によってもたらされる“顧客のメリット”を書くものです。

例えばスマホについているカメラのレンズのF値が改善されたとします。マニアならF値の数値を聞いて性能を理解できるかもしれませんが、一般の人には「明るいレンズになりました」と伝えなければわかりません。

というか、レンズが明るいと何がよいのか？　までいわなければ購買にはつながりません。

レンズが明るければ、取り込める光の量が増えます。すると、シャッタースピード（開放時間）は短くてすみます。その結果、動きのあるスポーツ写真などがブレずに撮影できるようになるのです。

連想ゲームのようですが、ここまでいわなければ伝わらないのです。

明るいレンズ（機能・特長・仕様）

⬇

子供のサッカーの試合での活躍がくっきり残せる（ユーザーのメリット）

③お客様を絞り込む

一部の人にのみ熱心に求められるニッチな商品は顧客のほうから検索して探してくれることも多く、意外と販売促進にコストがかかりません。

そのため、**キャッチコピーもお客様を絞り込み、「あなたのためだけの商品です」と伝えるのです。**

④必要性に気づいてもらう

これは、**「自分は買う必要がない」、「ニーズがない」と思い込んでいる見込み客に、自身が対象であると知らせることです。**

とくにニオイ系の商品は本人が気づきづらいため、キャッチコピーがその役割を果たします。また、風呂釜や洗濯槽の内部のように見えない部分を洗浄するような商品も同様です。

⑤中身を読んでもらう

ボディコピーや説明文を読んでくれればよさが伝わり、買ってもらえるとしても、長めの文章はなかなか読んでもらえません。

それなら、**説明文を読みたくなるような、おもしろい誘引となるキャッチコピーを書けばいいということなのです。**

⑥買う気になってもらう

雰囲気のいいイメージ広告でブランド価値を高めるキャッチコピーもありますが、やはり究極にはレジをチンと鳴らすことが役割です。

スーパーマーケットやドラッグストアの棚に貼られたPOPが、迷う買物客の背中を強烈に押してくる、あれが基本です。

キャッチコピーを2ステップで書く

駆け出しのコピーライターに「この商品のキャッチコピーを書いて」と頼むと、何やら商品周りのキーワードを使ってダジャレにしたり、言葉遊びを書くことがよくあります（私もそうでした！）。

考え方の手順を知らずにキャッチコピーを書こうとすると、そうなってしまいがちです。キャッチコピーの書き方には土台があるのです。

キャッチコピーを書くための土台

土台とは、「何をいうか、誰にいうか、どういうか」です。

「何を」は商品のUSP、そして「誰に」とはターゲットです。

USPが決まれば、ターゲットは決まります。また、ターゲットが変われば、USPも変わります。繰り返しになりますが、この２つは不可分の関係なのです。

ただ、「何を」は顧客に求める行動によって変わってきます。商品を買ってほしいのか、イベントに参加してほしいのか、あるいはカード会員に登録してほしいのか、などです。

「どういうか」は表現の仕方です。どんな強い言葉を使って、記憶や印象に残るように書くか。それが伝わるように書き、「行動してもらう」ことが狙いたいゴールになります。

大工さんが使う段取り八分にあてはめれば、「何を、誰に」が段取りにあたり、これが特定できていればキャッチコピーを書く作業の8割は終わったようなものです。

あとはひな型にあてはめて表現案をサクサク出していけばよいのです。

■「何をいうか」のプロセスをたどる

伝えるべきポイントである「何をいうか」は、基本的には買う理由となるUSPです。しかし、その商品が属する市場の発展段階によっては異なることを訴求する必要があります。

▍「何をいうか」を検討していく

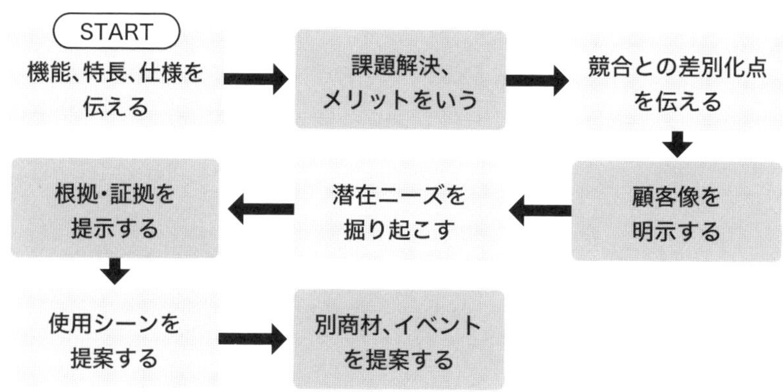

最初は、機能や特長、仕様を訴求することからスタートします。しかし、顧客を行動させるのは機能や特長によってもたらされる“課題解決”や“メリット”なので、それを訴求することが基本です。

そして、競合が現れれば差別化点を訴求することになります。

（例）<u>○○ができるのは当社だけ。</u>

また、顧客を絞り込んだり、どんな人が顧客になるのかを明示する必要があるかもしれません。

（例）**〇〇工場の方へ！**

あるいは、顧客自身のニーズが顕在化していない場合は掘り起こすことからはじめることもあります。

（例）**こんなことで困っていませんか？**
それは〇〇の交換でなおります。

商品のメリットが得られる根拠やエビデンスを求められることもあります。

（例）**乳酸菌〇〇株を1,000億個含む飲料。**

さらに、商品市場が成熟してくると、メリットのその先を提案する段階もあります。

（例）**食洗機があると食後の団らんも家族がそろう。**

住宅など高額商品の場合は、気軽に参加できるイベントに誘引したり、ハードルの低い低価格商品の購入を促したりすることもあります。

（例）**住宅の完成見学会にご招待！**

Lecture 2

キャッチコピーは この2本を書く

「定義」と「差別化」を両輪にする

「差別化」となるポイントをキャッチコピーに書くことが必要なのはわかりやすいと思います。では、「定義」を書くとはどういうことでしょうか。

例えば広告やウェブのランディングページ、あるいは展示会ブースのタペストリーなどに、差別化のポイントを伝えるキャッチコピーがあるとします。すると、それを読んだ人は（何だかすごそうだな、でも何の商品だろう？）と思いながらスルーしてしまうのです。

つまり、ライバル商品よりすぐれていることは伝わっても、そもそも何の商品なのかがわからないのです。チョコレートや自転車のように用途がわかりやすい商品なら問題はありません。しかし、**説明が必要な商品の場合は、まずは誰が何のために使うものかを明らかにする定義が必要なのです。**

例をあげて説明します。次のようなキャッチコピーで、ビジュアルは女性が温泉に入っているシーン。「42ヵ所」は差別化ポイントのようです。

（例）全国42ヵ所の名湯をラインナップ

ところが見た人は、温泉地に旅行するパッケージツアーなのか、入浴剤なのか、あるいは旅行ガイドブックやDVDなのかがわかりません。

では反対に、定義だけが書かれていたとしたらどうでしょう。

（例）自宅のバスタブで使用できるタブレット入浴剤

味気ない1行ですが、先の差別化表現と一緒に見ると、あっという間に商品の性質が理解できます。

つまり、**差別化ポイントだけでは誰向けの何の商品かわからない。定義だけではその商品を選ぶ理由が伝わらない。だから両方のキャッチコピーを書かなければならないのです。**

1本のキャッチコピーに詰め込めればそれでもいいですし、2本で分業制にしてもいいでしょう。

注意が必要なのは、次のようなどっちつかずのイメージ的なキャッチコピーです。

（例）温泉気分で自分にご褒美。

「気分」と入っているので入浴剤のキャッチコピーだと想像はつくかもしれません。けれども、まったく差別化の要素がありません。すべての入浴剤にあてはまる内容になっています。

こうしたNGキャッチコピーにしないためには、次のようなポイントがあります。

■よいキャッチコピーにする5つのポイント

〈1〉短く書く

同じことを伝えるなら、サッと読めるように短いことが大切です。1文が長くなれば、どうしても意味を読み取りづらくなります。なくても意味が通じる形容詞などは削り、シャープな1行に磨いてください。

また「主語＋述語」の中に主語・述語が入っている入れ子構造はわかりづらく、広告文には向きません。

（例）×　あなたは私が売上が増えるアイデアが豊富なことを知って驚くはず。

〈2〉強い言葉を入れる

少々ヘンな文章であっても、強く印象的なキーワードがあると、記憶に残ってしまうのがキャッチコピーというものです。そのため、話し言葉のようではなく、キーワードが立っているキャッチコピーのほうが効果的だといえます。書いてみて、言葉が弱いのではないかと感じたら、強いキーワードに変換をしていけばよいのです。

（例）×　多くの人が買いつづけてくれています。

⬇

○　80％がリピーターになってしまう秘密とは？

〈3〉具体的に書く

誰にとって、なぜ、どんなメリット（課題解決）があるのか。キャッチコピーは具体的に書かなければ意味がありません。

（例）× 最先端の技術力が、理想の機能を実現。

また、イメージ的な表現もおすすめできません。ラグジュアリーブランドならよいのですが、街場の工務店が次のようなキャッチコピーを書くのはどうでしょうか。

（例）× 街にやさしい住まいをつくりたい。

リモートワークで生まれたリアルな実感（家に居場所がない、料理の楽しさに目覚めた、など）に寄り添えば、次のようなキャッチコピーこそ書くべきかもしれません。

（例）○ 小さくても集中できる書斎、つくります。
○ 使い勝手のいいキッチンならお任せください。

〈4〉専門的にしすぎない

専門的すぎるキャッチコピーはよくないというと、「ウチのお客はこれでわかるのです」と返されることがあります。しかし、発注者の全員がその分野に精通しているとは限りません。

また、勉強をしている担当者はくわしくても、決裁権のある役員は納得がいかないとつき返すかもしれません。仮に専門的なキャッチコピーを書くとしても、平易な表現の別キャッチコピーも書いておくほうがいいでしょう。

（例）× 0.5μでレベル出しをローコスト化。

〈5〉ムリな提案をしない

まったく新しい市場を創出する挑戦は価値のあることですが、体力を求められます。また、ある市場に新しい習慣を提案して広め、市場規模を拡大することも容易ではありません。それはシェアトップのリーダー企業が取り組むことです。

新しい習慣を提案する取り組みを成功させた事例は多くありますが、それよりも失敗事例のほうが多いことはいうまでもありません。

（例）○ 金曜日はワインを買う日。　○ おしりだって洗ってほしい。
　　　× プレミアムフライデー　　　× 省エネルック

強い言葉のパターン例

①具体的な数字
「10倍～」「3日で～」「～を99.9％カット」「○○市で50年の実績」
②オノマトペ
「とろ～り」「もっちり」「うるうる」「ドキドキ」「バリうま」
③感情に触れる言葉
「朝採れ」「ワケあり」「プロ仕様」「モニター価格」「濃厚な」
▶感嘆語（えっ！　ウソッ！　なんと！　まさか！　そうだったのか！）
④初耳の言葉
「タウリン1000mg」「上面発酵」「イカリジン配合」「立方骨」
⑤お悩み・課題ワード
「肌荒れ」「薄毛」「ダイエット」「合格（したい）」「パソコン修理」
「片づけ」「節電・省エネ」「コスト削減」「資金調達」「集客法」
⑥ギャップのある言葉
「いまは買うな！」「くさる化粧品」「初恋ダイエットスリッパ」
「大人の修学旅行」「建て主の後悔」「会いに行けるアイドル」
⑦方言
「どげんかせんといかん」「痴漢、あかん」「よく来たのし」
「たっすいがは、いかん！」「こじゃんと、うまい」「ンダモシタン小林」
⑧新語・流行語
「メタバース」「リアル二刀流」「ショータイム」「Z世代」
⑨決まり文句
「～主義」「～宣言」「～物語」「～革命」「～体験」「～新時代」
「驚異の」「衝撃の」「魔法の」「緊急！」「奇跡の」「警告！」「超～」

Lecture 3

売れる言葉のセットを用意する

ひな型を使ってキャッチコピーを書く

前項で、キャッチコピーは定義と差別化の両方を書いて活用すると述べました。

定義するキャッチコピーは、商品名に併記する商品スローガンとして活用する方法もあります。**商品スローガンとは、ネーミングの近くに置いて、商品を短く的確に説明するフレーズのことです。**

そして、**ボディコピー（文章で説明、訴求するブロック）**、**企業スローガン**なども書いて確定させると、「売れる言葉のセット」ができあがります。

売れる言葉のセット

こんなときに、こう役に立つ。	← 定義する商品スローガン
[〇〇〇〇〇]	← 商品ネーミング
これを選べば、便利になる。	← 差別化するキャッチコピー
	↓ 説明するボディコピー
□□□□□□□□□■□□□□□□□□□■□□□□□□□□□■	
□□□□□□□□□■□□□□□□□□□■□□□□□□□□□■	
□□□□□□□□□■□□□□□□□□□■□□□□□□□□□■	
□□□□□□□□□■□□□□□□□□□■□□□□□□□□□■	
△△分野の課題を〇〇で解決する	← 会社を売り込む企業スローガン
[□□□社]	← 会社名

これを、ウェブサイトでも、紙のカタログや会社案内などでもブレずに使っていくことで商品周りの表現が統一されます。

ボディコピーの部分を暗記しておくと、見込み客に出会ったときに手もとにツールがなくてもセールストークを効率的に伝えることができます。

ひな型を使ってキャッチコピーを書く

P.283の「キャッチコピーを書くための土台」のところで、表現はひな型にあてはめて書けばいいと説明しました。ここでは、そのために使える32パターンのひな型を紹介しておきます。

書き方のパターン集のようでいて、コピーライティングとは「売り方」そのもの。キャッチコピーで伝えたい訴求ポイントを踏まえたうえで、数多くのキャッチコピー案を書き出してみてください。

キャッチコピーのひな型32パターン

①質問する
「彼が就活に成功した理由を知りたくありませんか？」
②名指しする
「仕事ではクルマを使わない方へ」
③実績を語る
「楽天市場でいちばん売れています！」
④手軽さをアピールする
「ゼロから学べるパソコン教室」
⑤非常識で目立つ
「あー、まずい、もう一杯」
⑥限定する
「1日30食限定」
⑦擬人化する
「私はこの家のテーブルですが…。」
⑧希少性を伝える
「幻の名酒がついに蔵出し」
⑨お客様の声を代弁する
「そうだ 京都、行こう。」
⑩ダジャレにする
「いってみヨーカドー」

⑪ドラマ調で行く

「私がピアノの前に座るとみんなは笑いました。でも私が弾きはじめると…」

⑫何かにたとえる

「マチのほっとステーション」

⑬行動の矛盾をつく

「自動車は慎重に選ぶのに自動車保険は？」

⑭危機感をあおる

「髪は、毎日のシャンプーで傷んでいる」

⑮必要性に気づかせる

「じつは風呂釜はバイ菌でいっぱい」

⑯意外な事実をいう

「家は路上に放置されている。」

⑰時流に便乗する

「母の日キャンペーン実施中」

⑱リズム感を出す

「セブンイレブン、いい気分」

⑲対比させる

「自己流を一流へ」

⑳ソンをしたくないと思わせる

「損してまっせ　あなたのゴルフ」

㉑オファーを提示する

「スーツ2着目は1,000円」

㉒お墨つきをもらう

「シェフが選ぶシステムキッチン」

㉓短く断定する

「WOWOWに入りましょう。」

㉔小出しにする（ティーザー手法）

「…つづきはネットで！」

㉕弱点を明かす

「カタチはヘンですが、味は一級品です」

㉖天国から地獄を見せる

「これを使って上へ行くか。使わずにリストラされるか。」

㉗役立つ情報をいう

「右利きの人は右のウラが汚れている。」

㉘選び方を提示する

「納得できる家づくりの10ヵ条、教えます。」

㉙記号を使う

「「角」÷H_2O」

㉚提案する

「ECCなら到達できる。TOEIC 700点。」

㉛買わない理由をつぶす

「どんな高級ホテルだってベッドは新品じゃないよ。」

㉜最も役立つシーンをいう

「"勝負"の夜は、突然やってくる。」

Marketing Practices

第 10 章

ブランドを育成する

～愛されて選ばれる理由をつくる～

Lecture

ブランドの効果と役割を知る

ブランドの進化と真価を学ぶ

まず、ブランドとは何でしょうか？

ブランド論の第一人者であるデービッド・A・アーカー氏は「自社製品を他社品から識別するためのシンボル、マーク、パッケージ、デザイン、ネーミング」と目に見えるツールで説明してくれています。

顧客の心の中に居場所をつくること

また、英・広告会社WPP元社長のデイヴィッド・オグルヴィ氏によるとブランドとは「商品と消費者の間に生まれる絆そのもの」。こちらはぐっと精神的になりましたね。これに現在の定義は近く、「**顧客の心の中に、商品価値の居場所をつくること**」だと思うのですが、いかがでしょうか。

心のどこかにとどめておいてくれれば、必要になったタイミングで必ず思い出してくれるということです。

さらに、専門用語を使わないブランディングの私のセミナーでは、「**売るためのカオづくり**」とまでシンプルにしています。

ただし、ブランディングとは手段にすぎません。それによって愛され、長く、高く買ってもらう。けれども、私たちがプロセスを大切にする国に生まれたせいか、ブランド構築への努力を尊いと思ってしまいます。

リスティング広告などと比べると即効性には欠け、漢方薬のようにじわじわと効いてくるのがブランディングです。共感が大切にされて消費に結びつく現在では、とても重みを増しているといってよいのではないでしょうか。

ブランドに歴史あり

もともとブランドとは、自分の所有する家畜に目印として押した焼印が起源であることはよく知られています。この段階では、「所有者のためのブランド」でしかありません。

次の段階では、中世においてギルドの参加者であることを見分けるために用いられました。これは、業者や同業者のためのブランドという役割です。

ブランドは誰のために進化したか

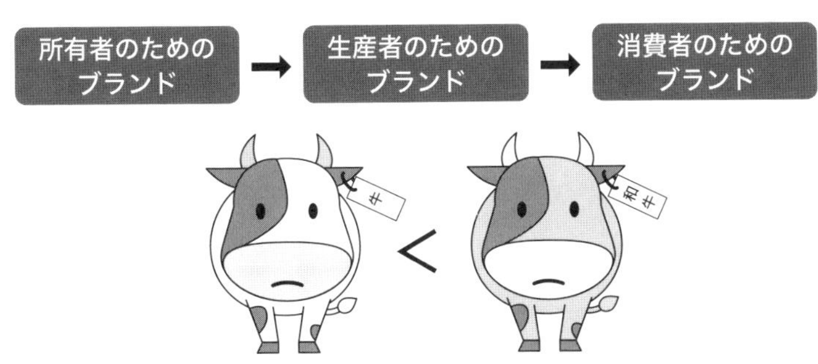

やがて時代は下って米国の開拓史時代、ヨーロッパからはたくさんの薬品やタバコが持ち込まれ、開拓者らに販売されるようになります。そして、消費者が自分の気に入った製品を選びやすくするために、生産者はボトルなどにラベルを貼って見分けられるよう工夫しました。

ここに至り、ブランドは消費者のためのものとなります。

その後、産業革命が起こり、大量生産の時代を迎えます。生産者は、より多くの消費者に覚えてもらい、選んでもらえるように広告を打つようになります。

そして、その広告表現と製品とが結びつくように特徴的なネーミングやデザインをパッケージに施し、商標を使用するようになったのです。

さらに世界恐慌などを経験した社会では、不景気のたびに消費者の低価格志向が強まっていき、**「なぜ、この商品を買うべきなのか」を説得しなければならなくなります。ここでも、ブランドや広告が重要な役割を果たしていくようになるのです。**

企業よりブランドが価値を持つ時代へ

第二次世界大戦が終わると各国でベビーブームが起きて人口が増加し、景気が拡大していきます。それに比例するようにブランドが増加し、さまざまな会社が自社のブランド価値を発信しようと取り組みをはじめます。

そうなると、企業は自社所有のブランドが埋もれないように管理し、育てていくことが求められるようになっていきます。そのために**ブランドマネジャーという役職が生まれる**のです。

企業が売買されるM&Aがあたり前の時代になってくると、企業の値踏みをするときにブランドの価値も確認されるようになります。やがて、企業を買収する目的がブランド獲得となったりもするのです。

IBMはパソコンのブランドであるThink Pad単体を中国企業に売却しました。また、ヨーロッパのLVMHモエ・ヘネシー・ルイ・ヴィトンはブランドの集合体であり、ルイ・ヴィトンをはじめジバンシー、セリーヌなどのトップブランドを次々に買収、保有している会社です。

一方で、「モノが売れなければ意味がない」として広告より販促を重要視する時代が訪れます。景品が当たるキャンペーンや、ポイントを集めてプレゼントをもらおう、3個買うと1個ついてくる、などの安易なプロモーションが流行したため、各社のブランド価値は安っぽく毀損してしまいます。

あらためてブランドを大切に育成するべきとの動きから、日本でも多くの企業がブランディングを標榜するなど、“ブランド・ドリブン”の気運が醸成されていきます。

そして、現在では流通がパワーや支配力を強めてプライベート・ブランドを構築したり、一方で一人家電メーカーがブランド価値を発揮したり、老舗の和菓子店がブランドとして尊敬されたりするような現象も起きています。

つづいて、ブランドの効果とはどのようなものかについて見ていきましょう。

ブランドの効果を知る

ブランディングが有効にはたらき、顧客との間に深いエンゲージメント（熱心な支持）が築かれていれば、マーケティング活動はスムーズになります。それこそがブランドの効果です。

ブランドの効果、はたらきとは次のようになります。

ブランドの効果

- 記憶、検索してもらえる
- 高くても買ってもらえる
- 買いつづけてもらえる
- クチコミ、拡散してもらえる
- メディアで紹介される
- マーケティングコストが低減する
- 人材が集まる
- 資金調達がラクになる

ノドが渇いていても、店頭に並ぶミネラルウォーターのボトルに何のラベルも貼られていなければ、あなたも買うことをためらうはずです。

また、ラベルが貼られていても未知のメーカーでは、やはり買わないでしょう。それが、知っているメーカーの商品であれば「買ってもいい」と思えますよね。

さらに、仲のよい友人がいつも買っている商品だとわかれば、自分も買ってみようとするかもしれません。

ブランディングの階段

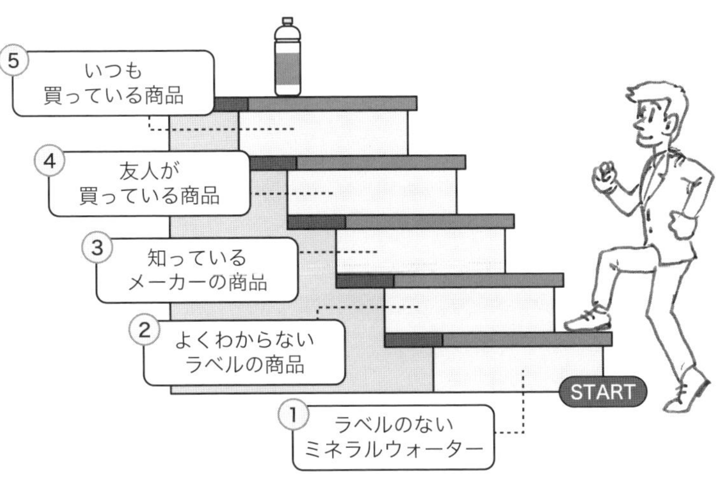

そして最強は、あなたがいつも買っている商品です。すでに信頼の蓄積があるので、迷いなく手にとることができます。

まさに、これがブランドのチカラです。ブランディングの施策も、このようなステップを登るように進み、顧客に評価されていくのです。

BtoB企業にブランドは必要か？

BtoB企業においては経済合理性に基づいて取引がおこなわれるため、ブランドイメージが効果を発揮する余地は少ないとされます。

それは確かだと思います。しかし、最近はテレビや空港などで、見たことのない会社（BtoB企業）のCMや広告を見る機会が増えているのではないでしょうか。

それはブランド価値が、限られた業界内や自社組織に向けても大きな意味を持つからです。

まず、企業の認知度は、広告コミュニケーションの伝達速度を上げるものです。新規の販路開拓をおこなうときに、相手が自社を知っているのと知らないのとでは商談の難易度に大きな差が出ます。

BtoB企業にもブランディングが必要な5つの理由

①認知度の向上で新規取引がスムーズになる
②競合と差別化でき価格競争を回避できる
③人材獲得・採用コストを削減できる
④社員・ステークホルダーと企業価値を共有できる
⑤BtoCでも中間チャネルは企業と考える

ビジネスには競争がつきものです。競合と比較されるなら自社の価値を発信しなければなりません。技術への取り組みや品質レベルを周知できていれば価格競争に巻き込まれづらく、既存顧客も離脱しにくくなります。

きちんとしたブランディングをおこない、情報発信ができている企業のほうを選びたいと考えるのは自然なことです。

また、優秀な人材を確保するためには知名度が必要です。その業界を目指す本人に知ってもらうことはもちろん、家族や友人、交際相手が知っているか、同窓会で自慢できるかも重要です。

ビールや菓子メーカーはBtoC企業ですが、取引先や納入先は企業です。販社や卸問屋などを経て、消費者の手に届けられるのです。クルマも、ディーラー経由であるうえ、ユーザーには企業も多く存在します。

つまり、BtoBとBtoCの境界線はとてもあいまいなのです。エンドユーザーのニーズに応えて品ぞろえをおこなう流通業も、仕入れにはさまざまなBtoB企業との協業が前提となっています。

■ブランドの構造と機能性を知る

企業ブランドが確立していれば、資金や人材、注文などさまざまなものが向こうからやってくるようになります。次は、企業にとってブランドがどのような機能を果たすのかを説明していきます。

①出所表示機能

商品の送り手を明らかにするというブランドの基本的な機能です。他社商品との認識、差別化ができ、競争優位を実現する前提となります。

②品質訴求機能

商品の品質を約束し、それを守りつづけることでスムーズな反復購入を助けます。やがてロイヤルティを醸成することにつながっていきます。

③価格プレミアム

他商品より価格が高くても「このブランドだから買う」という顧客を増やします。それによって、付加価値が生成され、利益率が向上します。

④コミュニケーション効率

宣伝活動の効率化に寄与します。プロモーションを実施したとき、メッセージが届きやすくなり、効果を上げやすくなります。あるいは、プロモーションをしなくてもよくなっていくかもしれません。

⑤組織のモチベーション向上

共感を持てるブランドの会社で働きたいという人材が集まります。そこへ、組織のビジョンや理念など一貫した行動のイメージを伝えることで、進むべき方向性を明らかにします。

⑥資産価値機能

特許や商標などの知的財産権は、M&Aがおこなわれる際にも「のれん代」

とされ、無形資産としての価値を持ちます。SONYがパソコンのブランドであるVAIOを売却したように、単独で換金したり、ライセンスしたりすることができます。

以上のような機能を持つのがブランドです。もしブランドが構築できていないと、すばらしい商品でも認知が広がらなかったり、店頭で低品質の他社商品に負けたりするかもしれません。

価格競争に巻き込まれて収益率が低下し、市場シェアも獲得できず、販路開拓にはムダなコストがかかります。

顧客にとっても、好みの商品がブランドを確立していないと困ります。店頭で商品を選ぶことができず、選ぶのに手間がかかります。

反対にブランド認知ができていれば、買物自体も時短になりますし、自己イメージを投影した満足のいく購買行動ができるのです。

資産としてのブランドを生かす

ブランド価値は指数に置き換えて評価されることもあります。無形資産としての売買価値、また多くの人に愛されている価値など、いろいろな意味での価値を足し合わせていくと、**総量としてのブランド資産という概念ができます。このようなブランド資産のことをブランドエクイティといいます。**

【ブランドエクイティを決定する要素】

①ブランド認知度

あるブランドにどれだけの知名度があるかの指標です。

顧客が買物をするとき、そのブランドが選択肢に入っているかどうかは重要なポイントであるといえます。「知っている」だけでは十分ではなく、「これは私のための商品である」と思う人がどれほどいるかがカギとなります。

②知覚品質

買う価値を感じてもらえているかの指標です。

このスコアが代替品と比較して高ければ、購入目的を満たすために実際に買ってもらうことにつながります。品質や機能性というよりも、なぜか選んでしまう、感覚的な評価軸です。そのため、ブランドに対する個人的な好き嫌いや信頼感、優先順位に基づく、総合的な要素であるといえます。

③ブランドロイヤルティ

ブランドに対する忠誠心がどれほど深いのかを測る指標です。このブランドを繰り返し買いたいとする執着心、支持しつづけてくれる度合いを問うものです。

▎ブランドロイヤルティを高める要因

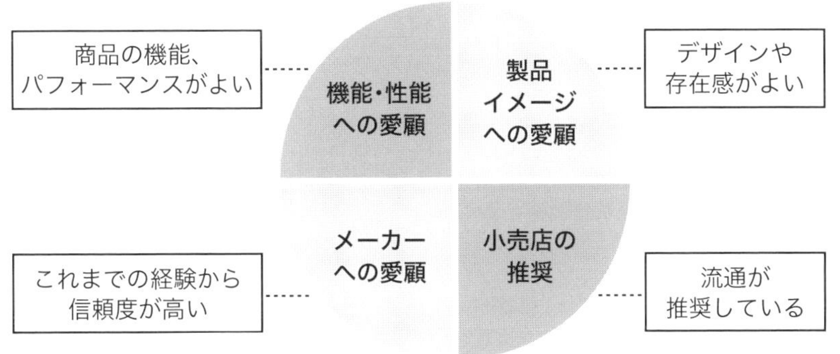

④ブランド連想

ある企業名やブランドが提示されたとき、どんな要素を思い浮かべるのかを評価する指標です。

例えば「任天堂」といわれたら、「スイッチ」なのか「Wii」なのか。「日清」といわれたら、「カップヌードル」なのか「完全メシ」なのか。さらに個人的な思い出やシーン、感触も思い浮かべられるでしょう。これらの連想が豊かであればあるほど、そのブランド力も強いと考えることができます。

ブランドエクイティの実際の評価データとしては、日経BP社が発表している**「ブランドジャパン」調査**が参考になると思います。これは、消費者の持つイメージを4つの因子に分解し、各スコアを弾き出してブランドの総合力を算定するものです。4つの因子とは、次の項目です。

1. フレンドリー……とても好き、親しみを感じる、なくなると寂しい
2. イノベーティブ……注目されている、時代を切り開いている
3. アウトスタンディング……ステータスが高い、スタイリッシュ
4. コンビニエント……最近使っている、役に立つ、使える

業界で異なるブランドエクイティの比重

事業ドメインによって、やはりブランドの影響力が大きい分野と、それほどでもない分野とがあります。例えば、重工業の業界ではブランド構築よりも設備投資のほうが優先されるでしょう。製薬業界では医薬ブランドは重要ですが、研究開発こそが価値の源泉です。

一方で、飲料業界では味覚の違いよりもブランド戦略のほうが大切とされるかもしれません。そして、服飾や宝飾品などのラグジュアリーブランドでは、企業価値のほとんどがブランド価値であるといっても過言ではないでしょう。一部ですが、象徴的な業界を取り上げてブランド価値の重さをグラフにしてみました。

▌業種別ブランド価値の割合

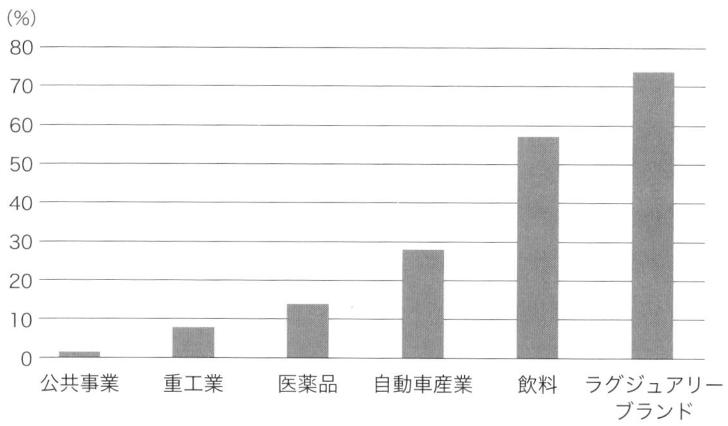

自動車産業は比較的、ブランドの重要度が高く、ユーザーもイメージ的な価値を求める傾向があります。しかし、同じクルマでも軽自動車なら移動できればいいと考えますし、商用車であれば燃費と荷物が効率的に積めるかで選ばれるでしょう。

Lecture 2 ブランド構築はこう考える

ブランディングは3つの要素でつくる

では、実際にはどのようにブランディングを進めていけばよいでしょうか。ブランドは、企業の一方的な思いでは構築することはできません。また、ブランディングに取り組むというトップのコミットメントも欠かすことができません。そして、重要なのが第三者からの評価やクチコミです。これらを3つの材料からピザにたとえて見ていきましょう。

ブランディングをピザにたとえると

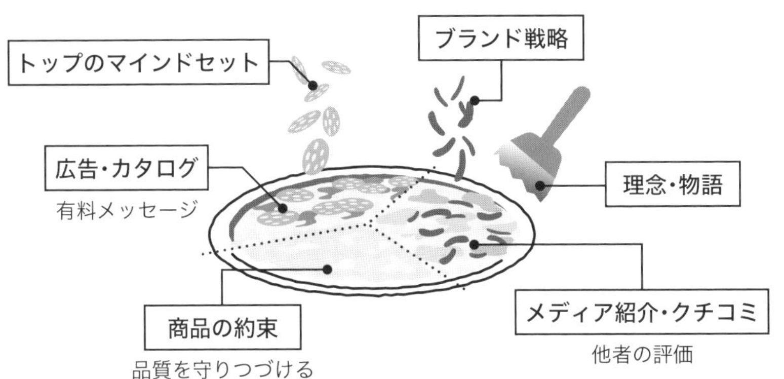

ピザが3ピースにカットされています。左上の「**広告・カタログ**」は、自社がおカネを払ってコントロールできる要素です。この部分では顧客にとって自社ブランドをどのように認識してもらうべきなのか、戦略を立てて構築していくことが大切です。

手前のピースは「**商品の約束**」です。自社の商品によって顧客に何を提供するのか、どんな課題解決を届けるのかを決めて約束をします。そして、約束を守りつづけるのです。

3つ目のピースは「**メディア紹介・クチコミ**」です。これは第三者による評価、評判であり、自社でコントロールすることはできません。

プレスリリースを配信しつづければ採用されるチャンスもありますが、その扱い方はメディア側が決めます。クチコミやTwitterで言及されても、よい評価とは限りません。けれども、だからこそ信頼を持って受け止めてもらえるわけです。

これら3つの要素を、よいカタチで積み上げていくことが必須です。さらに、たしかなブランド戦略のもとトップやリーダーが「ブランディングをする」とマインドセットを固めることが重要です。

そして、ユーザーを巻き込むためには共感を呼ぶような企業理念やブランドの物語がなければ広がっていきません。これらの、いわばソースの味つけがあってこそ、ブランドの具材が生きてくるのだといえます。

■ブランドコンセプトを書き出す

ブランドコンセプトとは、ブランドが実現する価値を1文に書き表したものです。

先にも書いていますが、「コンセプト」とは紹介文や定義、あるいは処方箋のようなものです。**「どんな価値を、誰に、どのように提供するか」を埋めるように考えればよいのです。**このとき、解釈に揺れが出ないように端的な表現にすることを心がけてください。

これまでの項目でターゲットの設定やニーズの確認、そしてカスタマージャーニーなどを実施しているのでむずかしくはないと思います。

ブランドコンセプトはブランドにおける中核的な要素であり、企業全体でいえば企業理念になるでしょうか。**絞り込まれたターゲット、よそにないUSP、はっきりわかる商品提供のカタチ、これらの要素を端的に書きます。**

よそにないUSPとは、他商品・他ブランドとの違いが明解に伝わるような差別化のポイント、独自性などです。これを具体的に書いてください。抽象的だと、夢やイメージは広がるのですが、どのようにも読みとれますし、別の商品にも違和感なくあてはまってしまいます。ただし、企業ブランドのコンセプトですと、あるていど抽象的にならざるをえないところはあります。

言語化するときは、こだわりや評価についての主観的な表現や一方的な押しつけにならないように気をつけましょう。

▌コンセプト文に合わない表現

▲「びっくりするほどおいしい…」
▲「6年かけて探したこだわりの原料を…」
▲「誰もが喜ぶお役立ちの…」
▲「世界最高の夢を求めて…」
▲「本格の…」、「オーセンティックな…」

■ブランドコンセプト～考え方の補助線

ブランドコンセプトを書くうえで参考となる補助線（ヒント）をいくつかあげます。

①エビデンスを入れる

エビデンスは差別化ポイントと直結するものであり、とくに健康食品や情報機器などでは重要な訴求点です。数値で証明できる点があれば、ぜひ入れてみてください。

（例）導入50社で収益が向上した…
（例）化学成分ゼロの…

②情緒価値を意識する

どういうブランドでありたいのかという、情緒価値や「らしさ」は大切にしたい要素です。それが、顕在化していないニーズに触れることができれば強い表現になりえます。

例えば「ハーゲンダッツ」はブランドの価値として3つのエッセンスを強く意識しており、それは「親密さ」、「純粋な楽しみ」、「至福の境地」であるといいます。同ブランドのテレビCMで見られる官能的な表現は、これらのコンセプトを体現したものであるわけです。

③人の性格にたとえる

商品を人の性格にたとえてみるとどうなるでしょうか。

クルマを例にとれば、「レクサス」は「仕事ができて頼りになり、必ず結果を出せる人」ではないでしょうか。あるいは「フェラーリ」なら、「日頃は仕事も休みがちだけれど、ここぞという場面ではパワフルでモテる」となるかもしれません。これを書き出してみると、顧客にどう思ってほしいかのヒントになったり、前述した「情緒的価値」を考えるうえでも参考になるのではないでしょうか。

④ストーリーをつくってみる

とくにファッションや化粧品などのブランドにおいて、その想いや歴史、ブレイクスルーを綴ってみましょう。あるいはユーザーが商品によってどのようなビフォーアフターで変わるかというストーリーでもいいでしょう。

そこからブランドへの愛着の理由、共感を引き出すフレーズが出てくるかもしれません。（ブランドの物語はP.311を参照）

⑤キャッチコピーは書かない

ブランドコンセプトはキャッチコピーとは異なります。

ブランドコンセプトはスタッフ間で共有するものです。そのため、かっこいいキーワードより的確な言葉を使うことが重要です。

これに対して、顧客にブランドを訴求するためのキャッチコピー表現では、別の魅力的なキーワードを採用することもあります。むしろ、コンセプトそのままを伝えないほうがよいケースもあるのです。

（例）コンタクトレンズ

コンセプト：黒目を大きく見せて魅力的な目元にするコンタクトレンズ

キャッチコピー：瞳、くっきり。

装用すると黒目がひと回り大きくなるので異性にモテる表情をつくれる商品ですが、それをストレートに表現すると顧客は買いづらくなります。そのため、広告ではあえてぼかした訴求にしています。

⑥評論にはしない

キャッチコピーを書くときも同じですが、それ以上にコンセプト文は評論であってはならず、定義でなくてはなりません。「定義」が内容をはっきりと特定するものであるのに対し、「評論」は外観や性質の特徴についてコメントするものです。

（例）テーマパーク

評論：誰もが楽しい時間を過ごせる夢の空間

定義：25種のアトラクションが楽しめる、都心から30分のテーマパーク

以上をヒントにして、ブランドコンセプトを書いてみてください。ただし、表現した通りに顧客が受け止めてくれることはなかなかありません。より届く言葉となるように、フィードバックを受けて改善していってください。

ブランドを構成する要素をそろえる

ここからは具体的にブランドを構成する要素をあげていきます。4つの重なる円で要素の階層を表現してみました。

具体的なブランドの要素

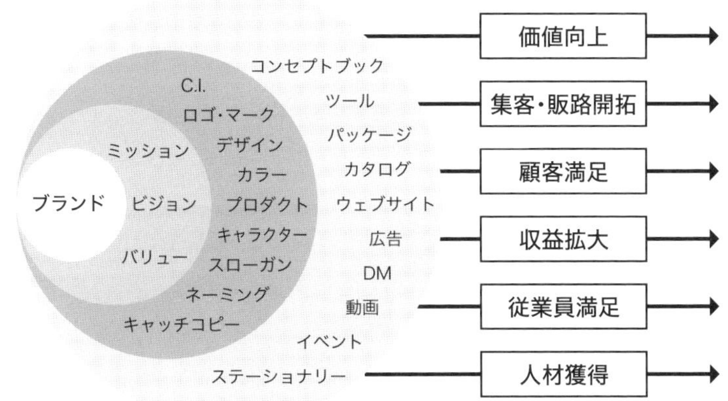

▶ブランド

いちばん左の円には対象となるブランドを置きました。

グループ全体や企業そのもの、そして事業、商品カテゴリー、単品の商品などサイズの異なる各ブランドです。

積水化学を例にとれば、「積水化学グループ」があり、住宅事業（住宅カンパニー）は「セキスイハイム」ブランド、インフラ事業（環境・ライフラインカンパニー）では「エスロン」など全部で7つの事業カテゴリーがあります。そして、セキスイハイムには分譲マンションの「ハイムスイート」、土地活用／賃貸住宅の「ハイムメゾン」があり、個人住宅としては「パルフェ」、「ドマーニ」、「デシオ」などを展開しています。

▶ミッション、ビジョン、バリュー

2つ目の円にはミッション、ビジョン、バリューなどの戦略が入ります。

引きつづきセキスイハイムを例にとり、これにあたるメッセージを見ていきますと、「時を経ても続く価値ある住まい」を実現することを標榜しています。そして、その下のレイヤーでは、レジリエンス（変化に対応する強さ）や地球環境にやさしい家づくりをキーワードとしています。

▶ C.I.、ロゴ・マーク、デザイン

3つ目の円には表現アイテムが入ります。

ここは企業体質や商材のタイプ、そしてブランドの性質に則ってトーンやマナーを決めて表現をコントロールする部分です。商品デザインやカラーリングをどうするか、ネーミングやロゴ・マークはどうつくるか、キャッチコピーは何にするか、などです。

企業ブランドや商品ブランドのツール表現は統一されていることが望ましいといえます。自社らしさ、自社ブランドらしさを踏まえて、アウトプットする表現の基本的ルールを決めてください。そして、決めたルールはC.I.マニュアルに規定し、バイブルとして守っていきます。

▶コンセプトブック、各ツール

4つ目の円は具体的なツールやアプリケーションがラインナップされます。広告やイベントなどで顧客と接するツール、アプリケーションの段階です。いずれのツール類も、C.I.マニュアルやコンセプトブックを守ってデザイン、印刷、使用していきます。

マニュアルでは、ロゴ・マークについてだけでも、色指定から印刷物のサイズごとの左右幅、どの位置にレイアウトするか、背景に写真を置いてはいけないなど、詳細に規定しておきます。

社内の部署ごとにツールを外部発注するときもルールは守られなければなりません。バラバラの表現ですと、戦略のないまま行きあたりばったりでアウトプットしていると受け止められてしまいます。

漢字の表記やデザインの細部も統一して表現することから、ビジュアル面でのブランディングが一歩ずつ浸透していくイメージです。

全社的にコミュニケーションを統一する

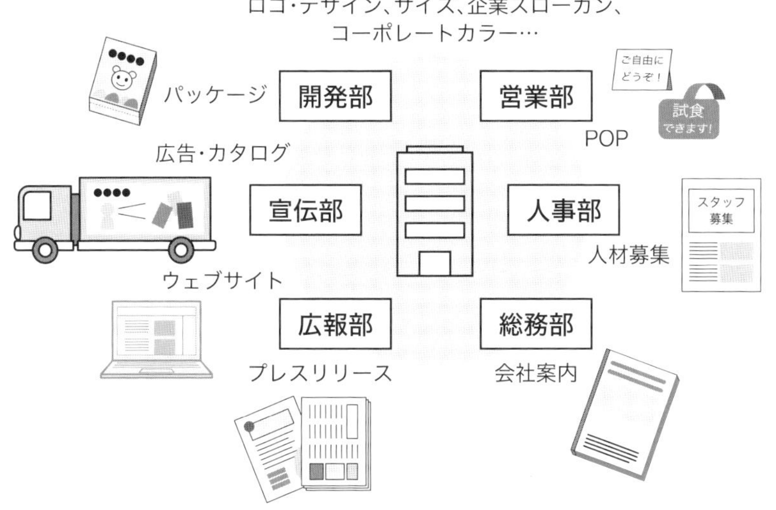

▶想定される成果

円の右には各ツールによってもたらされる成果が並びます。4つの円で見てきたルールに基づいてブランドが展開されることで、ここに表示されている「価値向上」、「集客・販路開拓」などが実現していくのです。

物語でブランディングする

両親に絵本や童話の読み聞かせをせがんでいた子供の頃から、私たちは物語が大好きです。

また、物語は記憶術とも相性がよいとされています。無関係な7、8個のアイテムを記憶するとき、ひとつながりの物語にあてはめると覚えやすくなるのです。**これは企業のブランドも同じで、物語で語られたことは覚えてしまいます。さらに、それが感情に訴えかける内容ですとより効果的で、そのブランドのことが気になったり、好感を抱くようになったりするのです。**

〈ブランディングに物語を活用する効果〉
- 記憶されやすい
- 差別化しやすい
- 共感を呼びやすい
- クチコミ、SNS拡散されやすい

また、物語はプレスリリース配信でも効果を発揮します。読者、視聴者の感情に訴えかける物語だとメディアが判断すれば、取り上げてもらいやすくなるのです。

テレビの経済番組でも、ある企業や商品を取り上げてそのマーケティング戦略を紹介する一方、創業者の生い立ちや数奇な人生経験、苦労した話などをフィーチャーします。（⇒プレスリリースのP.273も参照）

こう説明してきても、実例を読まないと皆さんも腑に落ちないのではないでしょうか？　まさに、それが物語の効果なのですね。そこで、あるセミナーでいただいた質問に回答した、物語の考え方の話をお伝えします。

熱海商工会議所にセミナーでお呼びいただいたときのことです。地元のお菓子メーカーの方から「商品開発したチョコレートを観光客に売りたいが、どうしたらよいでしょうか？」というご質問をもらいました。

チョコレートの特長をお訊きしますと、「味わいはビターで、口溶けが非常にスムーズ」とのこと。そして、形状は熱海の海岸近くにある古い公園の敷石をイメージしてつくったのでネーミングは「渚の煉瓦」です、と。

レンガをイメージしたチョコレートとはなかなか口に入れづらいかも、いや熱海で買って帰るならやはり海産物だし、などと考えてしまいました。

しかし、熱海といえば名作『金色夜叉』の貫一お宮で知られる土地柄です。その連想から、物語でブランディングできるのではないかと考えました。それは、こんな物語です。

「――その昔、身分の違いから結ばれない悲しい恋に泣く二人が、それでも愛を語りながら歩き、踏みしめた公園の敷石に思いを込めてつくった苦い涙の味のチョコレートなのです」

企業の物語に創作は許されませんが、商品のブランディングの背景となる物語を考案するのは問題ありません。こうした物語をパッケージにイラストつきで記載したり、店頭のPOPに書けば、観光客はチョコレートを買うのではなく、悲しい恋の物語を買ってくれるのではないかと思ったのです。

物語はどうすればつくれるか

あなたの商品も、印象に残る物語を語ることで顧客の心情に特別なブランドとして記憶される。そんな手法を考えてみてください。

では、どうやって物語をつくればいいのか？

そもそも物語には決まったパターンというものがあります。古今東西の小説、映画に必ず使われている骨組みとは、だいたい次のようなものです。

- **主人公が危難に遭い、仲間を得て敵を倒し、成長を実感する**

「スターウォーズ」も「ワンピース」も「テネット」も、大枠はこれです。さらに、研究者によって物語の展開6パターンや、10の類型などのヒントが発表されているので、参考にするとよいかもしれません。

これを企業にあてはめれば、次のように変換できます。

- **困っている人がいる事実を知る**

⬇

- **解決策を探求して困難に遭う**

⬇

- **何度もの失敗の末、成功する**

⬇

- **多くの人に喜ばれる**

支援先企業のウェブサイトをつくるときは、必ず企業や商品の物語のペー

ジを加えるようにしています。また、紙の会社案内を制作するときにも項目として入れています。

以下の2社の事例は、支援先の社長さんから話を聞き取り、ウェブサイトに掲載した企業の「物語」のあらすじです。

▶高級シャンプーメーカーの開発ストーリー

見習い期間中の美容師さんは、毎日何人もの洗髪を担当しなければならないため、洗浄成分の強いシャンプー剤によって手肌がボロボロになり、それで辞めてしまう人もいる。

そこで、そんな若い美容師さんのために人肌の成分に近く穏やかな洗浄力のアミノ酸を使ったシャンプーを苦労の末に開発した。

ところが、手肌にやさしいシャンプーは、とうぜんのことながら頭皮や髪にもやさしく、髪が傷まずにハリ・コシ・ツヤが戻ると評判になっていき…。

（レラ・パルガ「誕生物語」のHPより）

▶インソールメーカー、開発者の挑戦

なぜアスリートは調子が上がりつつあるときに限って故障してしまうのか——。自身もケガでプロサッカー選手への道をあきらめた創業者は、ケガの原因を研究し、足元の問題へたどり着く。

そして理想的なインソールの研究開発に着手するが、既存の製品の延長線上には解決策はないと悟る。そして、米国で出会った足骨格へのアプローチにヒントを得て立方骨を支持するインソールを試作。

気の遠くなるようなつくり直しを経て、ついに使用選手がオリンピックでメダルを獲得するまでになり…。

（BMZ「開発の物語」のHPより）

上記のような物語はどうしても長文になるので、最後まで読んでくれる人は少ないでしょう。しかし、読んでくれた人は、その企業や商品のことが、読む前よりも確実に好きになっている、そんな文章になるよう心を砕いたつもりです。あなたの会社でも、読む人の心の琴線に触れるような物語をぜひ書いてください。

自社の物語はこう語る

「ウチにはそんな物語はない」とあきらめずに、とにかく考えてみましょう。**社歴の長い会社であれば、よくよく振り返ると何かしらの劇的な出来事や苦難を乗り越えた過去があるものです。**

とくに日本人はV字回復の物語が大好きで、体力のない小さな組織であるほど判官びいきの感情がはたらきます。それを時系列で書いてみるだけでも、物語らしくなるはずです。そうした過去が思いあたらないなら、自社が紹介されるときのフレーズを思い出してみてください。

例えば異業種交流会の場などで、ほかの会社に引き合わせてくれた人が「こちらの会社はね、こんなことがあった会社さんなのですよ」のように紹介されることがあります。それこそが、自社ではあまり意識していないけれど、客観的には強い印象をもたらす出来事なのです。ここは第三者の視点にしたがい、物語の端緒としてみてはいかがでしょうか。

自社のこだわりを物語に変える

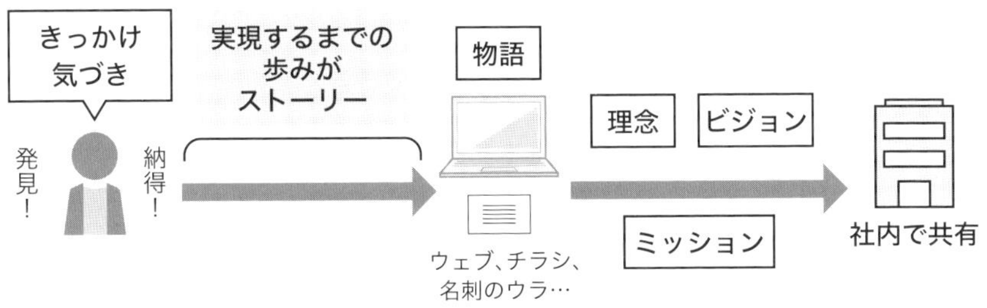

そうしたことにも思いあたらないなら、質問を変えます。

あなたの会社でこだわっていることはありますか?

この問いには「それはありますよ」と答える方が多いと思います。何かにこだわっていなければ、ビジネスは継続できないからです。こだわりとは、材料でも、製造方法でも、人材採用の仕方でも、何でもけっこうです。

とはいえ、こだわりがあるだけでは物語にはなりません。重ねてお訊きしたいのは、**なぜそのことにこだわるようになったのですか? そのきっかけ、気づきは何だったのですか? そして、そのこだわりを実現するために、どのような苦労をしてきましたか?** ということなのです。

ここまで考えを深めると、その軌跡は物語になります。

それを物語風に書き、ウェブサイトや会社案内はもちろん、チラシや名刺のウラなど小さなスペースでも伝えていく。それが物語の伝え方なのです。

コラム

共感を呼ぶメッセージでブランドを強化する

大手企業はブランディングの一環として、企業広告を新聞やテレビCMなどにも出稿しています。

auの企業CM（120秒）を、2017年の正月にテレビで見たときのことです。

タイトルは「みんながみんな英雄」というもので、雨の日や風の日もある、うまくいかなくても新しい未来が来る、という内容の歌が流れ、三太郎らが日本の原風景的な野山を元気に駆け回るという内容でした。

当時、リーマンショックと東日本大震災の痛手から立ち直りつつあった国民全員を励ます、心からの応援歌だと思いました。

それに対してほかの携帯キャリアのCMは、ショップに来て機種変更をしたら○○プレゼント！という商売の話だけのものでした。勝負あったなと感じました。これこそがブランド力を強めるメッセージだと思いました。

ブランドを発展させる

ブランド価値を横展開する

ブランド戦略の1つの手法として、確立した既存ブランドの価値をさらに拡張していくという考え方があり、「ブランド エクステンション」と呼びます。

ここでいう拡張とは、新商品を市場に投入する際に既存ブランドを生かしてマーケティングをおこなっていくというものです。

例えば、確立されたブランドであるSONYなら、銀行や保険業をはじめても安心だろうと評価され、最初から事業がうまくいくわけです。これは心理学的には「**ハロー効果***」とされるものです。

＊ハロー効果　目立ちやすい特徴に気を取られて本質的な評価を見失うこと

〈ブランド拡張のメリット〉

- **認知されたブランドを利用できる**
- **新規市場であっても成功確率が高まる**
- **既存ブランドとの相乗効果が生まれる可能性がある**

〈ブランド拡張のデメリット〉

- **ブランドアイデンティティの希薄化が起きることがある**
- **新製品がガッカリするものだと中心商品からも顧客が離れる**

しかし、著名なブランドだからといって、まったくの異分野でも高品質を守れるかどうかは未知数です。ユーザーも盲信的には受け入れてはくれません。

場合によってはムリな拡張によって、もともとのブランド価値が毀損するリスクが企業にもあるということです。

ブランド拡張5つの手法

ブランド拡張には、既存のブランドか新規ブランドか、また参入する市場は既存のカテゴリーか新規のカテゴリーかによって、4パターンの組み合わせが考えられます。

さらに、他社とのコラボレーションによっても取り組むことができます。

▍ブランド エクステンションのパターン

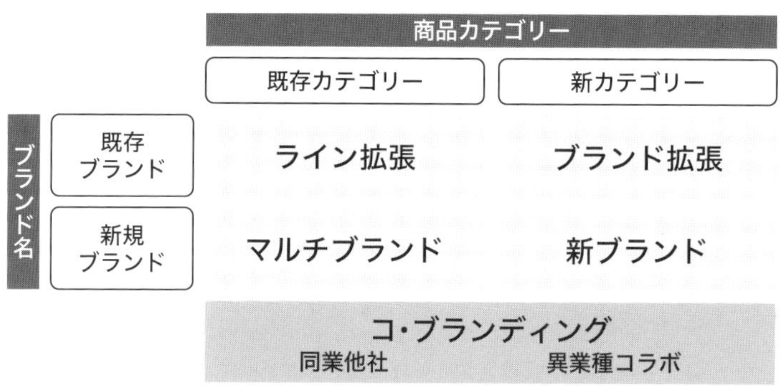

①ライン拡張

既存のブランドを既存の商品カテゴリーへ、バリエーションとして投入するものです。基本的には、成功したブランドを活用して新たなカタチ、サイズ、カラーリング、原料の商品をラインに加えるようなパターンです。

（例）「モルツ」⇨「プレミアムモルツ」、「モルツライト」

（例）「トヨタコロナ」⇨「マークII」、「マークIIグランデ」

②ブランド拡張

既存のブランドを、新しいカテゴリーへ投入するものです。

成功したブランドで、分野違いの新製品をつくるパターンですが、上位概念の市場へ上がることはむずかしく、下位概念の市場へ参入するほうが成功の確率は高いようです。スターバックスの事例（店舗コーヒー⇨インスタントコーヒー）がそれにあたります。反対に、スーパーマーケットチェーンが百貨店を持とうとしてもブランドの優位性を生かすことができません。

（例）スターバックス「店舗コーヒー」⇨コーヒーグッズ、インスタントコーヒー

（例）ヤマハ「楽器」⇨バイク、船舶、テニスほか

③マルチブランド

既存カテゴリーへ、新規ブランドを投入するものです。

ブランドは新規ですが、展開のコツを知っている市場カテゴリーであり、ユーザーにとってもシリーズとして受け入れられるので認知が広がりやすいといえます。

（例）ネスレ「ペリエ」＋「ヴィッテル」＋「サンペレグリノ」

（例）ダノン「エビアン」＋「ボルヴィック」

④新ブランド

新規ブランドを、新規カテゴリーへ投入するものです。

「逆・拡張」ともいうべきもので、既存ブランドではふさわしくないカテゴリーで新商品を出す際に新ブランドをつくったり、あるいは他社から買収をするなどです。

（例）ファーストリテイリング「ユニクロ」⇨「SKIP」

⑤コ・ブランディング

自社の既存ブランドを、同業他社や異業種とのコラボで展開するものです。

（例）「ピザハット」＋「イエローハット」

（例）「ハーゲンダッツ」＋「ゴディバ」

自社が抱えているブランドは、いわば宝です。それをどのように利用したら、その価値を最大限に生かせるかを考えてみてください。

関連する項目としてはプロダクト・ポートフォリオ・マネジメントも参考になると思います（P.335参照）。

Lecture

グッドデザイン賞を獲得する

プロダクトデザインへの客観的評価を得る

社会がますますデザインを重視するなか、グッドデザイン賞を受賞することは企業価値を高めたり、販路開拓に結びついたり、社員のモチベーションが高まったりと、さまざまな効果が見込めます。

また近年は、いわゆる工業デザインで受賞するというだけでなく、ソフトウェアのUI（ユーザー・インタフェース）や、仕組み・取り組み、イベントなどでも受賞することが増えています。

広い意味での「デザイン」で応募できるようになっていますので、挑戦してみてはいかがでしょうか。

グッドデザイン賞の応募カテゴリー

グッドデザイン賞とは公益財団法人日本デザイン振興会が主宰する選定制度で、そのルーツは通商産業省（現・経済産業省）が1957年に創設したグッドデザイン商品選定制度です。

グッドデザイン賞の理念は、デザインの優劣を競うというものではなく、審査を通じて新たな発見をし、Gマークとともに社会と共有することで、次なる創造へつなげていく取り組みである、とされています。

グッドデザイン賞のカテゴリーには有形と無形とがあります。

〈有形〉

①製品（カタチのあるもの）

②空間（カタチのあるさまざまな要素で場を構成するもの）

〈無形〉

③メディア（情報伝達の媒介となるもの）

④仕組み（複数の要素から構成され総合的に目的を達成するもの）

⑤取り組み（特定の目的を達成するためのさまざまな取り組み）

応募件数の合計は毎年5,000〜6,000件ていどです。年度によって変化はしますが、総数は増加傾向であり中国など海外からも寄せられます。

▌グッドデザイン賞の受賞カテゴリー

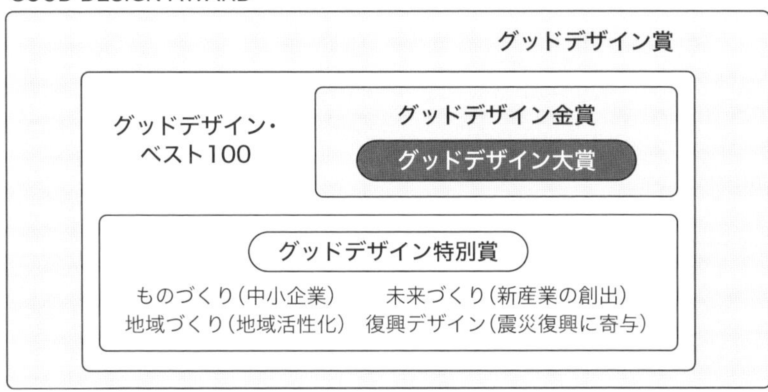

受賞に至る件数は1,500件前後（上図外枠の「グッドデザイン賞」）で、とくにすぐれた100件がベスト100（同「グッドデザイン・ベスト100」）として選出されます。そのほか、中小企業のみを対象とした「ものづくり」、「地域づくり」などの「グッドデザイン特別賞」、「グッドデザイン金賞」、一般来場者の投票も反映した「グッドデザイン大賞」が決定されます。

審査基準を意識して受賞に至る

グッドデザイン賞はデザインの賞であって、デザインの賞ではありません。つまり、デザインがすばらしいからといって受賞には至りません。**ミクロでいえば、単にデザイン形状がすばらしいだけではなく、その商品が人びとの暮らしを助け、快適にする機能があり、その機能を満たすための結果としてもたらされた必然のデザインであることが評価されます。**人が使うものであれば安全で使いやすさを極めた意匠であることが必要です。

そして、**マクロでいえば、私たちの暮らしがサステナブルなものになるための役割を備えている商品や空間、イベントであることが求められます。また、社会的な弱者や課題を抱える人びとに対する真摯な視点があることも重**

視されます。つまり、SDGsに代表されるような、社会が抱える課題を将来にわたって解決していく商品や取り組みが受賞するのです。

審査員は工業デザイナーや大学教員の人が多く（住宅関係は建築士も）、斬新で思い切ったデザインが評価される傾向はありますので、上記の社会的な要素を満たしていても、グッドデザイン賞に似合わないレベルのデザインではむずかしいともいえます。

また、受賞に至るためには、応募する商品などが持つ上記の側面を明解にプレゼンするストーリーが必要となります。

その内容を伝えるため、会場審査では商品の現物をプレゼン台（99×99センチ、高さ75センチ）に置き、手に取って見てもらう補足資料で表現したり、オプション発注できる動画モニターで閲覧してもらいます。

現物を置けない場合（イベントなどカタチがない、住宅など大きい）は、タテA1サイズのスチレンボードで表現し、一瞬でポイントを理解してもらえるようにつくり込むことが必要です。建築物などは建築模型を置くこともできます。そして、上記ボードの内容は、ネット上の一次審査のフォームにアップロードする説明画像としても利用します。

受賞効果を最大限に活用する

〈グッドデザイン賞受賞企業の感想〉

- 知名度が上がった
- 顧客や取引先からの信用度が上がった
- 売上が増加した
- ウェブサイトからの集客が増えた
- 新規取引先の獲得につながった
- メディアからの問い合わせが増えた
- 関係者のモチベーションが上がった
- 社内でのデザインへの評価が向上した

グッドデザイン賞を受賞した効果について、受賞企業の感想には上記のようなものが見られます。

一般消費者の8割ていどはグッドデザイン賞、Gマークを認知していますし、過半数が価値や魅力を感じると回答しています。受賞企業に対するイメージとしては、「センスがよい」、「ものづくりが上手」、「先進的な企業である」などが上位となっています。

また、グッドデザイン賞事務局では、受賞プロモーションの一環としてさまざまなイベントを企画しています。

近年では、祝賀会・表彰式をはじめ、東京ミッドタウンでの受賞展や展示会への出展、国内商業施設や海外での展示企画のほか、グッドデザイン賞ウェブサイトへの掲載、新聞などメディアでの記事掲載、広告出稿などがおこなわれています。受賞企業としても、受賞の成果は十二分に活用したいものです。

受賞企業ができる受賞歴の活用法

- □ 主なメディアにプレスリリースを出す
- □ ウェブサイトに報告ページをつくる
- □ カタログ、チラシ、DM
商品パッケージに表記する
- □ 会社案内、入社案内に表記する
- □ 営業資料に1ページとって記載する
- □ 社内に意図・経緯を説明、周知徹底する
社内報に掲載、報告会を実施する
- □ 展示会ブースに掲示する
- □ 顧客に案内状・告知DMを出す
- □ 名刺にGマークを記載する
- □ 会社玄関周りに表示する

Lecture

5 顧客との関係性を良好に導く

顧客分析手法を活用して付き合い方を改善する

商品価値のところで言及したように、**顧客はアフターケアの要素まで含めて評価をするものです。CS（顧客満足）については、商品機能と同じくらいの比重を占めます。**

売りっぱなしの会社と思われては永続性に悪影響が出かねませんし、販路開拓においても、新規顧客獲得よりも既存顧客に働きかけるほうが、労力は5分の1で済むなどの研究もあります。

リピートされる商品であればもちろん、たとえ人生で一度きりの商材であっても、必ずSNSでの言及やクチコミがおきますので、顧客とのよい関係を築くことは大切です。

それが、**LTV（顧客生涯価値）を最大化する道筋である**といえます。

NPS測定で顧客満足度を数値化する

自社や商品、店舗などに対する顧客満足度を調査して分析する手法にNPS（Net Promoter Score）があります。みなさんも飲食店などでお客様アンケートに回答したことがあるのではないでしょうか。

これは「あなたはこの商品を友人や家族にすすめたいですか？」と尋ね、10（とてもすすめたい）から0（まったくすすめたくない）の11段階で回答してもらうアンケートをおこなうものです。

そして、高評価の9、10の顧客数から0～6の低評価の顧客数を引き算します。これによって得られた数値がNPSとなります（マイナスになることも多い）。

ネット・プロモーターとは、「正味の推奨者」というほどの意味です。つまり、ロイヤルティの高い固定客がどれほどいるのかを問うわけです。

▎NPS測定で顧客満足度・愛着度を数値化する

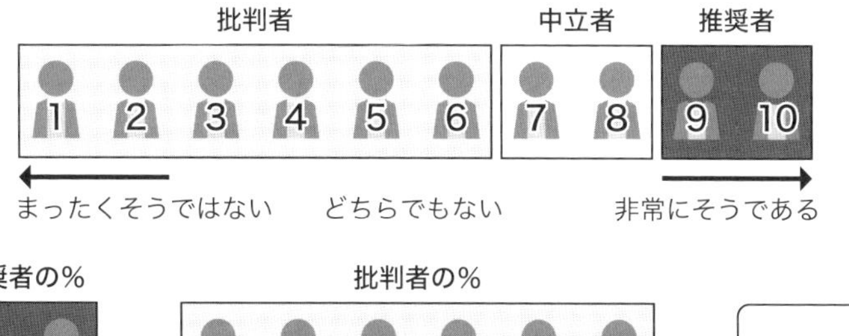

NPS測定は、Apple、P&G、スターバックスなど米国の主要な大手企業で採用されています。この分析手法のよいところは計算がシンプルであること、そして顧客の過去の気持ちではなく将来の行動を問うところです。

さらに、自己完結ではなく、友人・家族に働きかけるか？ というハードルの高い設問となっています。「いいと思いますか？」と「友人にすすめますか？」とでは、回答の心証が大きく異なるものです。

さらに、NPS測定の値は企業の成長性と強い相関関係があるとされており、サービス産業の場合はより顕著となっています。

■顧客との関係性を大きく育てる

顧客との関係性をどのように構築していくかを戦略的に考えるための仕組みをCRMと呼びます。CRMとは、直訳すると「**顧客関係管理**」です。

昭和のCRMは、国民漫画『サザエさん』に出てくる御用聞きのサブちゃんが、「そろそろビールが切れる頃かなと思いまして…エヘヘッ」と、かゆいところに手が届く個別サービスをしてくれるような形態です。

商店街の店の主人が、顧客の家族構成、年齢、お祝い事、どれほどで正油を使い切るかまで知悉(ちしつ)している。「お孫さん、来週お誕生日でしょ。よかったらジュースを持っていきましょうか？」とまでセールスできるのです。以前は、百貨店の外商も記念日に花束を持ってきたり、「結婚記念日に宝石はいかがですか」というような営業をしていたものです。

その後、**令和のCRMはどのようになったかというと、データを背景にレコメンドやクロスセル、アップセル、あるいはちょうどよい時期に消耗品のお知らせが届くようになりました。**

▍顧客を育て、関係性を良好に導く

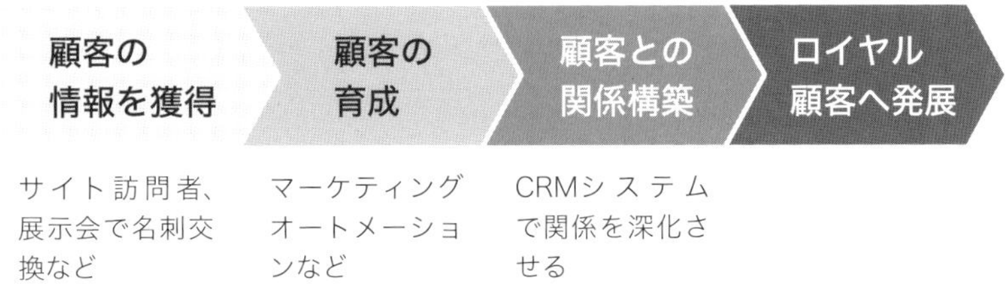

顧客の情報を獲得	顧客の育成	顧客との関係構築	ロイヤル顧客へ発展
サイト訪問者、展示会で名刺交換など	マーケティングオートメーションなど	CRMシステムで関係を深化させる	

その背景には、ITなどデジタルマーケティングの進展があり、AIやマーケティングオートメーションの活用によって、ワン・トゥ・ワンの顧客対応を可能にしているのです。つまり、個からはじまったCRMは、いったんはマスの中に埋もれ、そしてIT、AIによるコンシェルジュ的エージェントの出現により、また個へと戻ってきたわけです。

▍CRMによるデジタル施策の例

- **カスタマイズクーポン**
  レジで個人の購買や行動履歴に応じて効果的な個別クーポンを発行
- **BTO**
  PCのBTO(Build to Order)。個人の好みに応じて商品をカスタマイズ
- **レコメンデーション**
  購買や閲覧履歴に基づいて、おすすめアイテムやサービスを表示
- **ダイナミックプライシング**
  競合やその時点でのニーズボリュームに応じた柔軟な価格設定
- **マルチチャネル購買**
  個人データが各チャネルで共有され、購買できて記録も捕捉される

このように、顧客の単位で購買・取引を捕捉してニーズを理解し、顧客維持や新規獲得を通じて長期的な観点から収益を最大化していく手法がCRMということになります。

では、そのためにどういう考え方、準備が必要なのでしょうか。

「**パレートの法則**」はご存知でしょうか。顧客関連でいえば、上位20%の顧客が、全体の80%の利益をもたらしているのではないかとする考え方です。

では、20%の優良顧客とは誰なのか。それをきちんと特定し、きちんと囲い込むべきだということになります。限られた企業の資源を有効活用するには、そうしたメリハリをつけることが必要なのです。わかりやすい例でいうと、「マイレージ」と呼ばれるフリークエント・ショッパーズ・プログラム（FSP）があります。また、「ポイントプログラム」で顧客特性や購買履歴などの情報を蓄積、還元するとともに個別対応マーケティングに活用する手法も一般的です。**これらは優良顧客への優遇、いわば“えこひいき”によって囲い込み、他社への乗り換え（スイッチング）コストを高めるものです。**こうした顧客の把握と、それに対する最適な施策とを見える化すると、次のようなピラミッド図になります。

▌顧客ピラミッドを描いてみる

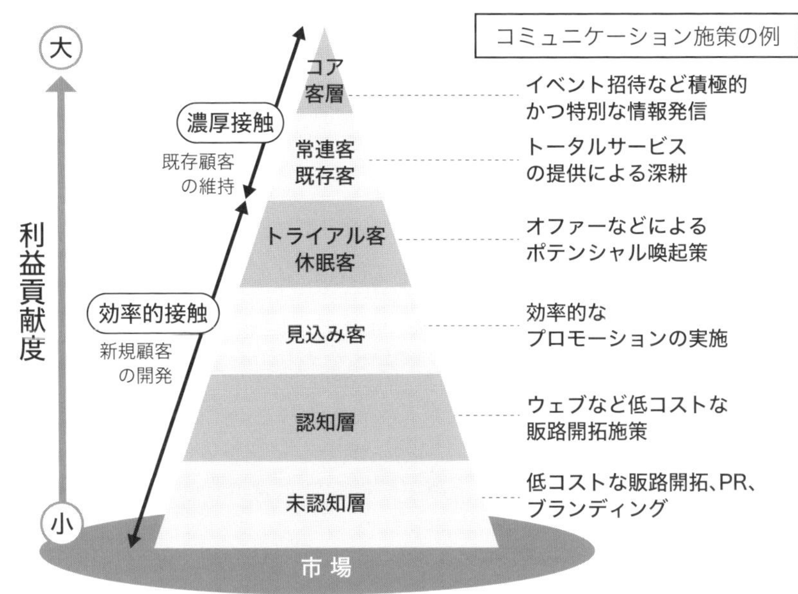

データ分析で優良顧客を特定する

優良顧客の特定はデータ分析によっておこないます。まず、シンプルな分析手法としては「**デシル分析**」があります。

デシルとは10等分という意味で、語源はラテン語です。まず、顧客を単純に購入金額の多い順に並べておいて10等分します。全体が100社なら10社ずつになります。

各10社ごとの購入金額の合計を出し、各グループの合計額が全体の何％になるかを計算します。結果はパレートの法則である80：20の法則に近い比率になるのではないでしょうか。おそらく、こうしたグループ分けは、すでに無意識のうちにおこなっていることと思います。

もう一つの分析手法が「**RFM分析**」です。これは**顧客が直近で購入したのはいつか、どれほどの頻度で購入しているか、購入金額は大きいか、という3つの側面で選別して分析する手法です**。

▍RFMとは何か

●Recency（リーセンシー）……最新発注日

直近で購入した顧客のほうが、最近は購入のない顧客よりよい顧客と考える。➡購入してから時間が経過していないので、企業についての記憶がしっかりと残っている。企業が営業的なアプローチをおこなう場合、すでに記憶に残っていない顧客より高い効果が期待できる。

●Frequency（フリークエンシー）……購買頻度

顧客の購入頻度が高いほどよい顧客と考える。➡Fが低い取引先が多い場合、サービス業ならサービスレベルや料金などで顧客に満足を与えていない可能性がある。一方、Fが高い取引先が多い場合は固定客が多いということだが、そのわりに新規の顧客が少ないともいえる。

●Monetary（マネタリー）……購買金額

取引合計金額が大きいほどよい顧客と考える。➡Mのランクが高い顧客は、潜在的な購買力が高いということ。そうした顧客のFやRが上がれば企業収益に貢献する。取引期間によって金額は大きく変わるので、業種業態を考えながら期間を定めて分析する必要がある。

RFM分析の目的を明らかにする

RFM分析の結果を有効活用するためにも、分析の目的を明らかにしておく必要があります。大きな目的の一つは取引先の属性を明確にすることです。 RFM分析によって、それぞれの顧客が優良顧客（ロイヤル顧客）なのか、**安定顧客、離反顧客、休眠顧客**なのかを特定することができます。

これにより、何となく売上が大きい、何となく注文回数が多いなどのイメージではなく、はっきりしたデータに基づき、自社に利益をもたらしている顧客はどこかを明らかにします。

もう一つは各取引先の処遇を適正化することです。 優良顧客に対しては、とうぜんのことながら手厚く対応して取引を深めるようにします。

各属性の顧客に対しては、適切な情報やキャンペーン情報を届けるようにします。また、購入頻度や金額が低落傾向にある顧客についてはその要因を探り、対応策をとります。

例えば、高額購入者に対しては優待を持ちかけて囲い込み、より購入金額を増やすようにするなどの対応策をとるのです。一方で、ニーズや業態が変化して購入がなくなった顧客にアプローチしつづけても効果はないため、なぜ買わなくなったのかを追跡して知ることが大切です。

RFMの高低によって異なる対策をとる

R	F	M	対策
○	○	○	……＞ 優待キャンペーン（えこひいき）
○	○	×	……＞ アップセル（よりよい製品推奨のオファー、説明DM）
○	×	×	……＞ 固定化（通常キャンペーン／定額モデル提案）
○	×	○	……＞ 固定化（通常キャンペーン／定額モデル提案）
×	○	○	……＞ 特別オファー（特別価格、アンケート割引〈離反理由調査〉）
×	○	×	……＞ リマインドDM（通常キャンペーン告知）
×	×	○	……＞ 固定化（戸別訪問、個別の提案営業）
×	×	×	……＞ ギブアップ or 再度の差別化啓蒙

基本的な対応策として、**「R×」顧客**は他社商品に流れてしまったおそれがあるので、あらためて自社商品のよさを伝えることが必要です。ただ、その

前に「なぜ去ったのか？」を明らかにしたいところです。

価格か、効果か、アフターケアへの不満か？　ただし、離反顧客を連れ戻すのは手間がかかり、費用対効果はよくありません。

「F×」顧客には、定額支払い（サブスクリプション）を提案するなど、頻度を上げる対策をとります。**「M×」顧客**へは、高額品や高機能製品のよさを啓蒙し、上位商品の購入を促すなどします。

購入頻度が低いからといってアプローチをしすぎると、逆にうんざりする顧客もいますし、自社としてもコストがかかります。むしろ、DMを送らない相手を決めるなどに活用することも効果的です。RFMのうち2つに○があるなら、とりあえず現状維持としてもよいでしょう。

結果への分析ポイント

- 頻度と価格のどちらを追うべきかについては、年間の合計購入金額が同じなら、購入頻度が少ないほうが出荷回数も少なく、手間のかからないよい顧客だと考えることもできます。
- 分野によっては購買行動のデータでグルーピングするより、購入内容、顧客業種、地域などで分類するほうが効果的なケースもあります。
- 購買頻度を上げるキャンペーンは価格訴求になりがちです。目先のデータ活用よりも、商品知識などを正面から啓蒙して長く育てていくほうがよい場合もあります。いずれの場合も顧客理解こそが大切です。
- 購入やニーズの性質から、RFM分析が向いている商品とそうでない商品が考えられます。

〈RFM分析が向いている商品〉

コーヒー豆のネット通販、部品製造業、飲食店、百貨店、レンタルビデオ店 など（購入・利用頻度が高い、他社へのスイッチが容易）

〈RFM分析が向いていない商品〉

住宅、クルマ、ピアノ、ベビー用品、予備校 など（購入・利用頻度が低い、一定期間ののちにニーズが変化する市場など）

※ほかにも3指標（カテゴリ／テイスト／ブランド）で顧客をグループ分けして評価するCTB分析などの手法もあります。

Marketing Practices

第 11 章

その先のマーケティング技法で戦う

～企業価値を高める戦い方を知る～

勝てる事業ドメインを選択する

経営資源と価値を特定して最大限に磨く

市場はつねに不確実で冷酷です。自社で商品開発をおこなうなら、よい商品ができるかどうかも不確実です。

研究開発から商品化、収益の上がる事業化、そして競合が現れて１つの分野として認められる産業化まで。その間、技術が開花するかどうかは誰にもわかりませんし、せっかくの商品が市場に受け入れてもらえるかどうかも不透明です。途中、キャズムの深い谷に落ちこんだり、運よく売れても増産のタイミングに失敗して在庫の山を抱えたり、参入してきた後発組に市場を席巻されて終わることすらあるのです。

だからこそ**企業は自社の「付加価値」がどこにあり、どうすればその価値を最大化できるかという視点をつねに持つことが重要です。本項では、「企業価値」の取り扱い方について書きます。**

バリューチェーンを意識して磨く

「**バリューチェーン**」とは、自社の活動のどの部分で付加価値が生まれているかを分析する考え方です。

例えば事務機器メーカーの付加価値は、製造段階での知財にあると考えていたら、実際は営業部隊の優秀さであったり、値引きの要求に屈しないメンテナンス部門の高収益性であったりするかもしれません。これは同分野の他社と比較をしてみるとわかりやすく、明確になることもあります。

社内で営業や開発、マーケティング部門などのどこが強いかは文化であり、会社ごとに異なります。必ずしも強い部門が価値を生み出しているわけではないのが興味深いところです。

一連の企業活動の中で付加価値を生むのはどの部門なのかがわかることは、自社の強みが明らかになることです。その強みをさらに磨けば、より競争力が高まったり、収益力が向上したりします。

ファイブフォース分析やSWOT分析、次のVRIO分析などと併せて活用してみてください。そして、将来にもその付加価値が輝きつづけるのか、それとも別の価値の萌芽を促進するべきかを戦略的に計画していきます。

バリューチェーン（価値連鎖）

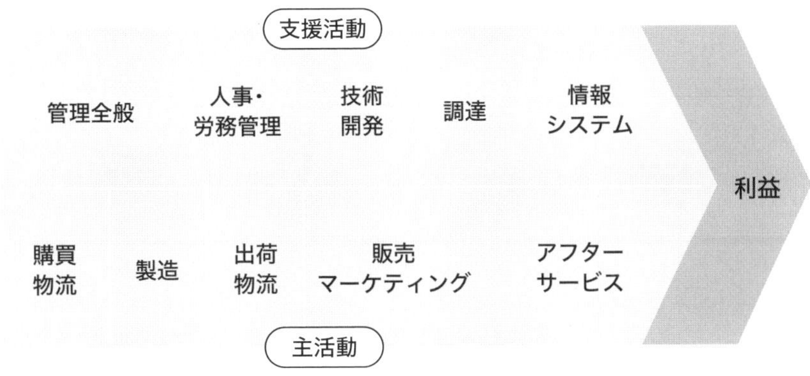

自社の経営資源を評価する―― VRIO分析

「VRIO分析」は、主に自社の商品や技術、内部資源の強みや弱みを評価、判断するための軸です。

VRIO分析

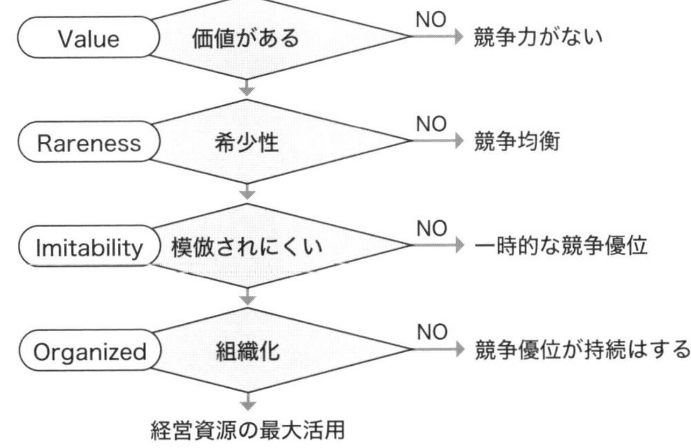

「V・R・I・O」という4つの基準を満たしたものが、会社の土台にすべき資

源であると認定できるというわけです。いずれかの項目が欠けているものは解決すべき課題のある資源だということができます。

4つの基準を一つずつ、見ていきましょう。

- **Value（価値）**

競争力があり、価値を発揮して収益を生み出しているか。5年後も重要な資源でありつづけるか。

- **Rareness（希少性）**

他社や他業界にはない、優位かつ希少性の高い価値か。

- **Imitability（模倣困難性）**

容易に真似されることがないか。競合が同様のことを実現できるなら収益を上げつづけられない。

- **Organized（組織化）**

その資源が組織のなかで適正に認識され、機能しているか。きちんと埋め込まれて仕組み化されているか。

こうした検討の中から、何を伸ばし、何を捨てるかという、選択と集中の根拠が見つかります。例えば優越的な知財を保有しながら、その特許技術が死蔵されてしまっていては意味がありません。

かつて東芝は自社で開発したフラッシュメモリーの技術的価値を十分に認識せず、無自覚に海外企業へと流出させてしまいました。

経営者に、技術の価値やその将来性を評価する意思があれば、その後に半導体やメディカル事業を切り売りするようなことはなかったでしょう。

有望な事業分野に社内資源を割りあてる

自社の強みである付加価値部門も、その資源は有限的です。各事業やブランド、商品に対して、最適かつ戦略的に資源を配分していかなければ、将来的な収益力を高めることになりません。

では、**どの事業、ブランド、商品に社内の価値資源を割りあてていくか。それを検討するための手法が「PPM」（プロダクト・ポートフォリオ・マネジメント）です**。

対象は事業単位、商品単位でおこなうことが多い分析ツールですが、取扱分野や商材グループ、ファミリーブランド、あるいは顧客グループを俎上に乗せてもよいのです。キャッシュの流れ（イン・アウト）に注目しつつ、各象限のバランスをとったり、あるいは事業間の相乗効果が出せるかなども検討します。

▍プロダクト・ポートフォリオ・マネジメント分析

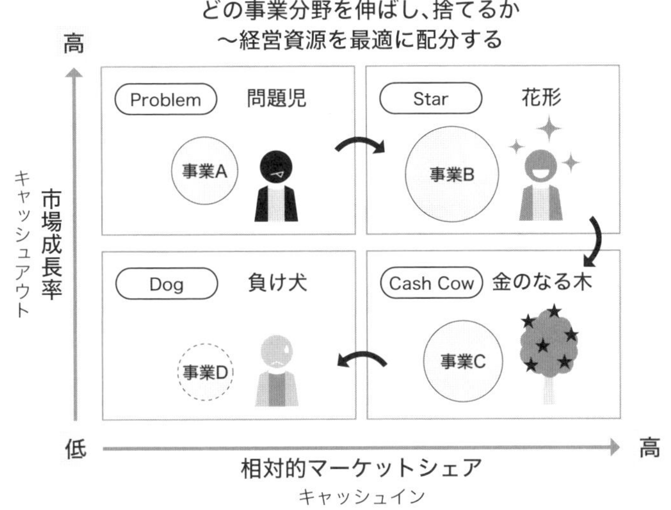

- **問題児**……投資が必要な金食い虫です。しかし今後、伸びるはずなのでアイテムを選別して花形に育てます。
- **花形**……売上が上がっているのですが、参入者も見込まれ、投資も必要なため、思ったほど儲からないこともあります。
- **金のなる木**……成熟市場に移行しており、追加投資は必要ではなくなっています。そのため、不労所得のように収益が上がることもあります。
- **負け犬**……撤退の時期を探る段階。ただ、収益率は高いこともあります。

PPM分析でつねに事業アイテムを洗い直すとともに、社会や環境、顧客の心情を分析する第1章へと戻って分析、検討を重ねてください。これは果てしなくつづくループです。そうした挑戦をつづけるのが企業の宿命であり、楽しみでもあるのです。

Lecture 2 シェアと体力によって戦い方を変える

経営資源と価値を特定して最大限に磨く

企業内の資源を最大限活用して事業や商品を育てていくことができれば、安定成長の継続が可能になるはずです。しかし、**加えて注視しなければならないのは、業界内の競合他社とその関係性です。**

業界内でのシェアは、各社の競争地位を明確に把握する手段として有効です。**市場構造を把握するうえで目安になるのが米国の数学者、B.O.クープマンによる「6つに分類したシェアの規模とその意味合い」**です。

市場の構造と自社のシェアを把握する

クープマンの目標値

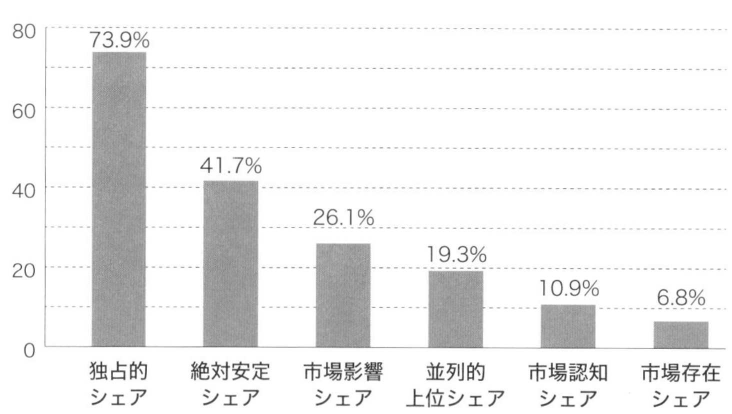

- **独占的シェア**……完全に独占している状態。2位以下に逆転される可能性はほとんどない。
- **絶対安定シェア**……トップ企業がこのシェアを獲得している場合、不足の事態が起こらない限り揺らぐことはない。

- **市場影響シェア**……市場に影響を与える地位。トップがこの数値であれば不安定。
- **並列的上位シェア**……この数値で1位、2位であれば上位が拮抗している状態。
- **市場認知シェア**……ようやく存在が認知されている状態。純粋想起でなんとか思い出してもらえるレベル。
- **市場存在シェア**……存在を認められる数値。これを割り込む場合は撤退を考慮に入れるべき。さらに、市場に足掛かりを築いた状態のシェアを2.8%とする研究もある。

こうした位置づけを認識したうえで取り組みたいのが、「**ランチェスター戦略**」です。強者と弱者とでは、しきい値が異なります。ある業界の市場規模が15%ダウンしたとき、大手企業はそのまま売上が15%減少します。それに対して中小企業の売上はまったく変わらないかもしれませんし、半減するかもしれません。

中小企業は主要取引先の2、3社が好調であれば売上に影響はありませんし、反対に主要取引先が不調になれば大きなダメージを受けます。ここから、**企業は規模によって戦略を変える必要があることがわかります。**

強者と弱者で異なる戦い方を知る―ランチェスター戦略

資金や人材など経営資源に劣る弱者の小企業が、大手企業とまともに戦えば結果は明らかです。しかし、たとえ弱者であっても戦い方によっては勝利を収めることもできるというのが、ランチェスター戦略の考え方です。

- ランチェスター第1法則　～原始的な戦闘において
  戦闘力＝武器効率×兵力数
- ランチェスター第2法則　～近代的な戦闘において
  戦闘力＝武器効率×兵力数^2

もともとはイギリスの航空工学の研究者であるフレデリック・ランチェスター氏が提唱した戦争時における戦闘の法則で、兵隊や戦闘機、戦車の数と武器の性能が戦闘の勝敗を決定づけるという理論でした。

この理論を、リソースの限られた中小企業が取り入れることによって体力に勝る強者とも戦うことができるというわけです。

基本的に強者は物量と低価格で市場全体での勝利を狙います。

一方、弱者は市場を絞り込み、資源を一点集中させて差別化を図ります。兵数の多い相手と戦う場合は総力戦をさけ、一騎討ちや局地戦、接近戦に持ち込みます。

一騎討ちにおいても、自社より経営資源の劣る競合としか争いません。

局地戦では営業範囲を絞ります。例えば不動産仲介業者が半径500メートルの物件に絞って情報を集めたり、ある1町村に限定して活動をすれば、競合が大手であっても遠隔地相手なら勝ちやすくなるはずです。

ランチェスター戦略をビジネスに生かす

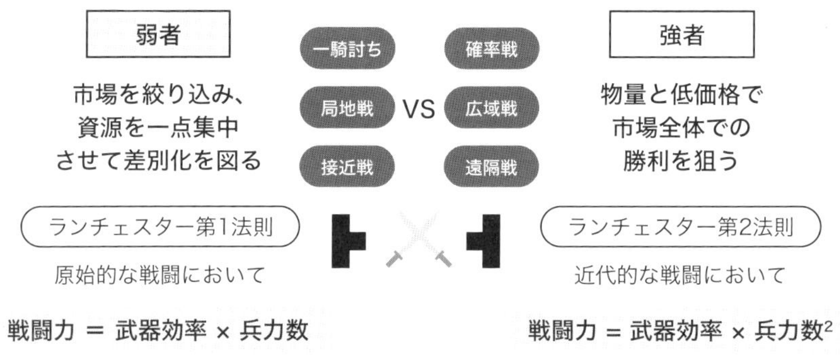

- ▲ 一騎討ち：勝てる競合１社限定で攻める
- ▲ 局 地 戦：小さな市場でNo.1をめざす
- ▲ 接 近 戦：顧客に接近する、接触回数を増やす
- ▲ 一点集中：一点に絞って集中する
- ▲ 陽動作戦：競合相手の意表をつく戦法

接近戦では、100社の顧客に1回ずつ訪問するのではなく、5社に絞って20回ずつ訪問するほうが受注につながります。

1点集中についていえば、単機能に絞り込んだり、個別のニーズに対応したりすることを心がけます。例えば「ケーキ店」ではなく、「バースデーケーキ専門店」とすることで目立ち、顧客をつかむというわけです。

また、強者が正面作戦で来るなら、弱者は陽動作戦を用います。これは歴史でいうと義経のひよどり越えやハンニバルのアルプス越えですね。企業の実例でいえば黒板メーカーが黒板を小さくするだけで工事現場の記録用ボードで売上を伸ばしたり、こんにゃくメーカーがローカロリーを武器にした商品でダイエット市場をひっくり返したりするようなものでしょう。

■参入障壁をできるだけ高くする

競合や新規参入との戦いに勝つより、戦いをさけることができればよりよいはずです。そのためには、参入障壁を築くことが有効です。

例えば国内最大規模のレンタルサーバー業者であるエックスサーバーは、プラン料金を変えずにユーザーの割りあて容量を増やすことを繰り返して乗り換えを防ぐとともに、SNSでのクチコミにもつなげています。

市場からの収益は最大化したいのですが、魅力的な市場であると映れば、新規参入が起こります。ここにジレンマがあるのです。

次に「**参入障壁を高く築くための8つの手法**」を解説します。

■参入障壁を高く築くための8つの手法

①技術的な優位性を保つ

これはどの企業も狙っている基本です。しかし、どんな先進技術も時間の問題で後発企業に超えられる運命にあるといえます。

②小さい市場を狙う

ニッチで市場規模が小さく、ユーザー数も少なければ魅力に乏しい市場であると認識され、新規参入は起こりづらくなります。

③衰退産業を守る

市場が縮小していくような斜陽分野であれば、とうぜん参入者は増えません。その中で衰退産業であっても「残存者利益」が発生し、価格決定権などを握れることもあります。

④価格を適正にする

原価積み上げではなく、ユーザーの知覚価格を根拠に価格を高めに設定している場合、その利幅に魅力を感じて参入する企業が現れます。良心的な価格設定にすることで魅力度を下げておく戦術です。

⑤製品寿命を長くする

容易に買い替えが起きない市場に新規参入するのはリスクです。そのため、長持ちする商品を販売する良心的なビジネスで市場の回転速度を落としておく戦術です。

⑥コトと一緒に販売する

商品の周辺サービスや書類作成、許可申請事務などの煩雑な手続き、あるいはオペレーション、メンテナンスなど、長年の熟練が必要なサービスを付帯的な売り物とする戦術です。

⑦周辺特許を押さえる

特許や意匠などの知財で守ることはとうぜんなのですが、特許１点のみではやがてその技術をよけた同じような技術を開発されてしまいます。中核特許の周辺も地道に出願して固めていくことで、参入者に技術開発をあきらめさせる戦術です。

⑧内製化する

最終製品の製造はもちろん、素材や部品の開発をアウトソーシングしていると、長い間にバリューチェーンのありかに気づかれ、供給者が新規参入者となります。新興国に発注していた技術が、数年の間に剽窃（ひょうせつ）され、競合になるのはよくあることです。

それをさけるためには内製化率を上げる、コア技術部分は社外に出さないなどの対策が必要となります。

Lecture 3

炎上のメカニズムを知る

変わる時代と企業の社会的立場を考える

近年は企業がSNSの投稿や商品名などで炎上するケースが目立つようになりました。

TwitterやInstagramは、低コストで自社情報の拡散を起こせることも事実ですので、有効に機能すれば何よりのメディアであるといえます。

投稿内容については米国風のポリコレ*を守っていれば炎上はしませんが、ファンも増えません。

いわば人間らしいウェットな発信、心情を明かすような投稿をすることでフォロワーが増え、アカウントの影響力も拡大します。

これらの中間をいく、さじ加減がむずかしいわけです。

*ポリコレ（ポリティカル・コレクトネス）＝政治的妥当性。特定のグループに不快感を与えないよう、偏見や差別を含まない用語や表現を用いること。

炎上しないマーケティング

そのため、つい「中の人」が攻めすぎた発言をしたり、キャラクターの毒舌がすぎて、炎上してしまうことになります。

飲食店チェーンのバイトが不衛生な動画をアップしてしまうようなバイトテロは指導を強化するしかありませんが、どのケースでもあとから冷静に考えれば絶対にさけるべきであったことが明白なことばかりです。

企業アカウントなどではダブルチェック体制を敷くことが必要かもしれません。

とくに男女の役割を固定するジェンダー・バイアスを助長する発言やキャッチコピー、商品ネーミングなどに対する反応は、年ごとにきびしくなっています。

ファミリーマートのプライベート・ブランドであった「お母さん食堂」に

は、反対する署名運動が起きました。

その結果、別のブランドに吸収されるカタチでひっそりと姿を消していきました。

消費者に気に入ってもらい、買い物に来てもらう店舗にとっては、マイナスでしかありません。

■ジェンダー、LGBTQ、人種問題

ワークマンの別業態店名「#ワークマン女子」にも、「ジェンダー観が古い」と不満が寄せられました。

同社では、「○○女子」での炎上例（読売新聞の「美術館女子」など）は把握しており、多少の炎上よりわかりやすさを優先したようです（すでにユーザーが「#ワークマン女子」を使用して投稿していた）。

アツギのタイツは、広告に萌え系の女子イラストを使用。お客様は女性なのに、明らかに男性向けのキャラクターを展開してしまい、炎上しました。これも不注意、不見識といわざるをえません。

また、LGBTQなどに対する差別、区別発言も炎上しやすい傾向にあります。さらに深刻なのが人種や肌の色、障がい者に関するものです。

色鉛筆や絵の具では、「はだいろ」ではなく「うすだいだい」に呼称を変えました。キャッチコピーや商品名では「美白」や「ホワイトニング」は使われなくなり、「ブライトニング」などへと切り替わっています。

いまは誰かの人権を傷つけるような投稿や名称は、大小の差はあれ必ず炎上します。そうすると、企業名や商品名で検索されたときに、2語目の候補として「炎上」「批判」「謝罪」などのサジェストワードが表示されるようになることもあります。こうした現象を「**サジェスト汚染**」と呼びます。

こうなるとブランド価値は毀損しますし、せっかく見込み客が検索をしてくれても購買を躊躇してしまうかもしれません。

■宣伝メッセージでイヤな思いをさせてはいけない

炎上してしまったときに、ピンチをチャンスに変えられるような作戦がとれればよいのですが（虫が混入したときのペヤングソースやきそばや、顧客

データが流出したときのジャパネットたかたなど）、これは企業姿勢と大きく関わる部分です。

どれだけ注意をしていても、炎上することはあるでしょう。それも、企業側に非がないのに巻き込まれてしまうケースもありえます。

けれども**日頃から組織としてエリを正し、高い視点を保っていれば、多くの炎上はさけられるのではないでしょうか。**

基本的に、企業という営利組織が発信する宣伝メッセージによって、イヤな思い、つらい思いをする人が世の中に1人でもいてはならないのです。

そうした思いを日頃から持つことができていれば、不用意な投稿で炎上してしまうような失敗はなくせるのだと思います。

Lecture 4 行動経済学の誕生と死を見送る

行動経済学を理解して活用する

「行動経済学」とは、経済学と心理学を融合させた知見であるといえます。これまでの経済学は、「人は常に合理的な行動をとる」ことを前提に組み立てられてきました。しかし、そうではない場合も多いのではないか？　という考え方を体系化したものが行動経済学です。

かのフィリップ・コトラーは、「行動経済学とはマーケティングの別名である」とまで述べています。

日常生活の中にも行動経済学はある

では、日常の中の行動経済学を見てみましょう。

例えば、深夜にネット通販のサイトを見ていたら「いまならワンピース2着目が半額！」とアピールされているのを知り、着る予定もないのについ買ってしまう（**固着性ヒューリスティック**）。

あるいは、家族の買い物に付き合ってショッピングモールに来ていたお父さんが、ざわざわと騒がしい店内で、なぜか「○○ショップではゴルフクラブを特別プライスで…」というアナウンスだけは聞き取ることができ、ショップへと足が向く（**カクテルパーティ効果**）。

はたまた、ほとんどあたらないくらい低い当選確率の宝くじを、「買わなければあたらない（買えばあたるのではないか）」と過大評価して購入してしまう（**プロスペクト理論**）。反対に、「99%成功する手術」に不安を感じたり、99.9%安全な航空機が墜落することを心配したりするのです。

主に2000年前後から学問として認められてきた行動経済学ですが、提唱した学者たちはノーベル賞を受賞しています。

- ダニエル・カーネマン　「プロスペクト理論」で2002年に受賞

- ロバート・シラー　　　「アノマリー」について2013年に受賞
- リチャード・セイラー　「ナッジ理論」を提唱して2017年に受賞

■ヒューリスティックの3類型

先駆者、ダニエル・カーネマンの著書『ファスト＆スロー』では、**経験やイメージから直感的に決める「ヒューリスティック」（ファスト）**と、**合理的に検討して熟考して決める「システマティック」（スロー）**とを比較しています。

ヒューリスティックとは経験や先入観によって、あるていど正しい答えを得る思考法のことです。スーパーで激辛味のカップ麺を買おうとするときに、無意識に赤いパッケージを探すのはこれにあたりますね。

ここでクイズを１つ。

> **〈クイズ〉**
> 「職場を子供に見せよう」という航空会社の社内企画でパイロットたちの子供が招待されました。広報部員が、ある子供に「お父さんの仕事はカッコいいと思う?」と訊くと「パパはカッコいいよ。本は僕も好きだし」といいます。「パパはパイロットだよね?」と確認すると「パパは本屋さんだよ」との答え。その日に呼ばれたのはパイロットの子供だけですし、子供もウソはついていません。
> いったい、どうなっているのでしょうか?　**答えはP.346**

さぁ、考えてみてください。

正解を伝える前に、ヒューリスティックの3類型を紹介します。

〈1〉利用可能性ヒューリスティック

自分の記憶や印象にあるものを手がかりにして意思決定してしまうことです。CMが商品名を連呼するのも、この効果を狙っています。人は、CMなどで何度も見聞きして思い出しやすいものや、いつもの商品を買ってしまうのです。

消費者に「なぜこれを選んだのですか？」と質問すると、「健康にいい成分が入っているから」とか「価格が安かった」などと答えるものの、実際は惰性で買っていたりします。だからこそ、広告による刷り込み効果が重要だということになるのです。

〈2〉固着性ヒューリスティック

最初に見た条件や数値を基準として見てしまうことです。高いワインなのでおいしいと感じてしまうような例があり、フレーミング効果やアンカリング効果などと似ています。

アメリカ・アイオワ州のスーパーで、スープ缶の10％割引のセールをおこなったとき、POPを2種類つくってテストをしました。AのPOPは「何個でもどうぞ」、Bは「お1人様12個まで」。

このときは「12個まで」と限定したBのほうは平均7個の購入があり、個数制限をしなかったAはその半分でした。

〈3〉代表性ヒューリスティック

代表的な例やステレオタイプを信じてしまうことです。典型的なものでは、バスケットボールの選手なら背が高いはずだ、銀行員はまじめで物静かだろう、外国人っぽい顔だから英語を話すだろう、などです。

じつは前ページのクイズも、このヒューリスティックによって成立しています。

クイズの答え

答えは「パイロットは母親だった」。パイロットなら男性に違いないと考えてしまうのが、まさに代表性ヒューリスティックに該当するのです。

そのほかの行動経済学の活用事例を紹介します。

フレーミング効果

同じ内容であっても、表現方法によって伝わる印象は変わるという心理現象です。「1g」といわずに「○○○1,000mg配合！」というと受け止め方は変わりますよね。

あるいは「全品５％割引」というより「20人に１人、全額無料に！」としたほうが、店舗側の負担額は同じでもおトクなキャンペーンだと思わせることができます。

「エコノミスト」誌の購読料金を題材におこなった実験では、本質的な料金は同じなのに、“おとり料金”によって選択が変わる結果になりました。

(1)「ウェブ版59ドル、印刷版＋ウェブ版125ドル」から選択させる
⇨ ウェブ版68%、印刷版＋ウェブ版32%

(2)「ウェブ版59ドル、印刷版＋ウェブ版125ドル、印刷版125ドル」に選択肢を増やして選択させる
⇨ ウェブ版16%、印刷版＋ウェブ版84%

イケア効果

便利すぎるより、少し不便であったり、自分で手間をかけたものに愛着や価値を感じるというものです。

名称にもなっているイケアは、家具の材料が送られてきて自分で組み立てるので、完成品を買うよりも愛着が湧くというわけです。

同様に、フジパンの「おうちで焼きたてパリパリクロワッサン」は家でパンを焼かなければ食べられない不便さがウケた（？）ものです。野菜やフルーツを乾燥食品にできる「ドライフードメーカー」も、手間をかけるところが人気の要因であるとされています。

サンクコスト効果

取り戻せない過去の損失をもったいないと感じることから、さらに赤字を積み重ねていってしまうという心理です。

有名な例ではコンコルドがあります。イギリスとフランスを短時間で結ぶこの高性能旅客機は、開発段階でコストがかかりすぎ、就航後にどれだけ儲かっても赤字をまぬがれないことがわかっていました。

プロジェクト自体を凍結してしまえば余分な赤字は生まないのですが、実際はさらにマイナスを重ねる結果となってしまったのです。

一般的にも、スポーツジムの入会金が高かったのでやめられず、あまり通わないのに月額料金を払いつづけてしまうなどがあります。

■ウィンザー効果

ショッピングサイトのレビューや、SNSでの評判など第三者による情報のほうを信じる傾向がある心理現象です。

だからこそ、ステルスマーケティングが仕掛けられることになるわけですし、飲食店サイトのクチコミが問題になったりします。日常でも、自分がいないところでほめられていたとなると、余計にうれしかったりしますね。

■バンドワゴン効果

バンドワゴンとはパレードの先頭をいく楽隊車のことで、時流に乗る、勝ち馬に乗りたいという心理現象です。

何を買ったらいいかを迷ったときに、店内に貼り出された人気ランキングの上位にある商品を選んだり、「売れています！」というPOPのついた商品を手に取ってしまったという経験はありませんか？

行列している店舗は人気店だということで並んでしまうのも同様です。

反対に、「**アンダードッグ効果**」というものもあり、これは判官びいきともいうべき心理効果です。発注間違いで在庫を抱えて困っているお店を応援してあげるために買いにいくことなどがこれにあてはまります。

■社会課題を解決するヒントに生かす

人びとの行動を変えたいけれど、ふつうにスローガンを掲げるだけではしたがってもらえないような場合、行動経済学を利用しようという動きがあります。

大阪の駅では「エスカレーターではなく階段を使って健康づくりをしよう」と啓蒙する代わりに、階段に「アフター5に行くならどっち？」と問いかけ、階段を「天満派」と「福島派※」で赤と青に塗り分けました。

すると、利用客は投票するつもりで楽しく階段を使う人が増えたのです。

※天満と福島はJR大阪駅に隣り合った飲食店の多い駅

ヒントになったのは、タバコのポイ捨てに悩んでいたロンドンの街角で、「世界最高のサッカー選手はどっち？」というプレートをつけたメッシとロナウドのケースを設置して、タバコの吸い殻での投票を促した事例でした。

これらは行動経済学の「ナッジ理論」に基づくものです。ナッジとは、友人などがヒジで軽くつつき、正しい選択を促すという意味です。強制ではなく、遊び心で正しい行動に導くということが特徴です。

例えば臓器提供カードの承認者を増やすため、デフォルト（初期設定）を「提供します」に変更して効果を上げている事例もあります。これは「**デフォルト効果**」といって、最初の設定を変えることをめんどうと考える心理を利用したものです。こうした社会課題の解決にも行動経済学は活用されているのです。

行動経済学は死んだか

ブームになったともいえる行動経済学ですが、再現性を検証する調査において主張と異なる結果が出ているとされています。もともとの研究が、都合のよい調査結果のみをチェリーピッキングして構築されたのではないかというのです。

そのため、従来の経済学を根底から覆すほどの学問ではないとする意見も目立つようになっています。また、行動経済学の教えを活用してみたけれど、あまり強い影響力は見られなかったという報告や、マーケティングにはもっと有効な手法があるとの主張も出されています。

ビジネスに行動経済学を活用する場合、とくにBtoBであれば心理的バイアスの入り込む余地がそもそも少ないため、効果を発揮しないということはあるでしょう。

組織内で冷静に議論がなされれば、合理的な意思決定に落ち着くわけです。またインターネット民なども、大量の情報に接するとともに、斜（しゃ）にかまえた見方をするため、あてはまりづらいこともあるかもしれません。

また、ナッジの施策をおこなおうとしても、アイデアを出すことは容易ではないため、カンタンに実施できるわけでもありません。

とはいえ、全員が合理的に考えて行動しているとしたら、宝くじやギャンブルなどは成り立たなくなってしまいます。長く評価されている『影響力の武器』（ロバート・チャルディーニ）の主張とも共通性があります。そのため、行動経済学的な知見が役立つシーンは必ずあると思います。

Lecture 5

グローバルニッチトップで世界へ羽ばたく

ニッチトップの重箱を目指す

経済産業省が2014年に「グローバルニッチトップ100」を制定したことで、国内、とくに地方の中小企業が注目されました。

ドイツのハーマン・サイモン氏によると、**グローバルニッチトップ企業の条件とは、「①世界シェア3位以内、②売上高40億ドル以下、③社会の注目度が低い」と定義されています。**

隠れチャンピオン企業と呼んでいい国内のグローバルニッチトップ企業としては、次のような社名があげられます。

ディスコ……半導体シリコンウエハー研磨装置	世界シェア65%
東京エレクトロン……感光剤塗布装置	世界シェア87%
東洋合成……半導体用フォトレジスト	世界シェア50%
アドバンテスト……モールディング検査装置	世界シェア55%
ニューフレアテクノロジー ……半導体向けフォトマスク用電子ビーム描画装置	世界シェア90%
日本分析工業……分離生成装置	世界シェア90%
廣瀬製紙……MF／UF膜支持体	世界シェア73%
流機エンジニアリング……トンネル集塵機	世界シェア75%
ジェイテック……超高精度X線ミラー	世界シェア100%
パウダーテック……電子写真用キャリア	世界シェア70%
フタムラ化学……機械加工用高品質セロハン	世界シェア70%
ニッポン高度紙工業 ……アルミ電解コンデンサ用セパレータ	世界シェア67%
日華化学……人工皮革用ポリウレタンエマルジョン	世界シェア85%
岡本硝子……デンタルミラー	世界シェア72%

グローバルニッチトップは１つの分野では心もとない

基本的に、分析器や検査機器、計測器、センサー、工作機械、製造装置などは精密さを求められることもあり、日本企業が優勢であるように見えます。

けれども、グローバルニッチトップ企業は何も半導体製造装置のような高度・高付加価値産業に限りません。世界トップシェアを握っている企業は多彩です。

日プラ………………	水槽用アクリル樹脂パネル	世界シェア70%
ヤナギヤ……………	カニカマ製造装置	世界シェア70%
コジマ技研工業……	焼き鳥串刺し機	世界シェア90%
マスダック…………	全自動どら焼き機	世界100%
東亜工業……………	餃子製造機	国内シェア60%
レオン自動機………	包あん機	国内シェア90%

どら焼き機の世界シェアとは、すなわち国内シェアではないのかとお考えかもしれません。けれども、いまや日本の食文化は世界中で人気になっています。どら焼きも焼き鳥も、世界で求められていてもおかしくないのです。

日本の製造業は新興国の追い上げにあって苦境の中にいます。そのため、キャッチアップしてくる企業群に代替されない技術を持つことが重要です。

条件は、他社をもって代えがたい企業であること。そして時代や技術の流れによって重要な技術は激しく変化しますから、１つの分野では心もとない。できれば２つ以上の分野でグローバルニッチトップの座を占めていれば、当面は安心です。

その実現には、収益の柱が確かな段階で次の分野を開拓していく姿勢が欠かせません。ある名経営者は「1勝9敗」だときびしい自己評価をしていますが、**失敗を恐れずに挑戦していくことが大切だということでしょう。**

そうした立ち位置を目標に、ぜひ研鑽をしていっていただければ幸いです。

おわりに

長崎県の離島・福江島（五島列島）に、ごと株式会社という零細企業があります。

離島ですので、ご想像通り資源も人材も、そして需要も限定的です。物資を買えば本土から運ぶので割高になり、ネット通販の商品発送も特別料金、ひとたび感染症が流行すれば人影もまばら。

それでも同社は、島で採れる芋を冷凍石焼芋にしたり、鯛で出汁をとったカレーをつくって販売しています。そう聞くと、細々とビジネスをしているのだろうな、と思ってしまいますよね。

ところが、社長の木下秀鷹さんは長崎の地元テレビにレギュラーで出演していますし、全国放送の『王様のブランチ』や『マツコの知らない世界』、『めざましテレビ』などでも商品が紹介されています。2022年には、島内にオシャレな食品加工場を建設、操業するまでになりました。

木下さんが取り組んでいるのは、「恵まれていない」、「何もない」の最上級といっていい離島から、粘り強く商品力と広報力で発信しつづけること。そして、島のストーリーや想い、原材料を生かすこと。

SNSとプレスリリースの活用、パッケージやネーミングにこだわった商品開発、ストーリーを大切にしたブランディング、企業スローガンの策定、ビジョンに基づく採用などなど、本書に書いたような施策を自然体で実施してきていることを知り、驚きました。

ヒト・モノ・カネは限定的、規模はないけれど希望だけはある。こうした会社に私たちは学び、マーケティングのテコを存分に応用していけたらよいと思うのです。

私のマーケティング論の授業は「おもしろい」といってもらえます。しかし、私の授業がおもしろいわけではないのです。“マーケティング”そのもの

がおもしろいのです。

今日もどこかで、予算も組織力もない小企業が、最後の命運をかけて放った商品が注目され、大ヒットしている。あるいは、一度はつぶれかけた会社に注文が殺到して、工場を建て増しすることになる——。

その裏側にあるのが、いつもマーケティングです。

劇的といっていいこのスキルを専門分野として選べたのは、一生の幸運です。ずっと話していても飽きない友人のような存在がマーケティングなのです、私にとっては。

持てる知見を注ぎ込んだ決定版というべき本書の企画は足掛け3年になり、自身には待望の、そして渾身の1冊です。

それが、先達の本がいずれもベストセラー、ロングセラーとなっている定番の「実践講座シリーズ」に収蔵されるのですから、これほど名誉なことはありません。

今後、AIがいろいろ決めてくれるような時代になるでしょう。それでも企画力や創造力のある人は相変わらず求められます。そして、マーケティングほど、それが生かされる場もありません。

ぜひ、理論と真心と創造力の三輪車で、爆走していってほしいと思います。

商品もサービスも高品質な日本。あとはマーケティング力がくっつけば、虎に翼です。さぁ、次の百年へ。力強く羽ばたいていきましょう。

最後になりましたが、本書執筆の機会を下さった日本実業出版社の中尾淳編集長に心よりお礼を申し上げます。また、ご協力をいただいた北の達人コーポレーションの木下勝寿さん、日本経済新聞社の水野泰広さんに感謝を申し上げます。

「マーケティングは学んで、忘れろ」

2023年5月

弓削 徹

主な参考文献

『ファンダメンタルズ×テクニカル マーケティング
Web マーケティングの成果を最大化する 83 の方法』
——木下勝寿（実業之日本社）

『影響力の武器［第三版］　なぜ人は動かされるのか』
——ロバート・B・チャルディーニ（誠信書房）

『新訂　競争の戦略』
——マイケル・E・ポーター（ダイヤモンド社）

『現代マーケティング論』
——高嶋克義・桑原秀史（有斐閣）

『ヒット商品が教えてくれる人の「ホンネ」をつかむ技術』
——並木裕太（講談社）

弓削　徹（ゆげ　とおる）
日本工業大学大学院教授。製造業のマーケティングコンサルタント。
東京・浅草生まれ。クリエイターとしてSONY、サントリー、オリンパス、CASIO、雪印などの商品開発、広告・販促キャンペーンを成功させ、「製造業なら弓削」との評価を得る。[ノートパソコン]の名付け親。
現在は、大学でマーケティング論の授業をおこなうほか、これまで全国の商工会議所750ヵ所に登壇。フクザツなマーケティングテーマを、明解なキーワードと事例で伝える内容は、わかりやすく実践的と好評。
日本の土台である中小ものづくり企業のマーケティング導入の支援活動とともに、地域貢献として復興庁・有識者会議委員、中小機構・中小企業アドバイザーなどを務める。
ラジオFM J-WAVE、TBSラジオ、ニッポン放送の情報番組にコメンテーター出演、取材協力。
主な著書に『キャッチコピーの極意』『ネーミングの極意』(以上、明日香出版社)、『顧客は展示会で見つけなさい』(日刊工業新聞社)、『即買いされる技術』(秀和システム)、『短い言葉を武器にする』(フォレスト出版)、『メモ・ノートの極意』(ぱる出版)がある。

弓削徹サイト　https://www.yugetoru.com

実施(じっし)する順(じゅん)に解説(かいせつ)！「マーケティング」実践講座(じっせんこうざ)

2023年 5月20日　初版発行

著　者　弓削　徹
発行者　杉本淳一

発行所　株式会社日本実業出版社　東京都新宿区市谷本村町3-29 〒162-0845
編集部 ☎03-3268-5651
営業部 ☎03-3268-5161　振　替　00170-1-25349
https://www.njg.co.jp/

印刷・製本／新日本印刷

ISBN 978-4-534-06015-0　Printed in JAPAN